KB203761

믿음이란 한 알의 밀알이 땅에 떨어져 죽음으로 많은 열매를 맺음과 같이 진리의 열매를 위하여 스스로 죽는 것을 뜻합니다. 눈으로 볼 수는 없으나 영원히 살아 있는 진리와 목숨을 맞바꾸는 자들을 우리는 믿는 이라고 부릅니다. 「믿음의 글들」은 평생, 혹은 가장 귀한 순간에 진리를 위하여 죽거나 죽기를 결단하는 참 믿는 이들의, 참 믿는 이들을 위한, 참 믿음의 글들입니다.

왜 나는 예수를 믿는가

이승장 지음

홍성사.

책을 내면서

"왜 사는 게 이토록 힘든 걸까?"

"생존하기도 벅찬데 왜 종교 문제까지 생각해야 하나?"

"난 교회가 싫은데, 그래도 왜 예수를 꼭 믿어야 하나?"

"종교란에 '기독교'라고 쓰지만, 왜 의문과 갈등이 끊이지 않는 걸까?"

"무엇을, 어떻게 믿어야 제대로 예수 믿는 걸까?"

이런 질문을 가진 분들께 이 글을 드립니다. 저는 이 책에서 기독교 신앙을 친절하게 안내하려고 애썼습니다. 70년의 삶, 그동안의 사색, 공부, 인생과 신앙 상담의 체험에서 우러나온 깨달음을 함께 나누고 싶습니다. 성경이나 신학 등, 어느 한 가지 분야로 기독교 신앙을 설명하려 하지 않았습니다. 큰 부담 갖지 않고 읽을 수 있도록 학문적으로 다루기보다 재미있는 이야기로 글을 열었습니다. 그러면서도 진지하게 기독교 진리를 찾는 분들을 위해 어떤 주제에 대해서는 제법 깊이 있게 들어가면서도 어렵지 않은 표현으로 읽힐 수 있도록 나름 노력했습니다.

지난 반세기를 저는 주로 청년 대학생들을 대상으로 예수님 소개하는 일을 해왔습니다. 많은 분들과 사귀고 대화 나누며 살아온 것은 큰 기쁨이었습니다. 그리고 이런저런 기독교 모임을 새로 시작했습니다. 모임을 개척하다 보니 늘 핵심 멤버들은 처음 예수 믿는 사람, 교회 다니다 그만둔 사람, 기독교 가정에서 자라 교회를 문화 활동으로 여기며 다니는 사람이었는데, 이들 모두는 예수님을 잘 모르는 분들이었습니다. 그들은 의문도 많고 문제도 많습니다. 대부분 삶의 여유가 없어지면 신앙을 쉽게 포기하려 하지요. 나는 대중을 상대하는 일보다는 되도록 한 사람 한 사람씩 만나 인격적인 대화를 통해 새롭게 신앙생활을 출발하고 성장하도록 섬기는 일을 평생 해온 셈입니다.

이런 경험은 늘 새롭게 저를 빚는 배움과 도전의 기회가 되었습니다. 그리고 사는 게 고달프고 신앙에 의심 많은 분들을 위해, 죽기 전에 인생과 신앙 선배로서 한국인을 위한 기독교 신앙 안내서를 쓰려는 마음을 수십 년간 품고 살았습니다. 처음 믿으려는 분에게 오래 전에 쓰인 서양인의 딱딱한 번역서들을 추천해야 하는 게 안타까웠기 때문입니다. 예수님을 소개하며 살기 시작한 지 어느덧 50년을 맞아, 빚 갚는 심정으로 그리고 생의 마무리로 이 글을 바칩니다.

이 책이 나오기까지 각 분야별로 전문지식을 갖춘 가까운 벗들의 도움을 받았습니다. 손화철(철학, 한동대 교수), 홍찬영(과학, 서울대 대학원), 박주현(심리학, 서울대 대학원), 김영식(낮은예수마을교회 목사), 박현철(예수마을교회 청년부 전도사) 님들이 초고를 읽고 유익한 제안을 해주었습니다. 아름답게 책을 만들어 준 홍성사 식구들께도 고마운 인사를 전합니다. 특히 작가 이기섭 님(이화여대 대학원)은 각 장의 그림을 추천하고 글을 꼼꼼히 다듬어 주었습니다. 이분들 덕에 제 부족한 글이 좀더 편하게 읽히고 유익한 글이 되었기를 바랍니다. 정년퇴임을 앞두고 글 쓸 기회를 허락해 준 예수마을교회(목사 장승익)에 감사하며, 마지막으로 삶과 일을 함께해 온 아내 정마리아, 미국 고든콘웰신학교와 풀러신학교 도서관에서 글 쓸 수 있도록 세심하게 도와준 자녀들, 요셉, 사무엘과 희진에게도 고마운 마음을 남깁니다.

인생은 창조주의 선물입니다. 우리가 온 우주보다 더 보배롭고 신비스런 이 생명의 선물을 마음껏 누리며, 살 의욕조차 앗아가려는 이 세상을 살맛나게 살 수 있도록 우리 영혼의 아버지는 최상의 배려를 해주셨습니다. 바로 하나님의 사랑 안고 이 땅에 오신 예수 그리스도이십니다. 하나님의 선물을 믿음으로 감사하며 받아들이느냐, 영문도 모른 채 거절하느냐는 개인의 선택에 달려 있습니다. 제 아내와 40대 초반의 아들들은 이렇게 말합니다. "아버지야말로 예수 믿고 인생 대박 터뜨렸지요!" 글쎄…… 쑥스럽긴 하지만 촌놈이요 약골인 나를 가장 가까이서 관찰해 온 가족의 말은 그냥 흘려보내기 쉽지 않네요.

힘든 세상에서 고달파하는 그대에게 인생에서 가장 중요한 질문, 곧 하나님을 믿고 살 것인지 아니면 하나님 없이 내 힘으로만 살 것인지 선택하는 데 이 책이 진정 도움 될 수 있기를 간절한 마음으로 빕니다.

2013년 1월

이승장

차례

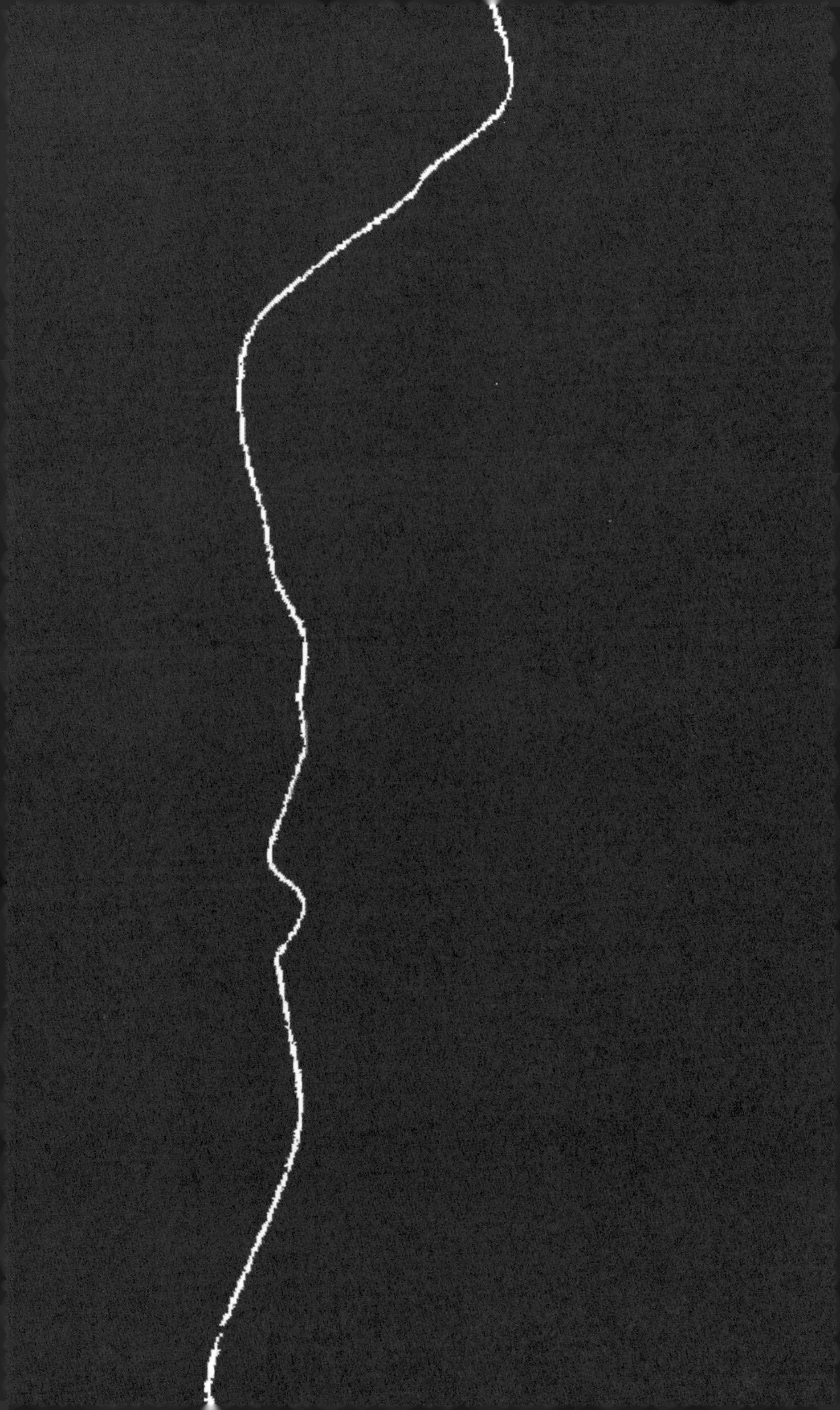

고갱_〈우리는 어디서 왔으며, 우리는 무엇이며, 우리는 어디로 가는가?〉
1897년, 캔버스에 유채, 139×375cm, 보스톤 미술관.

1. 나를 찾는 기쁨

내비게이션이 나오기 전, 영국 런던에서 차를 몰고 파리에 사는 조카를 만나러 간 적이 있다. 미리 주소와 지도를 맞춰 보며 이 정도면 문제없이 찾을 수 있을 거라고 확신하고 떠났는데, 막상 그 근처까지 가서는 아무리 찾아도 집을 찾을 수가 없었다. 주위를 뱅뱅 돌며 한참을 헤맸다. 밤도 늦고 너무 지쳐서 이제 그만 포기하고 싶었을 때, 우연히 근처 가게에서 조카네 동네 사람을 만났다. 그 사람은 친절하게도 자기 차로 천천히 앞서 가면서 우리를 안내해 주었다. 집 앞까지 정확하게. 얼마나 고마웠는지 모른다. 그 사람을 일찍 만났으면 덜 헤맸을 테지만, 늦게라도 만난 것이 내게는 큰 행운이었다. 인생길에 구세주를 만난다는 것이 바로 이런 것이다.

인생은 여행이다. 인간은 길 위의 구도자들이다. 많이 배운 사람도, 그렇지 못한 사람도, 노인도, 젊은이도, 부자도, 가난한 사람도 누구나 인생의 의미를 알고 싶어 하는 본능적인 욕구가 있다. 노숙인들도 옹기종기 모여 나름대로 인생을 논한다.

"인생 뭐 있어? 이렇게 살다 가면 그만이지."

과연 그럴까? 그냥 살다 죽으면 그만일까? 깜깜한 밤, 수천 억 개의 별들이 있다는 검은 허공을 올려다보며 '나는 어디서 왔고, 나는 누구이고, 그리고 나는 어디로 가는가?' 알고 싶어 한 번쯤은 고민하지 않겠는가? 누구보다 열심히 인생의 진리를 찾던 공자는 "아침에 도를 알면 저녁에 죽어도 좋다"고 했다.

인생이란 길은 누구에게나 처음 가는 길이다. 사람들은 그 길을 잘 가기 위해 지도도 마련하고, 양식도 준비하고, 안내자의 말도 듣는다. 낯설고 위험하고 말도 안 통하는 여행지에서 길을 잘 아는 믿음직한 가이드를 만나면 그 여행은 성공이다. 안전하고, 여유롭고, 유익하고, 즐겁기까지 하다. 내가 있는 곳이 어딘지, 앞으로 어디를 가는지, 지금 무엇을 해야 하는지 정확하게 알려 주기 때문이다. 예수님은 이렇게 선언하셨다.

"내가 곧 길이요 진리요 생명이다."

예수님이 길을 안내하는 선한 목자며 길 자체가 된다는 뜻이다. 예수를 믿고 살면 길과 안내자를 동시에 만나게 된다. 이보다 더 복되고 기쁜 일은 없다.

왜 하나님을 믿는가? 누가 나에게 묻는다면, 나는 서슴지 않고 대답한다. "여기에 나를 찾는 기쁨이 있기 때문"이라고.

중학교 1학년 여름방학 때였다. 제주도에 살고 있던 나는 목포의 외가댁에 가서 지냈다. 유난히 나를 예뻐하시는 외삼촌과 둘이서 삼학도라는 외진 곳으로 바다낚시를 갔다. 그날따라 고기가 참 잘 잡혔다. 우리는 더위도 식힐 겸 잠깐 바다에서 수영을 했다. 나는 타이어 튜브를 탔고, 외삼촌은 배영을 했다. 그런데 갑자기 외삼촌이 허우적대더니 물속으로 사라졌다. 어린 나는 멍하니 보고만 있었다. 내게 그 시간은 영원히 멈춰 있는 듯했다.

멀리서 사람들이 보고 헤엄쳐 건너와 외삼촌을 건지려고 했지만, 물이 흐리고 갯벌이 패인 곳이어서 시신조차 찾을 수 없었다. 그날 저녁, 잠수부들이 찾아낸 외삼촌은 시신이 되어 집으로 돌아왔다. 외숙모가 울부짖었다.

"난 어찌 살라고…… 여보, 난 어떻게 살라고…… 날 버리고 죽어요! 여보!"

분명 몇 시간 전에 나와 함께 고기를 잡으면서 즐겁게 놀던 외삼촌이었다. 키가 훌쩍 크고, 대학을 나와 좋은 직장에 다니던 30대 초반의 멋진 외삼촌. 예쁘고 음식 솜씨 좋은 외숙모와 고만고만한 딸 하나에 아들 둘을 둔 젊은 아빠였던 외삼촌.

그해는 한국전쟁이 끝난 다음 해여서 병원에 영안실이나 시신을 보관할 냉동보관실도 없었다. 이튿날부터 외삼촌의 시신은 부패하기 시작했다. 사람들은 파리약을 사서 시신 주위에 뿌려 댔다. 잘생기고 총명했던 외삼촌은 구더기가 끓는 시체가 되어 그다음 날 바로 매장되었다.

며칠 후, 제주도로 돌아오는 배에서 바라본 바다는 컴컴하고 무서웠다. 조카인 나를 즐겁게 해주려다 돌아가신 외삼촌의 마지막을 잊을 수 없었다. 슬프고 미안했다. 죄책감이 밀려들었다. 나는 충격에서 헤어 나오기 힘들었다. 집에 와서도 정신을 놓고 멍하니 있는 시간이 많아졌다. 끊임없는 질문들이 내 깊은 속에서 스멀스멀 올라왔다.

"사람이 왜 살아야 하나? 어차피 죽으면 금방 썩어 버리고 겨우 흙에 묻힐 거라면 왜 세상에 나와서 고생고생하며 살아야 하는 걸까?"

어디서도 답을 얻을 수 없었다. 초등학교 1학년 때부터 다니던 교회에도 발을 끊었다. 중학교 2학년 때는 가출까지 했다. 사흘간 집을 나가 친구들과 술을 마시고 길에서 비틀대며 다녔다.

겉으로는 회복된 것 같았다. 다시 일상으로 돌아와 먹기도 하고, 웃기도 하고, 학교도 다녔지만 죽음에 대한 질문은 가슴속에 묻어 둔 채였다. 현실에 충실하려고 애를 쓰면 쓸수록 마음은 허무했다. 방황을 그친 것은 대학교 4학년에 접어드는 겨울방학 때였다. 끝내 해결되지 못하고 마음속에 깊은 병으로 남아 있던 '사람은 어디서 와서 어디로 가는가?' '나는 왜 사는가?' '어떻게 살아야 하는가?' 하는 질문들의 답을 얻었기 때문이다. 그 후로 내 영혼은 간혹 멈칫거리기는 했어도 다시는 방황하지 않았다. 예수님을 믿게 되었기 때문이다.

이어령 교수가 잘 인용하는 개미 예화가 있다.

"개미는 먹이를 찾기까지 곡선을 수없이 그으며 이리저리 방황한다. 그러나 찾은 후에는 집까지 직선으로 돌아온다. 그러므로 방황한다고 걱정 말고, 돌아올 집이 없음을 걱정하라!"

알다시피 그는 70세가 되기까지 방황하다 딸의 신앙을 보고 집을 찾은 분이다. 지금 그는 직선으로 집에 돌아와, 아직도 갈 곳을 알지 못하는 지식인들에게 기독교 신앙으로 가는 길의 방향을 안내하는 한국의 대표적인 지성인이 되었다.

인생길에서 좋은 안내자를 만난다는 것은 축복이다. 입학하거나 취직하면 새내기들에게 오리엔테이션을 해준다. 길을 잃지 말고 방향을 잘 잡으라는 뜻이다.

하나님을 믿지 않는 사람의 인생관은 출구가 없다. 닫힌 인생이다. 엄마 뱃속에서 태어나 무덤으로 들어가는 것이 인생의 전부이기 때문이다. 그래서 삶이 답답하고, 혼란스럽고, 우울하다.

기독교 인생관은 열려 있다. 내 생명이 하나님으로부터 와서 하나님 뜻대로 살다가 하나님께 돌아간다는 것을 환히 알고 있기 때문이다. 과거도, 현재도, 미래도 분명하고 의미가 있다. 성경이 안내하는 여행길을 지금부터 함께 떠나 보자.

나는 어디서 왔는가

반항심 가득했던 중학생 때였다. 용돈을 안 주시는 어머니께 대든 적이 있었다.

"돈도 못 주면서 도대체 왜 날 낳은 거예요?"

어머니가 즉각 카운터펀치를 날리셨다.

"내가 널 낳았냐? 네가 생겼지."

나의 KO패였다. 문제아이긴 했지만 아버지와 어머니의 극진한 사랑 속에 자란 나는 어머니로부터 나의 탄생에 얽힌 이런 엄청난 생물학적 진리를 들으리라고는 전혀 예상치 못했다.

'엄마가 원해서도 아니라면 나는 왜 이 세상에 생긴 거지?'

모든 인간이 축복 속에 태어나는 것은 아니다. 부모가 원치 않게 잉태된 경우가 얼마나 많은가? 어쩌다 생겼다면, 우리 인생은 목적도, 의미도, 가치도 없는 삶이 되는 게 당연하다. 우연한 인생에 필연적인 의미가 있는 게 아니니까. 세상에 던져진 존재에게 무슨 존엄성이 있겠는가? 무신론적 휴머니스트들이 외치는 인간 존엄성에 대한 주장이 허무하게 들리는 까닭이기도 하다.

사람의 생명도 아메바에서 진화를 거듭하여 고등한 동물이 되었다는 설이 있다. 언젠가 한 잡지에서 헥터 호튼(Hector Hawton)이라는 영국의 휴머니스트가 "3억 년 전 나의 조상은 물고기였다"라고 주장한 글을 읽었다. 진화 과정을 수학적으로 추산한 결과라고 한다. 마침 그때, 끔찍한 토막살인 뉴스가 TV에 나오고 있었다. 인간이 물고기에서 진화된 동물이 분명하고 그 이상도 이하도 아니라면, 생선을 칼질하듯 사람을 찔러 죽이는 것이 뭐 그리 심각한 일일까 하는 생각이 들었다. 인간이 동물이라면 본능에 의한 그보다 더한 일도 가능하지 않겠는가?

인간의 사랑, 선악을 분별하는 도덕적 능력, 아름다움을 추구하는 심미안 등이 전능하신 하나님의 지적 디자인으로 하나님의 모습을 따라 창조되었다는 창조론이 더 설득력이 있는가, 아니면 모두 동물에서 우연히 진화했다는, 소설보다 더 비약이 심한 가설이 설득력이 있는가? 사람마다 받아들이는 것이 다를 수 있겠지만, 진화론적 설명은 인간을 매우 하찮은 존재로 비하시킨다는 생각이 든다.

나는 딸이 태어나는 현장을 지켜보았다. 그리고 죽어 한 줌 재가 되어 흙으로 돌아가는 것도 지켜보았다. 인간을 자연적이고 물질적인 면에서만 바라본다면 나는 자신 있게 말할 수 있다. "인생이란 전혀 의미가 없다"고.

우주와 생명의 기원에 대한 종교와 과학의 접근은 다음 몇 가지로 요약할 수 있다. 첫째, 불교나 힌두교 등에서 주장하는 범신론적 입장은 무시무종(無始無終), 시작도 없고 마침도 없으며 자연이 인간이고 인간이 신이기도 한 일원론적 세계관이다. 둘째, 일부 철학자들이 주장하는 불가지론이다. 우주나 인간 생명의 기원 같은 것은 시간과 공간의 제한을 받는 인간 지식의 범주를 넘어서는 것이므로 "알 수 없다"는 것이다. 정직한 결론이긴 하다. 학자에 따라 불교를 우주와 생명의 기원에 대해서는 불가지론적 입장이라고 분류하기도 한다. 셋째, 현대 과학자들과 철학자들이 펼치는 논리실증주의와 진화론적 입장이다. 논리실증주의, 자연주의 또는 과학주의의 입장은, 객관적인 과학적 검증이 불가능한 것의 존재는 인정할 수 없다는 것이다. 신의 존재, 신이 우주와 생명의 기원이라는 주장은 과학적으로 검증할 수 없기 때문에 신은 존재하지 않는다는 것이다. 과학적인 교육을 받은 현대인들은 이 주장에 동조하는 사람이 많을 것이다. 끝으로 하나님이 온 우주 삼라만상과 생명의 창조자라고 믿는 입장이다. 성경이 창조주 하나님의 계시의 말씀이라는 사실과 그 권위를 믿기 때문에 성경에 기록된 대로 믿는 것이다. 성경에는 이렇게 나와 있다.

> 태초에 하나님이 천지를 창조하시니라(창세기 1:1).

> 주께서 내 내장을 지으시며 나의 모태에서 나를 만드셨나이다. 내가 주께 감사하옴은 나를 지으심이 심히 기묘하심이라. 주께서 하시는 일이 기이함을 내 영혼이 잘 아나이다. 내가 은밀한 데서 지음을 받고 땅의 깊은 곳에서 기이하게 지음을 받은 때에 나의 형체가 주의 앞에 숨겨지지 못하였나이다. 내 형질이 이루어지기 전에 주의 눈이 보셨으며 나를 위하여 정한 날이 하루도 되기 전

에 주의 책에 다 기록이 되었나이다(시편 139:13-16).

시편을 기록한 시인은 사람의 생명은 어머니의 태에서 출발한다고 선언하면서, 태에서 사람을 빚어 가시는 하나님의 신비로운 손길을 노래한다. 하나님은 엄마와 파트너가 되어 태 안에서 태아의 형성과 발달을 도우신다. 사람은 엄마의 태에서부터 육체와 영혼이 함께 자란다. "나를 위하여 정한 날이 하루도 되기 전에 주의 책에 다 기록이 되었나이다"라는 말씀에서 '하루'란 정자와 난자가 태 안에서 착상하는 데 걸리는 시간이다. 정자와 난자가 결합하는 그 순간부터 인간의 일생이 출발하는 것이다. 임신중절은 생명을 죽이는 무서운 범죄다. 낳자마자 한 살로 치는 한국식 나이계산법이 하나님의 뜻에 맞는 셈법이다.

어느 집회에서 한 젊은 엄마의 "나는 왜 크리스천이 되었는가?"라는 제목의 신앙고백을 들은 적이 있다. 임신해서 뱃속에서 아기가 놀고, 엄마와 아빠의 목소리를 듣고 반응하며, 태어나자마자 엄마 품에 안겨 젖을 빠는 모습을 보고 "생명의 탄생은 신이 아니고는 할 수 없는 일"이라는 결론이 자연스럽게 나오더라는 얘기였다. '나'라는 존재는 하나님께서 내 부모의 몸을 통해 창조한 하나님의 생명인 것이다.

창조주 하나님을 인정하지 않으면 내가 어디서 왔는지, 왜 세상을 사는지 설명할 수 없다. 내가 원해서 시작된 것도 아니고,

부모가 꼭 낳기를 원해서 태어난 것도 아니다. 사람들은 '운명'이라고 하는 어떤 비인격적인 힘이 나를 이 세상에 보낸 것이라는 말로 자위하기도 한다. 이런 운명주의나 숙명론에 빠지면 무기력하고 무책임한 인생을 보내게 된다. 태어나자마자 운명이 다 정해져 있다는데 잘 살려고, 또 의롭게 살려고 몸부림은 쳐서 무엇하겠는가?

사람은 하나님의 필연적인 뜻에 의해 태어난 하나님의 피조물이다. 하나님이 내 생명의 주인이며 영혼의 아버지다. 여기에 생명의 존엄성과 삶의 의미가 있다. 그러므로 당신은 하나님의 뜻대로 살아야 할 고귀한 존재다.

여기서 무신론자들이나 불가지론자들이 집을 찾기 위해 방황하는 순환곡선들을 다시 그려 가며 장황하게 설명하고 싶지는 않다. 나는 이미 먹이를 찾고, 돌아가는 집도 찾은 사람이다. 직접적으로 말하겠다.

"사람은 하나님이 창조하셨다."

나는 어디로 가는가

사람이 생을 마치고 나면 과연 어디로 가는 것일까? 몸이야 흙으로 돌아가겠지만, 영혼은 어디로 가는가? 윤회하는가? 아니면 우주의 먼지가 되어 사라지는가?

외삼촌의 주검은 공동묘지에 묻혔다. 나는 어른들이 주신

삽으로 황토를 퍼서, 인부들이 깊게 판 무덤 바닥에 놓여 있는 관 위로 뿌렸다. 흙이 후두둑 떨어지면서 내던 그 소리가 지금도 생생하다. 인부들은 무정하게 흙으로 관을 덮고 발로 꾹꾹 밟아 봉분을 만들었다. 그리고 끝이었다. 외삼촌의 이생의 자취는 사라졌다.

외삼촌의 죽음을 지켜본 이듬해였다. 프랑스의 무신론적 실존주의 작가 카뮈가 쓴 《이방인》을 읽었다. "오늘, 엄마가 죽었다"로 건조하게 시작되는 소설. 주인공 '나'(뫼르소)는 어머니의 장례 기간 중에도 여자 친구랑 수영도 하고, 영화도 보고, 동침도 하고, 살인까지 저지른다. 사형 언도를 받지만 '나'는 옥중에서 항소하지 않는다. 그는 말한다.

"삶이 그다지 살 만한 가치가 없다는 것은 누구나 아는 사실이 아닌가. 근본적으로 따지고 보면 서른에 죽으나 일흔에 죽으나 별 중요한 차이가 없다는 것을 나는 모르지 않았다. 사람이 죽은 순간을 놓고 보면, 언제 어떻게 죽는가는 중요하지 않다. 그것은 명확한 사실이다."

가슴이 먹먹해지는 충격을 받았다. 문학평론가 김예령은 "출구 없음에서 출발하여 어떻게 할지를 모색하는 일이 작품의 주제고 카뮈의 주 관심사"라고 해설했다. 하나님 없는 인생은 어디서 왔는지, 어디로 가는지, 왜 사는지, 왜 죽는지· 아무리 모색해도 답이 없다.

폴 고갱(Paul Gauguin)이 "죽기 전에 온 기운을 쏟아 부은 최고의 그림"이며 "복음서에 필적할 만하다"라고 스스로 평한 그림이 있다. 갓 태어난 여자아이가 성장하여 죽음을 목전에 둔 노파에 이르기까지의 인생 여정이 어둡게 표현된 작품이다. 그림 왼쪽 상단에 고갱은 이런 글을 써 넣었다.

"우리는 어디서 왔고, 우리는 누구이며, 우리는 어디로 가는가?"

그가 사랑하는 외동딸의 죽음의 소식을 듣고 고통 가운데 이 그림을 그렸다고 한다. 문명사회와 가족을 등지고 낙원을 찾아 타히티로 들어갔지만, 그곳에서도 인생의 근본적인 물음에서 벗어날 수는 없었던 것이다.

어느 작가가 인생을 이렇게 요약했다.

"우리가 사는 것은 죽음을 두려워하다가 죽음을 사랑하기 위해서다."

말은 멋있지만 과연 인간 가운데 진심으로 죽음을 사랑하게 되는 사람이 있을까? 자신은 죽음을 있는 그대로 받아들일 준비가 되었다고 통달한 사람처럼 말하는 이도 있기는 있다. 스토아 철학자였던 로마 황제 마르쿠스 아우렐리우스는 사람의 죽음은 자연에서 와서 자연으로 가는 현상이니 담담하게 받아들여야 한다고 했다. 죽음이 자연현상이라고만 한다면 죽음 앞에서 두려움이나 슬픔 같은 감정이 일어서도 안 된다. 사랑하는 어머니나 아버지, 사랑하는 남편, 아내, 사랑하는 자식의 죽음 앞에서도 아무렇지도 않다면 그 사람은 인간이 아니고 인조인간이거나 사이코패스일 것이다.

기독교는 영혼 불멸을 믿는다. 사람이란 살아 있는 동안은 육체와 영혼이 신비하게 통합된 존재다. 죽음은 몸과 영혼이 분리되는 현상이다. 육체가 흙으로 간다 하더라도 영혼(심리학적 용어로 '자아')은 하나님께로 간다. 죽으면 영혼이 먼지로 흩어지는 것도 아니고, 불교에서 말하는 것처럼 고달픈 인생으로 다시 돌아오는 환생의 존재도 아니다. 역사의 종말에는 육체도 다시 살아나서 영혼과 연합하고 새 하늘과 새 땅에서 하나님과 함께 영원한 생명을 누리게 된다.

사람은 죽는다. 죽음 너머 영원히 하나님과 함께 살 하나님의 나라, 천국이 실재한다고 믿고 사는 것이 기독교적 인생관이다. 크리스천은 가야 할 곳이 분명하기 때문에 생을 낭비하거나, 스스로 목숨을 끊거나, 함부로 살 수 없다.

기독교에는 인생과 역사의 마지막 출구가 있다. 죽은 뒤 하나님께로 돌아가 영원한 생명을 누리는 것이다. 지금보다 더 환하고 희망적인 세계가 다시 시작된다는 것을 믿는 것은 얼마나 아름다운가.

인간은 허무하게 사라지는 존재라는 인생관보다는 생명의 창조자가 우리 생명의 완성자가 된다는 기독교적 인생관이 더 차원 높고 설득력이 있다고 본다.

하나님은 친히 그들과 함께 계셔서 모든 눈물을 그 눈에서 닦아 주시니 다시는 사망이 없고(요한계시록 21:3-4).

나는 누구인가

마르틴 부버의 《인간의 길》에서 하녹이라는 랍비가 들려주는 이야기다. 옛날 한 바보가 살았다. 아침에 일어나면 옷을 순서대로 찾아 입기조차 어려워했다. 그러다 한 가지 꾀를 내었다. 저녁에 잘 때 옷을 벗는 대로 어디 두었는지 종이에 적었다. 다음 날 아침, 그는 종이쪽지를 들고 "모자" 하고 읽으면서 모자를 찾아 머리에 썼다. "바지" 하면 바지를 둔 곳을 찾아 입었다. 그는 이런 식으로 옷을 다 차려입을 수 있었다. 그러던 어느 날 갑자기 이런 생각이 떠올랐다.

"자, 옷은 다 찾아 입어서 좋은데, 그럼 나 자신은 어디 있지?"

그는 크게 당황했다.

"내가 도대체 세상 어디에 있는 거야?"

그는 두리번거렸지만 찾지 못했다. 랍비가 말했다.

"우리가 바로 그 바보가 아니냐?"

어린 시절부터 우리는 공부하느라 바쁘고, 그다음은 취직하고 결혼하느라 여유가 없고, 또 그다음은 아이들 뒷바라지하느라 '나는 누구인지, 어디 있는지' 같은 심각한 물음은 의식의 깊은 저장고에 담아 둔다. 하지만 인간은 '생각하는 갈대'여서 마음 한구석에 묻어 둔 의문들은 불현듯 다시 솟아올라 우리 의식을 흔들어 놓는다. 마치 옷은 다 챙겨 입었지만 가장 중요한 자신은 어디에 두었는지 모르는 바보와 같다.

심리학자 곽금주 교수의 《흔들리는 20대》에 보면, 한국인의 대부분은 생에 대한 고민을 20대에 가장 치열하게 한다고 한다. 그 고민의 중심에는 자기 자신에 대해 던지는 다음과 같은 질문들이 있다.

나는 누구인가? –자기 개념
나는 가치 있는 자인가? –자기 존중(감)
나는 쓸모 있는 자인가? 어떤 일을 할 수 있나? –자기 효능(감)
나는 어떤 사람인가? –자기 정체(감)

인간이란 무엇일까? 세계에서 똑똑하다는 학자들이 철학, 인류학, 심리학, 생물학, 의학, 사회학, 최근에는 뇌 과학 분야에까지 지구상에 알려져 있는 갖가지 과학적 방법을 총동원해서 인간을 연구했다. 그러나 인간의 기원, 운명, 정체나 본질에 대해 정확하게 파악하지 못하고 있다. 마르틴 부버는 인간에 대해 평생 연구하다 결국 그 신비 앞에 포기하고 말았다. 즉 인간은 우주의 수수께끼며, 사람마다 자기가 아는 단편적인 지식을 가지고 인간을 말할 뿐, 통합적인 진리는 알 수 없다는 것이다. 인간은 창조주의 계시가 아니고는 알 수 없는 영역이 있음을 겸손하게 인정해야 한다.

인간에 대한 의문은 창조주 하나님 안에서 완전무결한 답을 얻는다. 하나님을 만나는 순간, 신음하면서 길을 찾던 인간의 영혼에 기쁨의 샘이 솟는다. 잃어버린 나를 찾고, 인생의 의미를 발견했기 때문이다. 스물두 살에 기독교 신앙 안에서 해답을 찾은 나는 인생과 신앙의 선배로서 이 책을 읽는 당신과 동행하며 '나를 찾는 여행'을 안내하고 있다. 혹시 기독교 신앙에 거부감이 있어도 좋다. 교회에 대한 나쁜 소문 때문에 선입견이 있어도 괜찮다. 주위에 덕을 끼치지 못하는 교인들 때문에 실망한 적이 있어도 다시 한 번 용기를 내보자. 우선 열린 마음으로 성경이 계시하는 대로 따라가 보자.

> 하나님이 자기 형상 곧 하나님의 형상대로 사람을 창조하시되 남자와 여자를 창조하시고(창세기 1:27).

> 하나님이 지으신 그 모든 것을 보시니 보시기에 심히 좋았더라(창세기 1:31).

여호와 하나님이 땅의 흙으로 사람을 지으시고 생기를 그 코에 불어넣으시니 사람이 생령이 되니라(창세기 2:7).

아무것도 아닌 것 같은 내가 하나님의 디자인과 창조 능력으로 태어난 귀한 존재라는 사실을 받아들이기만 해도 인생의 좌표를 다시 정할 수 있다. 하나님으로부터 와서 하나님께로 돌아가는 단 한 번의 생명의 날을 사는 나는, 함부로 살기에는 너무도 아까운 존재다. 사람이 동물에서 진화하여 우주의 먼지로 돌아가니 그저 현실에만 충실하게 살면 된다는 거짓 철학에 속아 인생을 낭비하지 말자.

오래 전, 혼자 독일을 여행할 때였다. 친구를 만나러 뮌헨에서 슈투트가르트로 가는 열차를 탄다는 것이 그만 유고슬라비아로 가는 차를 타버렸다. 예정 시간보다 2분 전에 온 열차를 목적지도 확인하지 않고 올라탄 것이다. 한참을 간 후 잘못 탔다는 것을 알고 다음 역에서 내려 바꿔 타고 돌아왔다. 법은 잘 지키지만 인정은 없는 독일 승무원은 독일어에 서툴러서 열차를 잘못 탔다고 사정하는 가난한 유학생에게 기어이 차비를 다 받아 냈다.

열차 여행은 되돌아올 수 있지만, 인생은 리턴 티켓이 없다. 방향을 잘못 잡으면 헛사는 것이다. 내가 아무리 열차 안에서 공부도 열심히 하고 옆자리 사람에게 친절도 베풀면서 최선을 다한다 해도, 목적지가 다른 기차를 타면 돈과 시간과 에너지의 낭비일 뿐이다. 생의 기원과 목적을 모르면서 과정에만 성실하면 된다는 철학은 고차원의 진리를 버리고 저차원에 매달리는 초라한 인간의 지적 한계를 미화하는 언어의 기교일 뿐이다.

김광석이라는 가수가 있었다. 안타깝게도 서른두 살에 스스로 죽음을 택했다. 〈서른 즈음에〉라는 그의 노래가 있다. "또 하루가 멀어져 간다. 머물러 있는 시간인 줄 알았는데"라며, 떠나가는 청춘을 가슴 저미게 아쉬워했다.

그를 죽음으로 몰아넣은 것이 무엇일까? 구체적인 이유는 잘 모르겠지만, '절망'이라는 것은 확실하다. 유한한 존재이며, 시간이 지나면 소멸될 자기 자신을 들여다보면 볼수록 인간은 절망할 수밖에 없다. 왜 사는지 모르면 살 이유가 없다. 스위스의 내과의사이자 정신의학자인 폴 투르니에(Paul Tournier)는 《인생의 사계절》이란 책에서, 인생이 청소년기, 청년기, 장년기, 노년기의 계절이 있는데 창조주를 만나면 내가 지금 어느 계절에 와있으며 무엇을 해야 하는지 깨닫는 지혜가 생긴다고 썼다.

창조주를 인정하고 그분의 뜻에 따라 태어난 피조물인 나를 발견해야 어깨를 짓누르는 절망에서 벗어날 수 있다. 나는 세상에 던져진 것이 아니다. 우연히 생긴 진화된 동물이 아니다. 유한하지만 의미가 있는 인격체다. 하나님이 계획하고 기쁨으로 지으신 사랑덩어리다. 그분이 나를 사랑으로 지으셨으니 내가 나를 사랑하는 것이 마땅하다. 아, 얼마나 놀라운 은혜인가.

나는 왜 기쁜가

전 세계적으로 '자기 존중'(self regard)의 열풍이 불었다. 《긍정의 힘》은 엄청난 반향을 일으켰고, 높은 자존감을 가르쳤다. 높은 자존감과 긍정적인 사고는 좋은 것이지만 건강하지 않은 측면도 있다. 특히 신앙적으로나 도덕적으로 바른 것이 아닌데도 자기를 합리화하거나 높이는 데 오용될 위험도 있다. 내게도 그런 류의 책의 추천사를 써달라는 부탁이 왔지만 거절한 적이 있다. 성경에서 가르치는 자기 존중은 창조주와 나 사이 일대일의 인격적 관계에서 비롯하는 것으로, 건강하고 명확하게 자기 존재 가치를 인정하게 한다.

개인적으로 나는 열등감이 많았다. 몸도 약했고, 집안 환경이나 학력 등 여건이 좋지 않았다. 서머싯 몸(Somerset Maugham)의 표현으로는 '인간의 굴레'(Human bondage) 때문이다. 나는 촌놈이고 부모님은 많이 배우지 못하셨다. 제주도에서 자라면서 아버지의 직장을 따라 초등학교를 세 곳이나 옮겨 다녔다. 고등학교도 제주, 전라남도 강진, 장흥 세 곳을 다녔다. 재수해서 들어간 곳은 지방대였다. 좋은 부모 밑에서 으리으리한 집에서 살고 잘생기고 건강하고 공부까지 잘하는 사람들 사이에 주눅이 들었다. '나 같은 게 뭘 할까' 하는 루저(loser) 마인드를 갖고 있었다.

그러나 하나님을 믿고 나서 나를 바라보는 시선이 바뀌었다. '나야말로 하나님이 좋아하고 보배롭게 여기시는 소중한 존재다'라는 것을 믿음으로 받아들였다. '나 같은 것'에서 '나야말로'로 코페르니쿠스적 전환이 이루어진 것이다. 인생을 운명적으로 보지 않고 하나님의 섭리 안에서 보게 되자 나는 꽤 괜찮은 사람이었다.

나는 용기를 내서 나처럼 방황하는 청년 대학생들에게 성경을 가르치는 전도자의 길을 택했다. 대기업과 교수로 가는 길도 있었지만 내게는 이 길이 더 소중했다. 일생을 걸고 싶었다. 전도자들의 삶이 다 그렇듯이 고생도 했고 눈물도 많이 흘렸지만, 나는 지금도 청년들에게 복음을 전할 때면 가슴이 뛴다.

칠십이 넘은 지금, 적지 않은 사람들로부터 청년 시절에 나와 함께 성경공부를 하면서 주님을 영접하고 인생이 뒤집어지는 경험을 했다는 말을 듣는다. 언젠가 대학생 사이에서 인기가 높던 젊은 목사가 나더러 '입지전적인 인물'이라고 했다. 원래 이 말은 형편없는 환경에서 자란 사람이 꽤 큰 성공을 했을 때 쓰는 말이다. 내가 제법 쓸모 있는 인생을 살았다는 평일 것이다. 겸연쩍어했지만 가만히 생각해 보니 그 말이 옳았다. '입지'(立志)란 뜻을 세운다는 말인데, 나는 하나님의 뜻으로 살겠다고 뜻을 세웠으니 맞는 말이었다. 열등감 많은 변방의 허약한 청년이 한국의 지성인들인 대학생들과 세계에 흩어져 있는 유학생들 그리고 여러 외국인들에게까지 복음을 전했으니, 하나님 덕분에 나는 '입지전적 인물'이 된 것이다.

나의 존재 가치는 백화점 물건처럼 다른 사람과 비교해서 매겨지는 것이 아니다. 하나님 앞에서의 나의 가치는 절대평가의 대상이다. 하나님은 '엄마친구아들'과 나를 비교하지 않으신다. 하나님은 온 우주만물을 창조하고 마지막으로 사람을 만드신 다음 비로소 만족하고 좋아하셨다. 이 말씀은 "나는 온 우주보다 존귀한 존재이며, 하나님이 나를 보실 때마다 심히 기뻐하신다"라는 뜻이다. 이것은 긍정심리학도, 자기최면도 아니다. 창조주 앞에서 보는 나의 자아상이다.

사람이 언제 어른이 되는가? 자기를 한 사람의 독립된 인간으로 인식할 때다. 자기발견인 것이다. "이건 내 인생이야" 하고 부모로부터 벗어나 독립선언을 할 때, 부모도 서운하고, 본인도 불안할 수 있다. 그래도 자립적인 인간으로 살려면 심리학자 롤로 메이(Rollo May)가 말한 대로 "심리적 탯줄을 끊는" 과감한 결단이 있어야 한다. 그렇지 않으면 평생 자기 주도적인 삶이 아니라 남에게 휘둘리며 사는 타인 주도적 생을 살게 된다.

자기를 발견하지 못한 사람은 자기 삶을 살지 못한다. 남이 원하는 인생을 산다. 부모나 선생님, 또는 친구들에게 자기를 맞추며 사는 법만 익힌다. 머리 위에 레이더를 달고 다른 사람이 무엇을 원하는지 민감하게 반응하다 보니, 인생의 목표와 가치 기준이 남들의 인정을 받는 데 있게 된다. 무시당하지 않을까, 왕따당하지 않을까, 지나친 피해 의식으로 상처를 입는다. 그런 사람은 원망과 불평이 많고 모든 책임을 부모와 다른 사람들에게 돌린다. 결과적으로 그런 삶은 분노와 좌절로 불행해진다. 하나님이 주신 내 인생을 내가 살지 못하면 그보다 억울한 일은 없다.

사람은 거울 앞에 서야 자기 모습을 발견한다. 현대인, 특히 '나 세대'(Generation Me)라고 불리는 청년들은 자기 자신에게 한없이 빠져들기 때문에 겉으로는 자신만만해 보여도 속으로는 우울하고 좌절한다. 거듭 말하지만, 자기 자신에게서는 답을 찾을 수 없다. 마치 고장 난 CD가 같은 소리만 내듯 절대로 자기를 넘어설 수 없다.

피조물인 인간은 창조자 앞에 서야 진정한 자기를 발견한다. 하나님의 눈으로 자신을 볼 수 있어야 내가 이 세상의 다른 어느 사람과도 비교할 수 없는 유일한 존재임을 알게 된다. 남과 비교하면서 우월감도 열등감도 가질 필요가 없다. 나는 하나님이 인정하는 절대가치를 지닌 인간이고, 나만이 할 수 있는 일을 하기 위해 이 세상에 존재한다는 것도 알게 된다. 유한하고 허물이 많지만 좀더 나은 사람이 되고 싶은 희망도 갖게 된다.

> 우리는 그가 만드신 바라 그리스도 예수 안에서 선한 일을 위하여 지으심을 받은 자니(에베소서 2:10).

하나님과의 관계가 이루어지면, 내가 누군지, 왜 살아야 하는지, 삶의 목적과 사명을 동시에 발견한다. 뿌리만 캐내면 나무의 줄기, 가지, 잎들이 다 따라오는 것과 같다. 하나님의 자녀로서의 자기 발견은 질적으로 전혀 다른 삶을 살게 한다. 새 마음, 새 생각, 새 눈이 생긴다.

하나님 안에서 나를 찾는다는 말은, 사실 창조주 안에서 내가 발견된다는 표현이 더 맞다. 내가 중학교 때 가출했을 때도 집 근처에서 어슬렁거리다 어머니께 발견되었다. 이것을 성경은 기막히게 표현한다.

> 그(하나님의 아들, 그리스도) 안에서 발견되려 함이니(빌립보서 3:9).

내가 잃어버린 지갑을 찾듯 창조주가 잃어버린 당신 소유를 찾으신 것이 바로 '자기 발견'이다. 나를 찾는 기쁨을 어떻게 표현할 수 있을까? 영원토록, 다함없는, 영혼 가장 깊은 곳에서 솟구치는 그런 기쁨이다. 예수님이 나를 찾으셨을 때의 기쁨이 나의 기쁨이 되기 때문이다. 잃어버린 양 한 마리를 찾아 산 넘고 계곡을 건너 마침내 찾아내 품 안에 안은 목자의 기쁨. 길을 잃고 헤매느라 울고 울어 목이 다 쉬어 버린 어린 양이 목자의 품에 안겼을 때의 기쁨. 그 기쁨을 성경에는 이렇게 기록하고 있다.

> 찾으면, 기뻐하면서 자기 어깨에 메고 집으로 돌아와서, 친구들

과 이웃사람을 불러모으고, 나와 함께 기뻐해 주십시오. 잃었던 내 양을 찾았습니다… 하늘에서는, 회개할 필요가 없는 의인 아흔아홉보다, 회개하는 죄인 한 사람을 두고 기뻐할 것이다(누가복음 15:6-7, 새번역).

예수님은 예수님을 믿는 자가 누릴 기쁨을 이렇게 약속하신다.

내가 너희에게 이러한 말을 한 것은, 나의 기쁨이 너희 안에 있게 하고, 또 너희의 기쁨이 넘치게 하려는 것이다(요한복음 15:11, 새번역).

하나님, 저는 하나님이 계신지 안 계신지도 잘 모릅니다. 왜 하나님을 믿고 살아야 하는지, 하나님을 믿고 살면 무엇이 좋은지 솔직히 아직 잘 모릅니다. 그러나 어렴풋이 아는 것은, 제 영혼이 저도 모르게 하나님을 찾고 있었다는 사실입니다. 그간 저는 길을 잃어버린 한 마리 양이었습니다. 길을 찾느라 방황하며 마음고생이 심했습니다. 이제 저 자신에게 정직하고 싶습니다. 선한 목자 되신 예수님이 저를 기어이 찾아내시고, 잃었던 자아를 발견하게 도와주시니 진심으로 감사드립니다. 예수님의 이름으로 기도합니다. 아멘.

이중섭_〈서귀포의 환상〉
1951년, 나무판에 유채, 56×92cm, 호암미술관.

2. 사람답게 사는 길

"어쩜, 저런 인간이 다 있어?"

결혼한 지 두 달 정도밖에 안 되었던 신혼 시절이었다. 부리나케 집에 들어와 요란하게 책상 서랍을 넣었다 뺐다 하며 수첩을 찾다 끝내 못 찾자 화를 버럭 내며 방을 뛰쳐나가는 내 모습을 보고 아내가 혼자 되뇌던 말이라고 한다. 연애 시절, 지나칠 만큼 매너가 좋던 남자가 결혼해서 같이 살다 보니 어쩌면 그리도 이기적이고 신경질이 많은지, 이만저만 놀란 게 아니었다고 한다.

'저 사람은 괜찮은 사람이겠지.'

기대하다 실망하는 일이 얼마나 많은가. 우리 어머니가 사람에게 화날 일이 생기면 늘 탄식처럼 하시던 말씀이 있다.

"사람이면 다 사람이냐? 사람다워야 사람이지."

결혼한 지 40여 년이 지났다. 아내는 농담처럼 말한다.

"당신, 옛날에 비하면 지금은 거의 성자 수준이에요."

예전에는 형편없었지만, 지금은 사람이 많이 되었다는 칭찬이다. 아마도 나는 하늘나라에 갈 때까지 조금씩 더 좋아질 것이다. 하나님을 믿으면 점점 사람다운 사람이 되어간다. 매일 하나님의 말씀을 읽고 예수님을 닮아 가려고 애쓰기 때문이다.

산다는 건 무엇일까

이중섭의 〈서귀포의 환상〉은 유토피아를 그린 것이다. 서귀포는 지상에서 가장 아름다운 곳 중 하나다. 어린 시절 나는 이곳에서 자랐다. 청년들이 나더러 "목사님 참 멋지세요" 하면 나는 겸손 떨지 않고 으레 "서귀포에서 자라서 그래" 하고 받아넘긴다.

아버지는 내 친구들 아버지와는 많이 달랐다. 평양에서 태어나 서울에서 자란 아버지는 매우 가정적이고 인격적이셨고, 나를 끔찍이 사랑해 주셨다. 내가 지금 건강을 위해 하는 수영은 아버지께 배웠다. 물을 겁내던 나를 안은 채 바다로 들어가 나를 바다 쪽으로 향하게 하신 후, 두 팔을 벌려 물에 둥둥둥 띄워 주시며 평영을 가르쳐 주셨다.

아버지는 얼마나 다정다감하셨는지 모른다. 평안도 사람들이 대부분 그렇듯, 권위의식 없이 자식들을 친구처럼 대해 주셨다. 아버지의 특기는 만두와 칼국수 만드는 것이었다. 아버지와 함께 시끌벅적 만두를 빚거나, 맥주병을 굴려 밀가루를 늘이고 칼로 가지런히 써는 시합을 했다. 요리 솜씨가 좋으신 목포 출신 어머니가 팥 칼국수를 만들어 주시면 어찌 그리 맛있었는지. 역시 배부르고 맛있게 잘 먹은 추억이 오래 가는 것 같다. 그렇게 행복했던 시절은 초등학교 3학년 때 전쟁이 터지면서 곤두박질쳤다.

전쟁이 나자 수많은 피난민이 제주도로 몰려왔다. 상황이 긴박해지면서 식량을 공급하던 선편이 늦어졌다. 제주도민이나 피난민이나 굶기를 밥 먹듯 했다. 그러다가 어디서 가끔 쌀을 구하면 멀건 죽을 쒀서 허기진 배를 채워야 했다. 옥수수밥을 먹으며 설사를 하던 때였다.

하루는 집 근처에서 사람들이 웅성거리는 소리가 들려왔다. 가까이 가보았더니 어느 중년 어른이 땅바닥에 누워 있었다. 그의 입에는 그 귀한 흰 쌀밥이 물려 있었다. 제주도 사람들은 피난민들을 극진히 대우했다. 이 사람은 가족이 죽고 혼자 피난을 왔다는데, 차마 구걸을 못하고 굶어 죽은 것이었다. 이웃들이 늦게야 이를 알고 밥을 먹였지만 이미 때가 늦어 버렸다. 왜 미리 알리지 않았냐며 이웃들은 죽은 사내를 붙들고 혀를 차며 안타까워했다.

"애가 살지도 않고 죽지도 않네요."

어머니와 동네 아주머니들이 나를 걱정하며 나누던 말이다. 나는 몇 달째 신장염으로 사경을 헤매고 있었다. 당시 서귀포에는 입원할 병원 시설이 없었다. 의식이 오락가락하는 중에도 이 말이 귀에 꽂혔다.

'아, 이러다 내가 죽을 수도 있는 거구나. 죽으면 어떻게 되는 거지?'

어린 나이였지만, 죽음의 문턱에서 설명할 수 없는 두려움을 경험했다.

나는 거의 매년 서귀포를 찾아간다. 내가 살던 집터, 다니던 초등학교, 뛰놀던 바닷가를 거닐 때마다 "얘가 죽지도 않고 살지도 않네요" 하던 말이 들려오는 듯하다.

그리고 생각한다. 산다는 게 무엇이고 사람이 사람답게 사는 건 어떤 삶일까? 이런 질문은 내가 유별난 사람이어서 하는 게 아니다. 모든 사람이 던지는 생의 본질적 질문이다.

삶은 외롭고
서글프고 그리운 것.

화가 이중섭의 〈소의 말〉이란 시다. 서귀포의 우리가 살던 집에서 200미터쯤 올라가면 이중섭 미술관이 있다. 그가 피난 와서 살던 곳은 성인 한 사람 눕기에도 비좁은 1.4평의 단칸방이다. 이곳에서 그는 일본인 아내와 두 아들, 이렇게 넷이서 살았다. 먹을 게 없어서 늘 바다로 나가 아들들과 게와 물고기를 잡아먹었다고 한다. 종이도, 물감도 없던 시절에 담배 포장 은박지에 못으로 아들들과 게와 물고기를 새겨 그리며 가난과 외로움을 달랬다. 난 이상하게 거기만 가면 마음이 울컥해지고 눈시울이 뜨거워진다. 가난했던 시절, 아파서 죽음 가까이 갔던 시절, 그리고 나에게 인생을 가르쳐 주고 신앙을 심어 준 그곳을 가면 마음이 거룩해진다. 삶이란 외롭고 서글프고 그리운 것이다.

요즘 청년들에게 이런 말이 무슨 흥미를 끌 수 있을까? 구호단체에서 모금할 때 사용하는, 굶주려 눈이 퀭한 어린이 사진 앞을 별 관심 없이 지나가는 것과 같지 않을까. 그래도 내가 체험한 이야기를 들려주고 싶은 것은 그 인생에 대해 할 말이 있기 때문이다.

전쟁 때 얘기를 하나 더 해야겠다. 그때 경험한 전쟁이 우리 세대에게는 크나큰 상처가 되었고, 그 상흔이 오래 남아 있기 때문이다.

건강을 되찾고 학교로 돌아갔다. 학급 게시판에는 매주 전쟁 상황이 그림과 함께 바뀌어 게시됐다. 학교에서는 "전우의 시체를 넘고 넘어 앞으로 앞으로, 낙동강아 잘 있거라 우리는 전진한다!" 같은 군가를 많이 불렀다. 끔찍한 어린 시절이었다. 침략군 북한 괴뢰들을 용감한 국군들과 미군, 유엔군이 쳐부수고 곧 북진통일을 이룰 것 같았다. 학교에서는 군사 훈련을 했다. 어른들은 나무를 깎아 만든 목총으로 "찔러 총!" 훈련을 받았고, 대나무

끝을 창처럼 뾰족하게 만든 죽창으로 사람 죽이는 연습했다.

초등학생 시절부터 받기 시작한 군사훈련은 중고교 시절의 학도호국단 훈련과 대학 시절의 군사훈련을 거쳐, 현역 복무 후엔 예비군 훈련으로 이어졌다. 우리 세대는 군대를 떠나서 살아 본 기억이 거의 없다. 늘 전쟁 위협에 떨어야 했고, 군사독재의 영향으로 사회는 학교, 직장, 심지어 종교단체까지도 군사문화가 지배하는 거대한 병영이었다. 군대에서는 사람을 인격으로 대하지 않는다. '병력'(military force) 즉 전쟁 수행 능력의 부품일 뿐이다.

한국인은 일제강점기부터 1987년 민주화를 이루기까지 한 세기를 군사문화 속에서 살았다. 사람답게 산다는 게 뭔지 모르고 산 게 아닌가 싶다. 우리 세대는 폭력과 억압적 군사문화 속에 산다는 게 얼마나 인간성을 파괴하는지를 체험했다. 복음서에는 군대 귀신이 들린 자를 구해 주시는 예수님 이야기가 나온다. '귀신 들린다'(demon-possessed)는 건 귀신이 사람의 내면을 사로잡아 자기 마음대로 다루는 자아 상실 상태를 가리킨다. 그러므로 우리 세대의 한국인은 대부분 '군대' 귀신에 시달리며 자아를 잃고 있었다고 해도 틀린 말이 아닐 것이다. 테러로 지배하는 폭력주의는 사람을 짐승이나 기계처럼 이용하는 비인간화(dehumanization) 사회를 만들고, 거기 사는 인간을 인간답지 못한 존재로 추락시키는 세계 악인 것이다. 전쟁의 폐허를 딛고 일어나 가난과 굶주림에서 벗어나고, 자립 경제의 기반을 다지기 위해 인권을 유예시키며 산 우리 세대는 자식들만큼은 경제적으로 여유 있고, 문화적으로도 풍성한 사람다운 삶을 누리게 해주고 싶었다.

우리 세대들은 참 열심히 살았다. 전쟁 후 67달러였던 일인당 국민소득이 이제 이만 달러가 넘었다. 그런데 의문이 생겼다. 과연 경제적으로 풍요하고, 육체적으로 건강하고, 정치적으로 자유롭고, 문화예술을 즐기면 사람이 사람다워지는 걸까? 물론 가난, 질병, 억압 상태보다는 더 인간답게 산다고 할 수 있다. 한국인도 이제 정치적 자유와 경제적 여유를 얻었고, 의료복지는 미국보다 낫다고 한다. 하지만 왕따와 자살, 성폭행, 게임중독, 부모를 죽이는 패륜아들의 기사를 보면, 죽어 가는 피난민에게 쌀밥을 물려주던 우리 세대보다 더 사람답게 사는 것 같지는 않다. 풍요로운 삶이 사람답게 살게 하는 것은 아닌 것이다. 우리가 사람답게 사는 길을 찾으려면 먼저 사람이 무엇인지 알아야 한다.

사람은 무엇일까

사람을 정의하는 가장 흔한 말은 '인간은 고동 동물'이란 것이다. 이런 웃기는 일화가 있다. 플라톤이 "인간은 깃털 없는 두 발 짐승"이라고 하자, 디오게네스가 수탉의 털을 뽑아 아카데미 안으로 가지고 들어왔다고 한다. 아리스토텔레스는 인간을 "지식을 습득할 능력을 갖춘 동물, 사회적 동물"이라고 했다. 현대 과학자들은 인간을 고도로 진화한 고등 동물이나 매우 복잡한 컴퓨터 같은 기계로 설명해 보려고도 한다. 심리학자는 '성적 본능을 만족시키려는 존재', '의미를 찾는 존재'로, 철학자는 '생각하는 갈대', '던져진 존재', '죽음에 이르는 존재' 등으로 정의 내린다. 사회과학자는 '경제적 동물', 권력의지를 가진 '정치적 존재' 등으로 설명해 왔다.

스마트폰으로도 곧바로 다운받을 수 있는 지식과 정보의 홍수 속에서도, 사람이 무엇이며 사람답게 사는 게 무엇인가를 알지 못한다. 이 사람은 이렇게, 저 사람은 저렇게 말하기 때문이다. 모든 사람이 "아, 그렇구나!" 하고 동의하는 명쾌한 답, 보편타당하고 영원불변한 진리를 찾을 수 없다. 사람은 우주의 수수께끼다.

인간은 복잡 미묘한 소우주적 존재다. 2012년 6월 〈뉴스위크〉 커버스토리에는 우리가 그간 알고 있던 우주보다 수십억 개의 우주가 더 있다는 물리학자, 천문학자의 주장이 나왔다. 과학이 더 발전해도 광대무변한 우주를 어떻게 다 이해하겠는가? 마찬가지로 '소우주'인 인간을 어떤 학자도 완전히 분석할 수 없다. 철학자들이 쓰는 말로 하자면, 알려는 주체와 알려질 객체가 인간에게 함께 있기 때문에, 인간이 인간에 대해 완전한 객관적 지식을 얻기는 불가능하다. 인간을 알기 위해서는 신의 '계시'가 필요한 이유다.

> 주의 손가락으로 만드신 주의 하늘과 주께서 베풀어 두신 달과 별들을 내가 보오니 사람이 무엇이기에 주께서 그를 생각하시며 인자가 무엇이기에 주께서 그를 돌보시나이까 그를 하나님보다 조금 못하게 하시고 영화와 존귀로 관을 씌우셨나이다 주의 손으로 만드신 것을 다스리게 하시고 만물을 그의 발아래 두셨으니(시편 8:3-6).

시인은 하늘과 땅, 자연만물의 아름다움, 밤하늘을 수놓으며 반짝이는 무수한 별들, 무한한 우주공간 가운데 존재하는 인간의 존엄성과 신비에 압도되어 창조주를 찬양하고 있다. 광대무변한 우주에 비해 인간은 얼마나 먼지같이 하찮은 존재인가. 그런데도 사람은 '하나님보다 조금 못한', '영광과 존귀로 관을 쓴' 특별한 존재라고 한다. 창조주와 함께 만물을 지배하고 다스리는 만물의 영장이다. 사람은 창조주와 만물 사이에 위치해서 중간자의 역할을 하는 독특한 존재다. 파스칼은 인간 존재의 장엄함과 하찮음의 기괴한 불균형을 보고, 인간은 "무한자에 비하면 하나의 무요, 무에 비하면 하나의 전체요, 무와 전부 사이의 중간자"라고 말했다. 창조주는 인간을 늘 생각하고 돌보고 각자의 이름을 아신다. 인간의 존엄성과 가치, 유일성과 탁월성을 성경처럼 높이 평가하는 종교나 사상은 없다. 그런 점에서 기독교는 진짜 휴머니즘이다.

무슨 일이든 잘 모르겠으면 처음으로 돌아가는 게 가장 지혜롭다. 사람이 무엇이며 사람답게 산다는 것이 무슨 의미인지 알려면, 창조에 관한 하나님의 계시인 창세기를 알아야 한다. 모든 피조물 가운데 가장 뛰어난 존재이면서도 타락 이후 비인간화된 인간의 야누스 같은 이중성과 양면성을 파악할 수 있는 종합적인 인간 지식이 창세기에 있기 때문이다. 사람이 어떤 존재이며, 어떻게 사는 게 사람다운 것인지 성경의 맨 앞 창세기 1장에 그 해답이 있다.

사람은 하나님을 닮은 인격적 존재

아이는 자라면서 "아빠를 빼 닮았다"는 말을 많이 듣는다. 사람은 영혼의 아빠인 하나님 형상대로 창조된 자다. '형상'(image), '모양'(likeness)은 '닮다'란 뜻을 지닌 단어다. 육체적으로 닮았다는 말이 아니라 영혼이 닮았다는 말이다.

하나님은 영이시며 인격적이고 도덕적인 분이시다. 하나님을 닮은 사람 역시 영혼의 소유자이며 인격적이고 도덕적 존재다. 현대인들은 사람을 동물적 차원에서만 이해하려다 혼란에 빠졌다. 사람은 하나님과 사귀는 영혼의 소유자다. 이 세상에 왜 살아야 하는가 하는 존재 목적, 가치, 의미, 사명, 모두 창조주 하나님과의 관계에서 찾는 존재다. 인간은 하나님의 형상을 따라 지으심을 받았기 때문이다.

> 하나님이 이르시되 우리의 형상을 따라 우리의 모양대로 우리가 사람을 만들고 그들로 바다의 물고기와 하늘의 새와 가축과 온 땅과 땅에 기는 모든 것을 다스리게 하자 하시고 하나님이 자기 형상 곧 하나님의 형상대로 사람을 창조하시되 남자와 여자를 창조하시고 하나님이 그들에게 복을 주시며 하나님이 그들에게 이르시되 생육하고 번성하여 땅에 충만하라, 땅을 정복하라, 바다의 물고기와 하늘의 새와 땅에 움직이는 모든 생물을 다스리라 하시니라 하나님이 이르시되 내가 온 지면의 씨 맺는 모든 채소와 씨 가진 열매 맺는 모든 나무를 너희에게 주노니 너희의 먹을 거리가 되리라(창세기 1:26-29).

나는 자식들을 인격적으로 키운다고 내 딴에는 노력했다고 자부했다. 하지만 나중에 아들들에게 들으니 아버지 때문에 스트레스를 많이 받았다는 게 아닌가! 자녀 교육 하나는 잘 시켰다는 자기 의가 무너지는 순간이었다. 나도 모르게 몸에 밴 학교와 군대, 직장에서 받은 강압적인 문화 탓은 아닌가 싶어 미안한 마음이 들었다.

인격의 핵심은 자유다. 하나님이 사람을 하나님 닮은 인격으로 자유를 주셨다. 하나님은 인간의 자유를 존중하다 고통을 겪는 탕자의 아버지 같다. 인간을 로봇으로 만들어 당신이 하늘에서 리모컨으로 조종할 수 있게 했다면, 인간의 배신으로 큰 고통을 당하지 않으셨을 것이다. 로봇은 물건이지 인격이 아니다. 인간에게 자유의지를 주신 것이 하나님의 딜레마요, 인격적 사랑의 역설이다.

그러나 하나님은 자신만만하시다. 전능하신 창조주시므로 사람에게 자유의지를 부여하는 모험을 감행할 수 있는 것이다. 사람이 자유롭게 선택하고 자기 선택에 책임질 때만이 '인격적'이란 말을 쓸 수 있지 않겠는가.

하나님을 떠나면 자유로울 것 같은데 오히려 자유를 상실한다. 이것이 모순이고 인간 본성이다. 서구 사회는 신을 떠나야 자유롭다고 주장한 계몽주의 시대를 거치면서 인간의 자율성과 독립성을 획득했다. 그러나 인본주의 만세를 부르던 서구 사회가 영적, 도덕적, 심지어 경제적으로도 점점 무너져 가고 자유를 상실하고 있는 걸 어떻게 설명해야 할까?

오늘날 신이 없다고 주장하는 자들의 진짜 모습을 보면 얼마나 추한지 모른다. 겉으로는 그럴듯하지만 속으로 들어가 보면 돈, 섹스와 쾌락, 권력과 지위, 성공과 명예의 노예다. 직장이나 국가가 신의 위치를 차지하고, 인간은 좋은 음식, 집, 좋은 차 등을 소유하기 위해 스스로를 노예로 만들었다. 하나님의 주신 자유를 쾌락에 팔아버린 것이다.

사람이 인격적으로 존중받지 못하면 살맛을 잃는다. 부모는 서로 인격적으로 존중하는 모습을 자녀에게 보이고, 자녀들을 인격적으로 대우해야 한다. '아기'는 사람 되는 과정에 있는 존재가 아니다. 어린 시절부터 하나님 형상을 닮은 사람이다. 이런 기준을 가지고 교육해야 한다. 어려서부터 자기가 선택하고 책임지는 습관을 익히도록 해야 실수하면서 성숙해 간다. 한국의 부모가 자식 인생의 주인 노릇하려는 것은 혈연사회의 전통을 감안한다 해도 지나치다. 법적으로 성인 된 자녀의 전공이나 직업, 결혼 문제까지 부모 마음대로 하려는 태도는 옳지 않다. 사람은 아이든 어른이든, 남자든 여자든, 피부색이나 문화 차이에 상관없이 인격체로 대접받을 권리를 창조주에게서 부여받았다. 인간은 우주에 존재하는 유일한 피조물로서의 존엄성과 개성을 인정받아야 살 수 있는 존재다.

하나님이 선하신 도덕적 존재이므로 인간은 선악을 분별하며 착하게 살도록 양심을 가진 존재다. 개가 진화한다고 해서 양심을 가질 수 없다. 본능적으로 주인에게 충성할 뿐이다.

사람의 존재 목적은 하나님과의 교제를 통해 그를 기쁘시게 하고, 동시에 사람을 사랑하기 위한 것이다. 사람이 가장 사람다운 순간은 인간성을 회복하고 하나님과 사랑으로 사귀는 영적인 삶을 살 때다.

언젠가 택시를 탔을 때 앞자리에 붙어 있는 그림이 눈에 띄었다. 아이가 두 손을 모으고 하늘을 향해 기도하는 그림이다. 한쪽에는 '오늘도 무사히!'라고 적혀 있다. 이게 인간의 자연스런 모습이다. 사건, 사고, 문제가 끊이지 않는 고통 많은 현실 속에서 눈을 들어 창조주 하나님을 찬양하고 예배하며 기도하는 삶, 이것이 우리 영혼이 가장 목말라하는 갈증 아닐까?

사람은 남자와 여자로 공동체를 이루는 존재

어느 대학교 축제에 '월경축제'라는 부스가 있었다. 난 쑥스러워서 들어가 보진 않았지만 참신하다는 생각이 들었다. 어느 모임에서 한 자매가 몸이 안 좋다기에 "어떻게 아파?" 하고 물었더니, "저 지금 월경 중이거든요"라고 답하는 것 아닌가. 순간 당황했지만 생명을 낳는 여자로서 생리 현상을 당당히 여기는 그 자매의 태도가 참 괜찮다 싶었다.

사람답게 사는 건 바로 여자는 여자답게, 남자는 남자답게 사는 것이다. 사람의 영혼이 똑같이 하나님 형상으로 창조된 존재이기 때문에 인격적 가치에서는 여자와 남자가 완전히 동등하다. 하지만 창조주는 서로 보완적인 역할을 하도록 남자와 여자의 육체와 정신을 처음부터 다르게 디자인하여 만드셨다. 사람은 성적인 존재다. 사람으로서의 정체성은 성 정체성이기도 하다.

우리는 이성을 인격적 존재로 존중해야 한다. 남자가 여자를 학대하는 것은 비인간적 태도다. 동성애에 빠지는 것도 예외적 상황이 없지는 않으나, 자연스런 인간 본래의 모습은 아니다. 일부 근본주의 페미니스트들이 남자 노릇을 하려는 것도 인간적이지 않다.

남자와 여자의 몸의 구조를 한 번 보라. 어떻게 남자가 남자와, 여자와 여자가 성관계를 가지며 함께 사는 것이 자연스런 모습이라고 주장할 수 있는가. 내가 너무 직접적으로 표현한다고 생각하지 마라. 미국의 TV 토론에서 릭 워렌(Rick Warren) 새들백 교회 목사가 시원하게 한 말이다.

성경에는 독신으로 사는 예외를 인정하고 있으나, 본래 사람이 혼자 있는 것은 창조주 보기에 '좋지 못한'(No Good!) 모습이었다. 남자와 여자가 결혼해서 함께 살도록 하신 건 인간의 고독에 대한 창조주의 배려다. 남자와 여자가 성적으로 끌려 연애하고 결혼하여 성적 교제를 영위하는 것은 인간다운 모습이다. 성적 교제와 사랑의 열매로 자녀를 낳아 기르며 가정을 이루게 하신 것도 하나님이 주신 축복이다. 남자는 일하기에 적합한 몸과 마음을, 여자에게는 생명을 잉태하고 낳고 기르기에 좋은 몸과 마음을 주셨다. 여러모로 여성이 남자보다는 우수한 점이 많아 수명이 긴 게 아닐까 싶다.

여자의 육체를 성적 쾌락의 대상으로만 삼는 것은 인간적인 모습이 아니다. 생명을 낳고 기르는 창조주의 일에 동역할 여자의 몸을 하나의 상품으로 전락시키는 행위는 창조주를 분노케 한다. 그런 점에서 여성의 성을 상품화하기에 열을 올리는 현대는 어느 시대보다 인간을 비인간화하는 시대인 듯하다.

사람은 가정의 가치를 소중히 여겨야 사람다워지고 행복하다. 행복을 다른 데서 찾으려는 건 심한 말로 인간학적 무지에서 나온 어리석은 일이다. 창세기 1장 28절을 보면, "하나님이 그들에게 복을 주시며……생육하고 번성하여 땅에 충만하라"고 명하셨다. 가정을 이루는 것은 인간의 복을 위한 것이다. 부모를 공경하고, 아내와 남편이 서로 사랑하고, 자녀를 돌보며 가르치고, 자녀들은 가정에서 바른 인간관계를 배우는 모습이야말로 창조주가 예비하신 인간적 모습이다. 가정은 소중하다.

사회적 성공을 위해 가정을 희생하고, 귀찮다고 자녀를 낳지 않으려는 지금의 풍조가 이해는 되지만 인간답다고는 할 수 없다. 자녀를 두지 않으면 인류가 사라지게 된다. 그것은 하나님의 뜻이 아니다.

유대 기독교와 다른 종교의 차이가 가장 두드러진 것이 남자와 여자에 대한 가르침일 것이다. '욕심을 버려라', '겸손하라', '이웃에게 자비를 베풀고 잘 대접하라', '살인·간음·도둑질 말라' 등의 도덕규범은 모든 고등 종교에 보편적이다. 그러나 그 종교가 문화의 근간을 이룬 사회에서 여자와 어린이들을 어떻게 대우하는지 비교해 보자. 여자의 성욕을 없애려고 할례를 행하는 문화가 있는가 하면, 일부다처제를 행하고, 밖에 나갈 때는 여자의 얼굴을 가리게 하고, 학교 교육을 시키지 않는 종교도 있다. 종교가 인간성을 높여 주기보다 오히려 파괴하는 폭력 수단이 된 것이다. 모든 종교는 근본적으로 동일하다는 종교다원주의와 문화는 다 좋은 것이라는 문화상대주의가 퍼져 가고 있지만 여자와 어린이의 인권이 짓밟히는 그런 종교와 문화까지 용납할 수는 없다. 그런 점에서 가정, 학교, 직장 또는 단체에서 연애를 못하게 하거나, 성희롱이나 성폭력을 버젓이 허용하는 사회를 인간적이라고 할 수 없다.

"전 사람이 싫어요!"

공부 잘하는 똑똑한 한 형제가 한 말이다. 내가 즉각 답을 날렸다.

"사람 싫은 게 사람이냐?"

사람은 외딴 섬일 수 없다. 창조주는 사람이 생육 번성하여 가족과 공동체를 이루며 살게 하셨다. 이것이 인간의 운명이요 창조주의 섭리다. 개인과 공동체가 어떻게 조화를 이루며 살 수 있을까, 하는 것은 이론으로 배울 수 있는 게 아니다. 살아가면서 부대끼고 실수하는 과정을 거쳐 차츰 익히게 되는 것이다. 개인의 자유를 유지하면서 어떻게 공동체의 유익을 동시에 추구하며, 또 다양성과 통일성을 어떻게 조화시킬 수 있는지는 그리 간단한 문제가 아니다. 인간의 다양함, 여기에 인간다움의 예술성이 깃들어 있다.

기독교의 하나님은 한 분이시면서 세 분인 신비로운 존재다. 성부, 성자, 성령은 각자 독립된 인격(또는 위격)이면서 한 몸을 이루며 서로 사랑과 존중으로 다양성 속의 통일을 이루신다. 이 하나님을 삼위일체(The Trinity) 하나님이라고 한다. 하나님의 형상대로 지은 바 된 인간은 하나님의 속성을 유전자로 지니고 태어난 존재이므로, 혼자도 잘살고 여럿이 함께도 잘살 수 있다. 가정은 개인의 자유를 존중하면서 한 가족으로 서로 사랑으로 돌보는 공동체다. 국가가 입법부, 행정부, 사법부의 독립을 보장하는 동시에 통일성을 유지하는 지혜도 기독교의 하나님에게서 나온 것이라고 한다(이사야 33:22). 그래서 기독교 문화가 뿌리내리지 않으면 성숙한 민주주의를 이룰 수 없다는 주장이 설득력을 갖게 된다. 더 나아가 과거사와 영토 문제 등 분쟁이 그치지 않는 한·중·일 3국을 비롯하여 전 세계가 각국의 독립적이고 독특한 문화와 정치 체제를 존중하면서도, 더불어 평화롭게 살며 지구 환경 보호에 협조하는 인류 공동체를 이룰 능력은 창조주에게서 부여받은 것이다.

사람은 일에서 의미를 찾고 문화를 창조하는 존재

생각할수록 인간이란 대단하고 재미있는 존재다. 나는 보잉 747로 미국에 와서, 지금 어느 신학교 도서관에 앉아 아이패

드로 에버노트를 열어 이 글을 쓴다. 이제 곧 이 글을 검토해줄 한국에 있는 친구에게 이메일로 원고를 보낼 것이다. 얼마 후엔 출판사에서 정성껏 표지를 만들어 책으로 출간할 것이다. 이 책의 출간 소식을 본 당신은 인터넷으로 주문을 했을 것이고, 책은 그날로 배달될 것이다.

참 좋고 편리한 세상이다. 한 세대 전만 하더라도 상상도 못한 일이다. 인간은 동물과 달리, 영혼에 담긴 지·정·의로 진·선·미의 가치를 추구하고 실현하며, 일하면서 문화를 창조하는 존재다. 까치는 수천 년, 수만 년을 살아도 똑같은 둥우리를 만든다. 그러나 사람은 끊임없이 창조하고 개선하며 안락한 주거환경을 만들고, 지속적으로 문화를 발전시킨다. 학문, 사회조직, 예술, 심지어 요리까지도 늘 새롭게 한다. 인간이 고상하고 위대한 것은 하나님께 감사하고, 하나님 뜻대로 서로 사랑하며 살고, 늘 창조적으로 즐기며 일하라고 주신 선물이다.

일은 복으로 주셨다. 일 없이 사람은 '의미'를 찾지 못한다. 일이란 생육하고 번성하는 데서 출발한다. 아들 셋을 키우는 어느 형제가 하나님께서 생육하고 번성하라는 명령 앞에다 "힘들겠지만"이란 말씀을 괄호 안에라도 넣으셨어야 했는데 빠뜨리셔서 유감이란 농담을 했다. 인간이 죄로 타락하기 전에는 그렇지 않았지만 임신, 출산, 양육처럼 힘든 일이 어디 있겠는가? 그러나 또 세상에서 자식 키우는 것만큼 즐거운 일이 어디 있을까? 할아버지가 된 내 친구들은 말한다.

"손자 없는 자와는 인생을 논하지 말라!"

하나님은 인간에게 땅을 관리하고 생물들을 다스리는 일을 주셨다. 아담은 말씀대로 에덴동산을 지키고 가꾸며 모든 짐승과 새의 이름을 지어 주는 일을 했다. 이름 짓는 일을 해봤는가? 창조적 지성을 활용해야 하는 대단한 지적 작업이다. 사실, 학문이란 것도 '이름 짓기' 또는 '정의 내리기' 아닌가?

빅토르 프랑클(Viktor Emil Frankl)이 쓴 《죽음의 수용소에서》, 《삶의 의미를 찾아서》라는 책이 있다. 2차대전 때 나치 수용소에서의 경험으로 인간의 정신질환을 치유하는 '의미 치료법(logotherapy)'을 창시한 의사다. 그가 관찰해 보니, 수용소에서 아무 일도 않고 갇혀서 무료하게 먹고 생존하던 대부분의 포로들은 얼마 못가 정신적으로 붕괴되었다. 그러나 흙 위에 건반을 그려 놓고 피아노를 치는 사람, 열악한 환경에서도 다른 사람을 돕는 사람은 건강하게 출옥했다. 그는 거기서 사람은 의미 없이는 살 수 없는 존재이고, 일을 통해 그 의미를 얻는다는 단순하지만 영원한 진리를 발견했다. 창조주는 '복을 주시며' 일을 맡기셨지 짐승처럼 부려 먹으려고 일을 주신 것은 아니다. 청년 실업자들에게 한번 물어 보라. "일 없으니까 행복하냐?" 아마 테러를 당할 것이다. 그런 점에서 국가는 청년들을 위한 일자리 창출에 최선을 다해야 사람답게 사는 사회를 만들 수 있다. 사회적

'루저'는 할일이 없어 '의미'를 상실한 채 생존해야 하는 사람들이다.

사람은 자연을 즐기며 살아야 할 존재

사람은 동물과 함께 창조된 동물이다. 그러므로 동물적 본능을 만족시키는 것도 인간의 한 가지 속성이다. 살아 있는 인간은 육체와 영혼이 신비롭게 결합된 존재다. 육체는 죽어서 흙이 되기 때문에 영혼만 귀하고 육체는 저급하다는 희랍인들과 동양철학의 논리는 틀린 말이다. 사람이 육체의 만족 없이 영혼만 어찌 살 수 있는가? 그런 점에서 창조주는 문화명령을 따라 일하는 인간에게 먹을 양식과 과일을 충분히 공급하겠다고 보장하셨다. 콜레스테롤이 많은 쇠고기, 돼지고기보다는 건강식을 주신 하나님은 '좋으신 아버지'다.

사람은 자연의 한 부분이요 흙으로 지은 바 된 존재이므로 늘 흙과 가까이해야 건강하게 살 수 있다. 전에 에든버러대학 교수가 인간의 육체를 화학적으로 분석했는데, 흙을 이루는 요소와 구성비가 정확하게 일치했다는 연구 발표가 나온 적이 있다. 도시문화를 즐긴다고 콘크리트와 철제 건축물 주변에서만 살아서는 건강에 좋지 않다. 아파트 생활을 하더라도 꽃을 키우고 채소를 가꾸는 등 자연과 함께 있으려는 모습이 인간다운 모습일 것이다.

미국 보스턴 근처 콩코드라는 마을에 있는 월든 못(Walden Pond)에 간 적이 있다. 법정 스님이 《내가 사랑하는 책들》에서 첫 번째로 추천한 책이 바로 헨리 소로우(Henry David Thoreau)의 《월든》이다. 도시문화와 소비문화의 비인간화를 내다본 그는 단순한 생활을 꿈꾸며 호수 근처의 숲에 아주 작은 집을 짓고, 그곳에서 2년간 생활하며 시와 저널을 썼다. 그는 사람이 자연을 멀리할 때 인간성이 파괴될 위험이 있다는 것을 알고 동네마다 공원을 만들 것을 제안했다. 생전에는 빛을 보지 못했지만 그는 오늘날 환경운동의 시조로 추앙받고 있다. 대도시 아파트 문화에 갇혀 사는 현대인은 얼마나 삭막한가. 아이들이 왜 고층 아파트에서 몸을 던질까? 창조주의 아름다움을 멀리하고 인공물 안에 갇혀 살면서 상실한 인간성을 회복하고 싶다는 처절한 몸부림은 아닐까. 그들의 희생이 마치 "제발 나를 살려 주세요!" 하는 절규처럼 들린다.

하나님의 천지창조 기록을 보면, 땅이 혼돈하고 공허하며 흑암에 뒤덮여 있다고 되어 있다. 혼돈, 공허, 흑암이란 말보다 신 없는 인간 내면과 세상을 잘 표현하는 언어가 있을까? 인간은 왜 이토록 악과 고통 속에 신음하다 죽어야 하며, 세상은 왜 죄와 고통, 죽음의 땅이 되고 말았는가? 세상살이가 힘든 이유는 간단하다. 점점 사는 게 각박해져 사랑이 없어지고, 기쁨 넘치는 사람들을 만나기 힘들기 때문이다. 사람이 죄로 타락한 이후 본래 갖고 있던 하나님의 형상을 대부분 상실하고 망가뜨렸기 때문이다.

요즘 20~30대 청년들을 가리켜 '3포 세대'라고 한다. 취업, 결혼, 출산, 이 세 가지를 포기하게 만드는 세상을 살고 있다는 말이다. 그런데 가만 생각해 보자. 창세기를 통해 보면 위의 세 가지 가치야말로 창조주가 사람에게 주신 복이 아니었던가. 기성세대가 후손들에게 복을 물려주기보다 서로 경쟁하며 맘몬에게 굴복하여 인간성을 포기하도록 강요하는 저주스런 사회구조를 남겨 주었다는 말이 될 것이다. 그러나 하나님의 형상대로 창조된 인간은 스스로 인간다움을 포기할 수 없다. 하나님은 친히 인간을 노예로 만들려는 사회구조 속에서도 저주를 복으로 바꾼 예수 그리스도를 인간 회복의 구원자로 보내셨다.

이 사람을 보라!

나는 왜 예수를 믿는가? 어느 날, 깊이 생각해 보았다. 죽어서 천당 가려고? 복 받아 잘 살려고? 그것도 다 맞다. 하지만 난 사람답게 살고 싶어서 예수 믿는다. 인간미 넘치는 멋진 사람이 되고 싶어서 믿는다. 내가 태어난 이 한반도에 인간다운 인간, 생명의 가치를 아는 인간이 가득한 꿈을 꾸기 때문에 예수를 믿는다. 어떻게 가능한가? 성경에 나오는 예수님을 닮아 가면 된다. 바보처럼 단순한 말이라고 생각할지 모르지만, 나는 확신한다.

신약의 복음서에는 예수님의 생애와 교훈, 사람들을 사랑하시는 모습, 그리고 고난당하며 십자가에 죽고 부활하시는 사건이 기록되어 있다. 누가라는 의사가 기록한 복음서에는 예수님이 어떻게 사람을 사람답게 살도록 도우시는가가 이렇게 기록되어 있다. 단어 하나하나에 집중해서 읽으면 좋겠다.

> 주의 성령이 내게 임하셨으니 이는 가난한 자에게 복음을 전하게 하시려고 내게 기름을 부으시고 나를 보내사 포로 된 자에게 자유를, 눈 먼 자에게 다시 보게 함을 전파하며 눌린 자를 자유롭게 하고 주의 은혜의 해를 전파하게 하려 하심이라 하였더라(누가복음 4:18-19).

예수님은 가난, 무지, 질병, 장애, 폭력, 거짓 등으로 인간을 비인간화하는 악순환의 사슬을 끊고 자유와 해방, 기쁨을 회복시키려 오신 해방자이시다. 요한이라는 사도가 쓴 요한복음에는 예수님이 로마 총독 빌라도에게 재판받는 장면이 나온다. 빌라도는 사형 언도를 내리라는 군중의 위협 앞에서 무죄한 예수를 풀어 주려고 노력했다. 혹시 이방인인 자기가 동족인 예수를 모욕하면 동정심을 유발해서 석방시킬 수 있을지 모르겠다고 생각하며 예수에게 가시관을 씌우고 희롱하며 데리고 나왔다. 그리고 무리들 앞에 나서며 외쳤다.

보라, 이 사람이로다(요한복음 19:5).

그렇다. 이 사람이다. 빌라도는 의식하지 못했겠지만, 이 말은 역사적으로 매우 중요한 말이 되었다. 하나님이면서 사람이신 예수가 진정 인간다운 인간이다.

런던 한복판, 국회의사당 가까운 곳에 트라팔가 광장이 있다. 1805년 프랑스와 스페인 연합함대를 물리친 넬슨 제독을 기리기 위해 조성한 광장에는 56.4미터 높이의 기념탑 꼭대기 위에 5.2미터의 넬슨 상이 있다. 광장 주변에는 대영제국을 세우는 데 혁혁한 공을 세운 영웅들의 조각상과 신고전주의 양식의 빌딩들이 즐비하게 세워져 위용을 과시한다. 그 광장에는 본래 말을 탄 에드워드 4세의 동상을 세우려고 만든 대좌가 있었는데 예산 부족으로 비어 있었다.

거의 200년이 지난 1999년부터 이곳에 현대 작가들의 조각품을 전시하기 시작했다. 첫 번째로 전시된 작품이 마크 월린저(Mark Wallinger)의 〈보라, 이 사람이로다!〉(Ecce Homo-Behold the Man)이다. 이 제목은 요한복음 19장 5절을 인용한 것인데, 로마 총독 빌라도가 예수를 십자가에 넘겨 주기 전 무리들에게 한 말이다. 그 조각품은 주변의 거대한 건축물이나 조각품과 견줄 수 없이 왜소한 크기다. 머리에 가시관을 쓰고 아랫도리만 가린 나체에 예수 상의 상징인 긴 머리나 수염도 없이 평범하고 무력한 모습에 불과하다. 그러나 광장을 압도하는 거대한 동상의 주인공들은 역사 속으로 다 사라졌고, 영국인들을 제외하고는 그 이름조차 기억하는 사람이 없다. 예수는 어떠한가? 세계적으로 그의 이름이 퍼져 있고 지금도 그를 사랑하는 전도자들이 복음을 전파하고 있다.

"보라, 이 사람이로다!"

예수님이야말로 '그 사람'이다. 사람이 무엇을 위해, 어떤 마음을 가지고, 구체적으로 어떤 행동을 하며 살아야 할 것인지를 온몸으로 보여 주신 하나님 아들이다. 세계적 정신심리학자들 수십 명이 "인류 역사에서 정신적으로 가장 건강한 사람, 가장 사람다운 사람을 꼽는다면 누구인가"라는 질문으로 공동연구를 했다. 그 결과 예수 그리스도를 선정했다고 한다.

나다나엘 호손의 단편《큰 바위 얼굴》에서 주인공이 날마다 큰 바위 얼굴을 바라보며 한평생을 살다가 그 바위를 닮은 얼굴을 갖게 되듯, 우리도 예수를 바라보며 평생을 살면 그를 닮은 멋진 인간이 될 수 있다. 좋아하는 스타를 흉내 내다가 그 스타를 닮아 가듯, 예수님은 그야말로 본받고 싶은 '슈퍼스타'이다. 표준 인간이다. 영국 성공회 대주교이며 신학자인 조지 케리(George Carey)가 말한 대로, 예수님은 그의 삶을 우리 현실에 맞게 창조적인 적용이 가능하도록 실제 역사 속에서 살아내신 '패러다임 맨'(Paradigm Man)이다. 예수님은 "하나님의 형상"(골로새서 1:15)이시다. 예수님을 마음에 영접하지 않고서 하나님의 형상을 회복할 다른 길이 없다.

그러나 한계가 있다. 나는 예수 믿은 지 꽤 많은 세월이 흘렀다. 그런데 내가 아무리 노력해도 온전히 예수다운 삶을 살기란 불가능함을 인정하게 된다. 가만 생각해 보자. 우리 주위에 만나는 사람들 중에서 정말 본받고 싶은 인물이 떠오르는가. 인간은 모태에서부터 본성이 부패해져 있다. 그래서 신적인 거룩함을 사모하면서도 동물적 본능에 자기를 맡기는 괴물이 되었다. 우리가 예수를 믿고 그와 연합해야 사람답게 살 수 있다는 것이 기독교의 진리다.

하나님은 새 시대가 오면 사람들의 부패한 마음을 새롭게 하겠다고 약속하신다. 새 시대는 예수를 통해 열렸다. 누구든지 예수 믿으면 그분의 마음을 품도록 도와 주신다. 예수의 마음을 품으면 하나님의 형상을 온전히 회복할 수 있다.

거듭 말하지만 우리가 예수를 믿고 따른다 해도 완전한 사람이 될 수는 없다. 하나님이면서 자기를 비워 종의 형체를 가지신 예수님을 본받으려고 노력할 뿐이다.

요즘 세상에서 가장 인간다운 모습이 무엇일까. 우선 세 단어가 생각난다. 진실, 사랑, 겸손이다. 그런데 우리가 자기를 미워하는 사람들을 위해 죽기까지 하나님께 순종하는 겸손하고 진실한 삶, 희생적 아가페 사랑을 나타내신 예수 그리스도처럼 살 수 있겠는가? 뱁새가 황새 따라가려면 다리 찢어진다고 했는데, 그냥 적당히 살면 되는 게 아닐까 하며 미리 포기하고 싶어지는 게 정직한 우리의 마음일 것이다. 그러나 이건 창조주 하나님이 우리 각자에게 두신 뜻이 아니다. 완전히 닮을 수는 없지만 비슷해질 수는 있다. 근사한 사람이 될 수 있다.

그래서 "사람답게 산다", "사람다워진다"는 말은 영원한 현재진행형이다. 우리는 사람이면서, 사람이 되어 가고 있다. 영어로는 "Being Human, Becoming Human"이라고 표현한다. 종말에는 우리 모두 예수 그리스도의 형상을 회복하고 완전한 인간이 될 것이다.

저는 이 세상에 살면서 어떤 사람이 되어야 하는가, 어떤 삶이 진정 사람답게 사는 것인가를 늘 고민하며 지냈습니다. 그간 여러 사람들의 말을 듣고 여러 책들도 읽어 봤지만, 명쾌하고 실제적인 답을 찾지 못했습니다. 오늘 성경이 가르치는 인생, 인간성 회복의 길을 배우게 해주시니 진심으로 감사드립니다. 인간답게 사는 게 그리 멀리 있는 것이 아니라 일상에서 하나님 말씀대로 살며, 비록 힘들지만 진정한 인간상을 보여 주신 그리스도를 본받는 삶임을 깨우쳤습니다. 앞으로 서두르지 않고 성경과 예수 그리스도를 차근차근 잘 배우며 사람답게 멋진 생을 살고 싶습니다. 제게 이런 가능성을 심어 주시고 희망을 주신 하나님께 감사드리며, 예수 그리스도의 이름으로 기도합니다. 아멘.

루오_〈도시 변두리의 그리스도〉
1920년, 캔버스에 유채, 92×74cm, 도쿄 브리지스톤 미술관.

3. 마음의 위로

그날, 우산이 필요 없을 정도로 실같이 가는 비가 흩날렸다. 우리 부부는 그 전날 밤, 말로 표현하기 힘든 어떤 예감이 들어 세브란스 병원에 머물러 있었다. 동이 틀 즈음, 스피커에서 구내방송이 들려왔다.

"이한나 보호자님, 이한나 보호자님, 중환자실로 급히 오시기 바랍니다. 중환자실로 급히 오시기 바랍니다."

내가 서둘러 먼저 달려들어 갔다. 그날은 딸 한나가 심장수술을 받은 지 열흘째 되는 날이었다. 수술 후 입과 코, 몸 여기저기가 호스로 연결되어 있어서 우리는 딸과 아무 말도 나누지 못했다. 아니다. 말 없는 말을 했다.

"한나야, 건강해져서 집에 돌아가면 맛있는 것 먹고 놀러 다니자, 응?"

엄마가 무슨 말을 하면, 알아들었다는 신호로 엄마가 쥔 손을 자기도 꼭 쥐곤 했다.

수개월 전, 한나는 뇌막염으로 혼수상태에 빠진 적이 있었다. 급히 뇌수술을 마친 후에는 태어난 지 8년 만에 가장 건강하게 지냈다. 하얀 피부, 날씬한 체형, 약간 곱슬머리인 한나는 은혜로운 말을 참 잘했다. 하루는 내게 안겨서 빤히 눈을 맞추며 말했다.

"아빠, 하나님 은혜가 고맙지?"

"왜?"

"으응, 예수님이 우리 모두 사랑하시고, 으음 내가 이렇게 건강해졌잖아요?"

태어나면서부터 심장질환으로 늘 아팠던 우리 딸이 이제부터는 튼튼한 몸으로 예쁘게 자라줄 거라고 기대했었다. 이제 병원으로 달려가는 고통의 날들은 다 물러갔다고 믿었었다.

하나님은 어디에 계셨을까?

간호사가 입구에서 아내를 막았다. 진정제를 먹고 들어가라고 했다. 아내는 거절했다. 병실로 들어가 아내는 눈물로 한나에게 마지막 작별 인사를 했다.

"한나야, 그동안 엄마 아빠랑 같이 살아 줘서 고마워…… 이제 아픈 거 다 잊고 주님 품에 안기거라. 우리 아가…… 천국에서 만나자, 응?"

의사는 마지막까지 심장을 소생시키려고 두 손으로 가슴을 눌렀다 풀어 주기를 반복했다. 땀을 뻘뻘 흘리며 있는 힘을 다해 한나의 생명을 구해 보려던 레지던트가 심전도를 보더니 깊은 숨을 들이쉬고 나서 호흡기를 멈추었다. 태어날 때부터 장애를 가지고 태어난 한나는 심실 사이에 난 구멍을 메우는 수술을 한 지 열흘 만에 숨을 거뒀다. 이 세상 나그네 길을 8년 2개월로 마친 것이다.

의사의 배려로 나는 숨을 거둔 딸을 품에 안은 채로 중환자실에서 구름다리를 지나 지하에 있는 영안실로 천천히 걸어갔다. 하늘이 무너져 내렸다. 그것이 내가 마지막으로 나의 예쁜 딸을 안아 본 것이었다.

이틀 후, 마지막으로 관에 눕힌 딸의 이마와 뺨을 만져 보다가 소스라치게 놀랐다. 싸늘한 얼음이었다. 그 따뜻하고 보드랍던 우리 딸은 차가운 시신으로 변해 있었다.

우리가 다니던 신촌성결교회 목사님의 인도로 장례예배를 마친 후 벽제 화장장으로 갔다. 몇 시간 후, 한나의 몸을 태우고 남은 유골을 건네받았다. 아내는 실신 상태여서 집에 누워 있었다. 나는 아무런 마음의 준비가 안 된 상태였다. 딸의 유골을 어떻게 처리해야 할지 막막했다.

'그래, 한나가 늘 기도하던 이모, 삼촌들이 있는 신촌의 대학 캠퍼스에 뿌리는 것이 좋겠다.' 동행한 아우와 서강대 솔밭,

연세대 언더우드 동상 근처와 오랜 기간 입원해 있던 세브란스 병원의 화단, 그리고 이화여대 헬렌 동상 잔디에 한 줌씩 재를 뿌렸다. 이미 어두워진 캠퍼스에서 나는 유골을 뿌리며 기도했다.

"주님, 한나가 기도하던 이 캠퍼스에 한나의 재를 뿌립니다. 이 대학에서 예수님을 닮은 많은 대학생들이 나올 수 있도록 축복해 주십시오."

그리고 예수님의 말씀을 읽었다.

> 내가 진실로 진실로 너희에게 이르노니 한 알의 밀이 땅에 떨어져 죽지 아니하면 한 알 그대로 있고 죽으면 많은 열매를 맺느니라(요한복음 12:24).

딸 한나는 우리에게 가난, 질병, 고통, 죽음, 슬픔, 사별을 가르쳐 주었다. 고통 속에서 인생을 어떻게 살아야 하는지, 하나님을 믿고 사는 것이 무엇인지를 삶으로 보여 주고 떠났다.

딸이 태어나던 날을 지금도 생생하게 기억한다. 임신중독증으로 8개월 만에 출산해야 한다는 의사의 진단이 내려지던 날, 나는 참 많이 놀랐다. 후회도 많았다. 여자가 임신하면 입덧을 한다는 것조차 몰랐던 무지한 남자였다. 신촌에서 대학생 신앙공동체 개척 사역에 몰두하느라 신혼 초부터 아내를 내팽개치다시피 한 무정한 남편이었다. 아내는 정신적, 육체적으로 견디기 힘든 신혼 기간을 보냈다.

의사는 제왕절개수술을 권했다. 당시는 1960년대여서 출산 중에 죽는 경우도 많았다. 마침 자연분만이 가능하다는 산부인과가 있어 그곳으로 옮겼다. 촉진제를 사용해서 진통을 유도하는 출산법이었다. 무려 40여 시간의 시도와 실패, 그리고 이어지는 고통으로 아내가 기진했을 때 아기가 세상에 태어났다. 아내는 문자 그대로 죽음을 경험했다. 그 모습을 지켜보던 나도 기진맥진하는 고통의 시간이었다. 지금도 되살리고 싶지 않은 악몽 같은 순간이었다.

아기는 2.2킬로그램으로, 인큐베이터에 들어가는 것은 간신히 면했다. 그러나 몇 달 뒤, '선천성 심실중격결손증'이라는 진단을 받았다. 심장에서 나오는 좋은 피와 심장으로 들어가는 나쁜 피가 섞일 수밖에 없어서 산소 부족으로 아프게 된다는 것이다. 심실을 가로막은 막에 구멍이 있는데, 자라면서 구멍이 커지면 죽는다고 했다. 그러나 한국의 의료 사정으로는 일곱 살 이후에야 수술을 받을 수 있다는 것이었다.

나는 ESF(기독대학인회) 서대문 지구의 책임 간사였다. 청년 대학생들에게 성경을 가르치며 기독교 신앙으로 인도하던 성경 선생이었다. 분명 예수를 잘 믿는 자였고, 예수를 믿는 게 나와 민족이 사는 유일한 길이라고 확신하며 대학생 사역에 인생을 건 자였다. 그러나 딸의 죽음은 민족적 이상주의, 지성과 추상적 관념, 나름대로의 시대적 사명감에 불타던 나의 신앙을 뿌리째 뽑아 가는 것 같았다.

내가 믿는 기독교 신앙이 인간 고통에 무슨 도움을 주는가? 하나님은 외아들을 주실 만큼 나를 사랑하신다면서 내게 왜 이런 고통을 주시는 걸까? 하나님이 정의롭다면 죄 없는 내 딸을 앗아갈 수 있을까? 기도하면 다 들어주신다더니 울부짖었던 우리 기도를 어찌 외면하신단 말인가? 내가 돈을 원한 것도, 명예를 원한 것도 아니고, 소박한 소망이래야 하나밖에 없는 딸이 건강해지는 것이었는데 그것조차 들어주지 않으신단 말인가? 우리가 도대체 무슨 큰 죄를 졌단 말인가?

몇 달 동안 내 영혼 깊은 곳에서 끊임없이 "왜? 대체 왜?"라는 질문이 맴돌았다. 하나님이 사랑이시고, 전능하시며, 살아 계신 신이라면 이런 고난을 그분을 믿는 크리스천에게 허용할 수 없다는 생각 때문이었다. 믿는 자나 믿지 않는 자나 똑같이 고통 속에서 살다 죽는 인생이라면 왜 굳이 예수를 믿는가? 이 의문에 전도자인 나 스스로가 답할 수 없었다. 절망이었다.

아내에게 들키지 않으려고 혼자 숨어서 울었다. 길을 걷다가도 눈물이 북받쳐 올랐다. 어떻게든 살려 보려고 연약한 몸으로 딸을 돌보던 아내의 슬픔은 나의 그것과는 차원이 다른 것이었다. 아내는 얼마 동안 병원에 입원해야 했다.

아내의 슬픔을 달래 주기 위해 나는 아내와 나들이를 했다.

가난한 전도자 부부의 나들이는 버스를 타고 수유리까지 가는 것이 고작이었다. 그동안 아내는 아픈 딸 때문에 맘대로 외출을 해보지 못했다. 한나를 데리고 기도원이나 치유 집회가 있는 곳을 찾아다니는 정도였다.

산책과 나들이는 고통을 지우지 못했다. 집에 들어오면 어김없이 가슴을 에는 슬픔이 밀려왔다. 고통과 슬픔은 잊으려 해서 잊히는 것도, 도피한다고 해서 피할 수 있는 것도 아니었다.

우리가 고난당할 때 하나님은 어디 계신단 말인가? 맘속 깊이 나는 하나님을 원망하고 있었다. 성경 인물들, 순교자들 중에는 자식의 죽음도, 자기 자신의 죽음도 담담하게 받아들이는 위대한 인물들이 있다는 걸 모르지 않았다. 예수 믿고 한 번도 경험하지 못한 의심과 회의, 쏟아지는 질문에 한동안 넋을 잃었다. 더는 기도할 수 없었다. 기도가 딸의 죽음을 막는 데 전혀 도움이 안 되었다고 생각했기에 기도가 나오지 않았다.

그때 나는 젊었다. 신앙의 열정으로 뜨거웠다. 예수님의 명령이라고 하면 무서운 것도 없었고, 예수님의 이름으로 못하는 일이 있어서도 안 된다고 믿고 있었다. 마치 예수님을 등에 업은 당나귀같이 겁 없이 뛰어다니던 시절이었다. 그러나 "내가 주와 함께 죽을지언정 주를 부인하지 않겠나이다"라고 장담하던 베드로가 세 번이나 예수님을 부인한 것처럼 나도 내 딸의 죽음에 걸려 넘어져 신앙이 흔들린 것이다.

얼마 동안 폭풍 노도가 휘몰아치던 내 영혼이 조금씩 안정을 찾게 되었다. 통곡하고 나서 순교자의 길을 간 베드로처럼, 나도 흔들리고 회의했지만 다시 일어나 전도자의 길을 걸어갔다. 우리 부부를 위해 눈물 흘리며 기도해 준 가족과 형제자매들 덕분에 고통 가운데 임하는 말할 수 없는 하나님의 따뜻한 위로를 경험했기 때문이다.

《나니아 연대기》를 쓴 영국 작가 루이스(C. S. Lewis)의 《헤아려 본 슬픔》을 읽었다. 그가 나이 들어 결혼해서 죽도록 사랑했던 아내와 사별한 후의 경험을 생생히 기록한 책이다. 나는 그의 글을 읽고서야 고난 중에 우리는 자기 속에서 나오는 말을 듣기보다 오히려 스스로에게 말을 걸어야 한다는 것을 알았다. 성경의 시인들처럼 말이다.

> 내 영혼아 네가 어찌하여 낙심하며 어찌하여 내 속에서 불안해하는가 너는 하나님께 소망을 두라 그가 나타나 도우심으로 말미암아 내가 여전히 찬송하리로다(시편 42:5).

딸의 죽음을 겪으면서 나는 인생을 새롭게 생각하기 시작했다. 딸의 태어남과 죽음을 지켜본 경험 때문에 "인생은 어디서 와서 어디로 가는가?"라는 질문이 수십 년간 마음 깊은 곳에서 사라질 줄 몰랐다. 철학자, 심리학자, 과학자, 다른 종교의 견해와 성경이 제시하는 기독교의 견해가 어떻게 다른가도 비교 연구해 보게 되었다. 성경을 새롭게 공부하고 예수님을 다시 바라보게 되었다. 관념이 아니라 맨살로 부딪치는 삶의 현실 속에서 인생과 세상을 새로운 마음가짐으로 생각하게 되었다.

나는 딸의 죽음을 통해 삶의 질곡을 이해하는 사람이 되었다. 타인의 눈물에 진심으로 공감하는 마음이 열렸다. 날선 검을 휘두르던 그리스도의 군사에서 상처 입은 사람들의 마음을 헤아릴 수 있는 목자가 되었다.

하나님은 왜 고난을 주시는가?

고난은 나에게만 특별히 일어나는 사건이 아니다. 지구상의 모든 인간은 정도의 차이는 있지만 고난을 피할 수 없다. 인생이란 고난의 파도치는 바다를 항해하는 배와 같다고 해서, 예부터 '인생고해'(人生苦海)라고 했다. 석가모니는 "생로병사가 다 고통이며, 인생은 108번뇌에서 벗어날 수 없는 운명"이라고 가르쳤다. 고난은 대개 네 가지 모습으로 우리를 찾아온다. 상실의 슬픔, 불의와 억압, 자기 증오와 죄책 그리고 육체적 고통이다.

성경 인물 가운데 욥이란 사람이 있다. 그는 상실의 고통을 누구보다 처절하게 경험해야 했다. 어느 날, 의롭고 부요한 욥에게 고난의 허리케인이 불어닥쳐 하루아침에 아들 일곱과 딸 셋을 잃었다. 동방 사람들 가운데 최고 부자였던 그는 많던 재산마

저 한꺼번에 다 잃었다. 그는 겉옷을 찢고 머리털을 밀며 애통해 했으나, 하나님을 원망하지는 않았다. 도리어 "주신 이도 여호와시요 거두신 이도 여호와시오니 여호와의 이름이 찬송을 받으실지니이다"(욥기 1:21) 하며 엎드려 예배했다.

이스라엘이 바벨론에게 멸망당하던 기원전 6세기에 활동하던 예레미야라는 예언자가 있다. 그는 성경 중에서 인간의 슬픔을 가장 적나라하게 표현한 〈예레미야애가〉의 저자다. 우리는 이 슬픔의 노래에서 사회의 불의와 억압 때문에 고난당하는 자들의 비참함을 절절히 느낄 수 있다.

> 내 눈에 흐르는 눈물이 그치지 아니하고 쉬지 아니함이여 여호와께서 하늘에서 살피시고 돌아보실 때까지니라(예레미야애가 3:49-50).

성경에는 사랑의 환희를 노래하는 '아가'도 있고, 상실과 아픔을 슬퍼하는 '애가'도 있다. 이것은 인생에서 일어날 수 있는 인간의 모든 변수의 해답이 하나님 안에 있다는 것을 시사한다.

인간이 자기 증오와 죄책에 시달리는 고통이 얼마나 힘든 것인지 알려면 성경의 〈시편〉 가운데 다윗 왕의 참회의 시를 읽으면 된다. 충성스런 부하를 전쟁에 출전시켜 일부러 죽게 하고 그의 아내를 빼앗은 후 예언자의 책망을 받아 양심을 되찾고 눈물을 흘리며 쓴 시다. 그 시에서 다윗 왕은 죄의식으로 인한 고통이 얼마나 힘든 것인지, 그리고 죄를 용서받은 자가 고통에서 벗어나 누리는 복이 무엇인지를 노래한다.

> 허물의 사함을 받고 자신의 죄가 가려진 자는 복이 있도다. 마음에 간사함이 없고 여호와께 정죄를 당하지 아니하는 자는 복이 있도다. 내가 입을 열지 아니할 때에 종일 신음하므로 내 뼈가 쇠하였도다. 주의 손이 주야로 나를 누르시오니 내 진액이 빠져서 여름 가뭄에 마름 같이 되었나이다. 내가 이르기를 내 허물을 여호와께 자복하리라 하고 주께 내 죄를 아뢰고 내 죄악을 숨기지 아니하였더니 곧 주께서 내 죄악을 사하셨나이다(시편 32: 1-5).

인간에게 예고도 없이 들이닥치는 고통은 그 모습이 다양하지만, 의문은 똑같다. "왜? 어찌하여?"라는 질문이다. 도대체 기독교는 여기에 무슨 답을 주고 있는가? 성경은 고난의 원인에 대해 논리적으로 정돈된 이론을 주지 않는다. 논리 대신 현실적이고 실제적인 접근 태도를 보여 준다. 성경이 가르치는 고난의 근본적인 원인이 무엇일까? 고난에 대한 철인들, 문인들, 다른 종교의 답을 비교해 보라. 기독교의 답처럼 실제와 딱 들어맞는 답을 찾을 수 없을 것이다.

첫째, 죄에 대한 벌로 고난을 당한다.

창세기를 보면, 인간이 하나님을 배반한 다음부터 고난을 받게 되었다고 가르친다. 직접적인 자기 죄로 고통을 받는 경우다. 범죄를 저질러 감옥에 들어간다거나, 방종한 생활로 병에 걸리거나, 나태해서 가난해지는 경우다. 그런가 하면 타인의 죄로 고난을 받기도 한다. 조상이 저지른 죄, 통치자의 인권 유린, 고용주의 임금 착취, 심지어 친척이나 친구의 사기 행위로 평생 고통을 겪기도 한다.

구약의 이스라엘 백성은 하나님을 불순종한 죄, 곧 우상을 숭배하고 도덕적으로 타락해서 그 벌로 고난 받는 역사를 반복했다. 우리 겨레도 참 고난을 많이 받은 민족이다. 김훈의《칼의 노래》나《남한산성》을 읽어 보면 주변국의 침략 야욕과 지도자의 부패와 무책임으로 백성들이 당하는 고난이 얼마나 끔찍한 것이었는지 알 수 있다. 우리가 남북으로 나뉘어 이처럼 싸우고 증오하면서 60년 이상 고통당하는 것도 우리 조상과 일본을 비롯한 열강들의 죄로 인한 것이 아닌가.

2011년 일본 동북부에서 일어난 대지진과 쓰나미로 숱한 사람들이 죽고 고통을 당했다. 자연 재해는 인간이 타락한 후 자연이 저주받았기 때문에 일어난다. 성경은 사람뿐 아니라 모든 피조물, 삼라만상이 "함께 탄식하며 함께 고통을 겪고" 있다고 말한다.

둘째, 의를 행하다 당하는 고난도 있다.

모세에 관한 애니메이션 〈이집트의 왕자〉를 본적이 있다. 민족과 정의와 공동선을 위해 고난을 당한 대표적 인물이 모세다. 그는 이스라엘 민족을 이집트에서 데리고 탈출한 엑소더스의 민족 지도자였다. 그는 이집트 왕자로서 호의호식할 수 있는 기득권을 포기하고 민족을 위해 고난의 길을 걸어갔다. 일제강점기의 독립운동가들과 그 가족, 민주주의를 위해 군사 독재정권과 싸우다 죽어간 장준하 선생을 비롯한 숱한 선배들, 노동자들의 권익을 위해 고난을 함께한 노동운동가들이 의를 행함으로 고난당한 자들이다. 지금도 장애인과 가난하고 병들고 외로운 자들을 도우려고 국내외로 나가 자원해서 고난을 당하는 사람들도 있다. 예수님은 이런 사람들을 축복하신다. "의를 위하여 박해를 받은 자는 복이 있나니 천국이 그들의 것임이라"(마태복음 5:10).

셋째, 사람의 인격과 신앙을 성숙하게 하는 고난이다. 육신의 부모가 자녀에게 여행을 시키고 고생을 경험하게 해서 의젓한 어른이 되도록 돕듯이, 하나님도 자녀인 우리를 훈련시키신다. 젊어서 고생은 사서도 한다는 말이 있다. 인생을 아는 자, 남을 도울 수 있는 지도자는 고난을 통해 빚어진다. 향기로운 꽃은 온실이 아닌 광야에서 자란다. 여름방학 군사훈련 중에 기진맥진하고 있을 때 친구가 읽어 준 로마서 말씀이 내 일생 큰 격려가 되었다. "……우리가 환난 중에도 즐거워하나니 이는 환난은 인내를, 인내는 연단을, 연단은 소망을 이루는 줄 앎이로다."(로마서 5:3-4)

마지막으로, 도저히 설명되지 않는, 인간이 아무리 묻고 또 물어도 알 수 없는 고난도 있다. 죄와 상관없는 고난이다. 여기에 기독교 신앙의 모순과 역설이 있다. 고난 문제는 신앙을 갖는 데 걸림돌이 된다. 하나님이 선하고 능력 있는 신이라면서 왜 의로운 사람들과 죄 없는 아이들까지 고통 속에 죽도록 내버려 두느냐는 의문이다. 이 문제를 해결하지 못하면 무신론자나 불가지론자, 아니면 운명이라는 거대한 힘에 맡기고 체념하는 숙명론자가 된다. 일본인들이 지진과 쓰나미 후 어떻게 그리도 질서 있게 후처리를 할 수 있느냐며 놀라지만, 일본 연구가들은 일본인들이 체념의 달인들인 숙명론자라고 말한다.

심지어 예수 잘 믿다가 이 문제로 회의에 빠져 무신론자가 된 사람들도 있다. 찰스 템플턴(Charles Templeton)이란 사람이 있다. 종교계의 노벨상인 템플턴상을 제정한 존 템플턴과는 다른 사람이다. 그는 50년대 미국과 캐나다에서 빌리 그레이엄(Billy Graham)과 함께 대중 전도자로 대단한 명성을 얻었다. 그러던 그가 어느 날 갑자기 기독교를 떠난다고 발표했다. 대중은 놀라움을 금치 못했다. 기자가 언론인이 된 그에게 기독교를 떠나게 된 결정적 계기를 물었다. 그의 대답은 이랬다.

"어느 날, LIFE(지금은 폐간된 미국의 시사 잡지)지 표지에 나온 사진 한 장이 하나님에 대한 믿음을 잃게 했소."

그 사진은 오랜 가뭄으로 굶어 죽은 어린 아들을 안고, 원망과 슬픔의 눈길로 하늘을 망연히 쳐다보는 북부 아프리카 여인의 사진이었다. 그는 81세 되던 1996년에 《Farewell to God》이란 책을 썼다. 버트런드 러셀(Bertrand Russell)의 계몽주의적 입장, 리처드 도킨스의 과학적 입장, 크리스토퍼 히친스의 사회과학적 입장과는 또 다른 불가지론자의 책이라 할 수 있다.

하나님은 고통당하는 자와 함께하시는가?

고난은 신앙을 버리게 하는 걸림돌(stumbling block)이기도 하지만, 다른 한편으론 신앙 인격을 정금같이 연단시키고 더 높이 세우는 디딤돌(stepping stone)이기도 하다. 찰스 템플턴을 신앙에서 멀어지게 했던, 자식 잃고 하늘 바라보는 어머니의 한과 눈물을 우리 부부는 어느 정도 공감할 수 있다. 우리 부부는 딸의 고통스런 출생과 죽음 외에도 지난 70년의 인생길에서 각자, 또는 함께 숱한 고난을 경험했다. 그래도 지금 나와 아내는 기독교 신앙을 버리지 않았다. 버리기는커녕 고난받기 전보다 더 굳건한 신앙인으로 살고 있다. 후배들에게 기독교 신앙이야말로 인간의 고난에 대한 유일한 답이요, 진정한 소망이라고 큰 소리로 외칠 수 있다.

빌리 그레이엄 역시 마찬가지다. 그는 친구 템플턴이 "하나님은 없다"며 떠나가자 큰 혼란에 빠졌다. 템플턴은 그에게 순진한 신앙이라고 비웃었다. 그러나 그레이엄은 하나님 안에서 해답을 찾으려고 애썼다. 성경을 읽고, 기도하고, 묵상했다. 마침내 성경을 붙들고 무릎을 꿇었다. 그는 철학적·심리학적 문제 가운데 자신이 풀 수 없는 것이 있다고 솔직하게 인정했다. 그리고 성령에 힘입어 고백했다.

"아버지, 믿음으로 이 책을 아버지의 말씀으로 받아들이겠습니다. 지식적 의문과 회의보다 믿음을 더 앞자리에 두겠습니다. 성경이 아버지의 영감으로 된 말씀을 믿겠습니다."(《특종 믿음 사건》, 리 스트로벨 지음, 윤종석 옮김, 두란노, 15쪽)

그는 영적 전투에서 싸워 이기고 예수의 제자로 남았다.

예일대 로스쿨 출신으로 〈시카고 트리뷴〉지 기자였던 리 스트로벨이 83세 된 템플턴을 찾아갔다. 리 스트로벨은 무신론자에서 기독교인으로 회심한 후 기독교 신앙이 이성의 정밀 검사를 견뎌 낼 수 있는지 검증하고 싶어 했다. 그가 만나 본 템플턴은 여전히 불가지론자였고, 치매의 두려움으로 떨고 있었다. 템플턴은 예수에 대해 묻는 그의 질문에 예상 외로 이렇게 대답했다.

"나는……그가……그립다오!"

그는 눈물을 흘렸다. (위의 책, 24쪽)

찰스 템플턴이나 피상적인 무신론자들은 객관적으로 성경의 예수님을 잘 알지 못했고, 주관적으로 기독교 복음을 바르게 이해하고 온몸으로 체험하지 못했다고 할 수밖에 없다. 기독교의 하나님은 우리가 오해하듯 하늘에만 계시는 분이 아니다. 이 땅의 고통 많은 인간을 외면하면서 제물을 바치면 마지못해 움직이는, 그런 미신의 대상이 아니다. 그분은 지금도 그를 신뢰하고 순종하는 사람들을 통해 사랑과 능력의 일을 행하고 계신다. 템플턴이 그 사진을 보고 하나님을 버리기보다는 아프리카 사람들과 함께 울고, 그들을 돕기 위해 무엇인가를 행동했어야 옳았다. 지금도 비참한 현장에는 이름 없이 헌신하는 그리스도인들이 반드시 있다.

사람으로 이 땅에 오신 하나님 아들 예수는 인간의 고난을 온몸으로 아는 분이다. "왜? 어찌하여?"라는 의문에만 갇혀 있는 제자들에게 무엇이 문제이고, 고통을 해결하는 방법은 무엇인지 말과 행동으로 보여 주신 분이다. 당신은 고난당하는 친구에게 진정한 도움을 주고 싶은가? 그것은 함께 우는 것임을 잊지 말자. 딸이 죽어서 슬피 우는 내 아내를 위로한다고 주위 사람들이 좋은 말들을 해주었다. 물론 진심으로, 선의로 한 말이었다. 하지만 그 말들이 위로보다 오히려 상처가 되어 한동안 그들과 마음을 나눌 수 없었다. 딸을 잃어버린 엄마의 마음을 건강한 자녀를 둔 부모가 어찌 알 수 있겠는가.

딸이 죽자, 더는 병원에 머무를 이유가 없었다. 짐을 챙겨 집으로 돌아오는 길이었다. 그날 '우리 비'가 우리 눈물이 되어 하염없이 흘러내렸다. 고난주간의 수요일이었다. 터벅터벅 아내를 부축하고 걸어가던 나는, 소식을 듣고 급히 달려오던 친구 안병호 목사와 캠퍼스 백양로에서 마주쳤다. 그는 아무 말도 못하고 나를 안아 주었다. 후에 우리를 찾아온 영국인 의사 선교사는 말없이 내 손을 두 손으로 감싸더니 그냥 눈물을 흘렸다. 백만 마디의 말보다 함께 울어 주는 친구의 존재가 얼마나 위로가 되었는지 모른다.

예수께서 어느 마을로 들어가시는데 외아들을 잃은 과부가 상여를 따라가고 있었다. 예수님은 과부를 보고 불쌍히 여기셨다. 여기서 "불쌍히 여기다"란 희랍어 단어는 "창자가 뒤틀린다"는 의미다. 우리는 저 멀리 높은 하늘에 계신 하나님이 이 낮고 천한 땅에서 고통당하는 우리에게 무관심한 추상적인 신 개념으로 생각한다. 아니다. 하나님은 우리의 아픔을 아시고 창자가 뒤틀리는 슬픔을 함께하시는 인격적인 하나님, 동감하시는 하나님, 함께 통곡하시는 하나님이시다. 기독교의 하나님은 초월자인 동시에 내재자이시다. 하늘에 계시는 동시에 내 마음 안에 계시는 분이다. 많은 사람들이 하나님의 초월성과 내재성을 동시에 붙잡는 신학적 균형을 잘 몰라서 오해한다. 하나님은 우리 안에 성령으로 살아 계시면서 온전한 연합을 이루어 우리가 고통스러워하는 자리, 죽음의 자리에도 함께하는 하나님이시다.

나치의 잔혹한 학살을 보며 많은 사람들이 느끼는 분노는 "아이들이 가스실에서 부모와 함께 죽고, 수많은 사람들이 교수형을 당할 때 하나님은 어디 계셨느냐?"는 것이었다. 우리의 신음 소리까지 다 들으신다는 하나님은 우리가 고통스러워할 때 어디 계시는가?

15세에 아우슈비츠 수용소로 끌려가 그 안에서 가족들을 모두 잃고 혼자 살아난 작가 엘리 비젤(Elie Wiesel)은 소설《나이트》에서 슬픈 천사의 얼굴을 한 어린 유태인 소년이 교수형을 당하던 장면을 회상하며 하나님께 이렇게 항의한다.

> 사형수 세 명이 의자 위로 올라갔다. 그들의 목에 일제히 올가미가 걸렸다.
>
> "자유 만세!"
>
> 두 사람이 소리쳤다.
>
> 그러나 소년은 말이 없었다.
>
> "자비로운 하나님은 어디 있는가? 하나님은 어디 있는가?"
>
> 누군가 내 뒤에서 물었다.
>
> 신호가 떨어지자 의자 세 개가 넘어졌다 수용소는 물을 끼얹은 듯 조용했다. 지평선 너머로 해가 지고 있었다.
>
> (중략)
>
> 뒤에서 아까 그 사람이 다시 묻는 소리가 들렸다.
>
> "하나님은 어디 있는가?"
>
> 그때 내 안에서 어떤 목소리가 대답하는 것을 들었다.

"하나님이 어디 있느냐고? 여기 교수대에 매달려 있지."

작가는 하나님의 침묵을 신이 죽은 것으로 이해했는지 모른다. 그러나 독일 신학자 몰트만이 선포했듯, 하나님은 인간의 고통에 동참하시는 하나님, 십자가에서 교수형을 당하신 하나님이셨다.

하나님은 고통에서 우리를 어떻게 구원하시는가?

인간의 고통에 대해 예수님은 어떻게 가르치셨을까? 요한복음 9장에는 날 때부터 맹인이 된 사람이 나온다. 제자들은 예수님께 그가 맹인이 된 것이 자기 죄로 인함인지, 아니면 그의 부모의 죄로 인함인지를 묻는다. 인간의 고통을 죄의 결과로 보는 것이다. 하지만 예수님은 이렇게 대답하신다.

"이 사람이나 그 부모의 죄로 인한 것이 아니라 그에게서 하나님이 하시는 일을 나타내고자 하심이라."

그리고 땅에 침을 뱉어 진흙을 이겨 그의 눈에 바르시고 실로암 못에 가서 씻으라고 하신다. 비상식적으로 보이는 예수의 말씀을 맹인은 그대로 순종했다. 그는 눈을 떴다.

제자들은 인간의 고통에 대해 철학적으로 접근했다. 그러나 예수님은 고통당한 사람을 실제적으로 도와주셨다. 이 이야기가 인간 고통에 대해 가르쳐 주는 메시지가 뭘까? 고통이 나의 죄로 인한 것인가, 부모의 죄로 인한 것인가를 인과론적으로 따지고 묻는 것은 소용없다. 어떤 고난을 통해서도 하나님은 당신의 일을 행하시고, 당신의 뜻을 이루신다.

고난에는 하나님의 숨은 뜻이 있다. "왜, 어찌하여?"를 아무리 물어본들 지금 고통당하는 사람에게 무슨 도움이 되는가. 함께 슬퍼하고 함께 아파하며, 내가 가진 게 비록 침이나 진흙밖에 없더라도 그걸 이용해서라도 고통 중에 있는 사람을 돕는 게 중요하다.

내 친구 가운데 김인강 형제가 있다. 어려서 소아마비에 걸려 우리가 상상할 수 없는 숱한 고난을 겪었다. 아버지는 술 마시고 돌아온 날이면 어김없이 어머니에게 소리쳤다.

"인강이를 지금 갖다 버려. 지금 당장 갖다가 파묻어 버리라고!"

그러나 대학 시절 예수를 만나서 운명적 고통을 원망하던 그의 생에 기적이 일어났다. 꿈을 갖게 되었고, 그 꿈을 이루게 되었다. 그는 세계적 수학자로 카이스트, 서울대, 고등과학원 교수를 역임했고, 결혼하여 아들, 딸까지 있는 가장이 되었다. 고난 중에 예수님을 만나 삶의 의미와 고난의 숨은 뜻을 찾고 영혼의 기쁨을 찾은 그는 《기쁨 공식》이라는 스테디셀러의 저자가 되었다. 나에게 준 책에는 "부족한 저의 삶이 누군가에게 위로와 힘이 되었으면 하고 항상 기도합니다"라는 헌사가 적혀 있다. 그는 많은 집회를 다니며 고난 중에 절망하는 자들에게 소망을 갖도록 돕는 기쁨 전도사가 되었다. 장애인의 엄마라는 운명에 맞서 남편의 학대 속에서도 자식을 사랑으로 키워 낸 어머니의 사랑, 학교에 못 다닌 그를 가르치고 소망을 심어 준 소년원 선생님, 대학생선교단체 ESF의 형제자매들이 실제로 그를 도왔기 때문에 일어난 기적이다. 고통의 문제는 제자들처럼 "Why?"로 접근해서는 답이 없고, 예수님처럼 "How?, What?"으로 접근해야 빛을 찾을 수 있다.

딸 한나가 세상을 떠나고 몇 주 후 우리 부부는 함께 성경을 읽기 시작했다. '부활 장'이라고 일컫는 고린도전서 15장을 읽고 또 읽고 또 읽었다. 그리고 육체의 죽음 후에 부활의 소망을 주시는 예수님의 부활을 믿음으로 영접했다. 예수의 부활과 함께, 믿는 자의 몸의 부활도 믿음으로 영접했다. 부활이 막연한 교리가 아니라는 것을 확실히 믿게 되자, 기독교 신앙이야말로 인간을 살리는 복음이라는 확신을 갖게 되었다. 나는 인간의 한계를 인정하고 전능한 창조주만이 할 수 있는 영역이 따로 있다는 것을 겸허하게 받아들였다. 우리도 부활한다는 소망은 '시간 안의 존재'이기 때문에 어쩔 수 없이 쫓기듯 살던 세상을 "좀더 여유를 갖고, 영원을 사모하며, 담대하게" 살게 해주었다. 예수 그리스도의 십자가와 복음을 믿고 영원한 생명을 누리는 것보다 더 중요한 가치는 없다는 확신을 가지고 청년들에게 예수님을 전하고 그들의 위로자가 되려고 애쓰면서 여기까지 살아왔다. 나는 지금도 부활 약속의 말씀을 읽으며 눈물을 주체하지 못할 때가 많다.

> 죽은 자의 부활도 그와 같으니 썩을 것으로 심고 썩지 아니할 것으로 다시 살아나며 욕된 것으로 심고 영광스러운 것으로 다시 살아나며 약한 것으로 심고 강한 것으로 다시 살아나며 육의 몸으로 심고 신령한 몸으로 다시 살아나나니 육의 몸이 있은즉 또 영의 몸도 있느니라(고린도전서 15:42-44).

우리 부부가 영국의 편안한 생활을 청산하고 한국의 청년 대학생들을 신앙적으로 섬기는 일에 부름 받아 귀국한 후 남모르는 고생이 많았다. 우리 결혼기념일에 영국에 남아 있던 아들이 축하 카드를 보냈다. 거기엔 이런 글이 적혀 있었다.

> 아버지, 어머니. 부모님이 한국에 있는 청년들에게 하나님 말씀을 가르칠 때, 천국에 있는 한나 누나가 곁에 있는 천사들에게 이렇게 자랑할 거예요. "저분들 보세요! 내 엄마, 아빠예요! 지금 한국 학생들에게 복음을 전하고 계세요!"라고.

예수님은 우리의 고난을 공감하고 동정만 하시는 것이 아니다. 거기서 그친다면 다정다감한 휴머니스트는 될 수 있으나 인류를 고통과 사망에서 구할 구세주가 되실 수는 없다. 인간의 근본 문제를 해결해 주셔야 메시아 자격이 있는 것 아닌가? 누가복음 7장을 읽어 보면 예수님은 독자를 잃은 과부를 위로하는 데 그치지 않으셨다. 죽은 청년을 "일어나라!"라는 말씀으로 다시 살리셨다. 그리고 과부에게 외아들을 다시 안겨 주셨다. 부활의 능력을 가지신 분, 죽음 앞에 절망하는 인간에게 부활의 영원한 소망을 주시는 분만이 진정한 도움을 주실 수 있다.

마지막 수술을 앞두고 입원 중이었을 때도 딸이 늘 엄마와 함께 외던 말씀이 있다.

> 예수께서 이르시되 나는 부활이요 생명이니 나를 믿는 자는 죽어도 살겠고 무릇 살아서 나를 믿는 자는 영원히 죽지 아니하리니 이것을 네가 믿느냐(요한복음 11:25-26).

수술실로 들어가면서도 마지막으로 이 말씀을 엄마와 함께 외고, 그동안 한 번도 보이지 않던 눈물을 흘리며 실려 들어갔다. 딸이 고통당하던 그 자리에서 예수님도 함께 아파하셨다. 내 딸의 살이 찢기고 고통스러워하던 그 자리에서 우리 주님도 함께 아파하셨다. 한나가 이 땅에서 고통의 멍에를 벗고 하늘나라에 들어갈 때, 우리 주님이 내 딸을 안아 주셨다. 그리고 그 눈에서 눈물을 닦아 주셨다. 아마 이런 위로의 말씀을 하지 않으셨을까.

"한나야, 너는 8년 2개월, 아직 십자가의 내 사랑도, 부활의 능력도 잘 모르면서도 청년들에게 신앙을 가르치려는 네 부모를 위해, 그리고 네 부모가 사랑하는 청년들을 위해 고통을 겪으며 아름답게 살다가 하늘나라에 돌아온 것이다. 수고했다."

나는 한나가 간 후에도 딸에게 자랑스러울 만큼 잘 살지는 못했다. 그러나 딸을 다시 만날 때 부끄럽지 않은 아비가 되어 보려고 노력한 인생이었다.

예수님은 고통받고 슬퍼하는 자의 진정한 위로자가 되시려고 오신 메시아다. 헨델의 오라토리오 〈메시아〉는 "너희의 하나님이 이르시되 너희는 위로하라 내 백성을 위로하라"(이사야 40:1)로 시작한다. 우리가 인생의 고난 길을 걸어가면서 어디서 누구에게 진정한 위로를 받을 것인가? 나의 연약함을 인정하지 않는 한 신은 내게 필요하지 않다. 내가 연약한 인간이요, 힘든 문제를 나 혼자 힘으로는 해결할 수 없다는 걸 인정하는 겸손 없이 신에게 귀의할 수 없다. 내가 의지할 대상, 나를 진정 이해해 주고 위로해 주시는 분, 힘을 주시고 의지할 수 있는 분, 나에게 참된 희망을 주시는 분이 하나님 아들, 우리를 위해 십자가에 죽으시고 다시 살아나신 예수 그리스도이시다.

우리가 왜 예수를 믿는가? 연약하기 때문이다. 힘든 인생길

가면서 내 힘으로 고난을 극복할 수 없고, 위로가 필요하기 때문이다. 내 힘이 약해 의지할 대상이 필요하다. 나의 제한된 자원으로 핍절한 내 인생에는 힘과 능력을 공급해 줄 누군가가 필요하다. 그러므로 연약한 인간만이 하나님을 의지한다. 인간의 내재적 힘만으로도 넉넉히 고난을 사랑하고 운명을 초극하는 초인(*Übermensch*)이 될 수 있다고 주장했던 니체에게 신은 필요하지 않았다. 기독교 복음은 보통 사람들, 자기의 부족을 느끼는 자들, 죄와 고난, 죽음 앞에서 절망하는 자들의 종교다. 사도 바울은 내가 믿는 하나님은 위로의 하나님이며, 위로 받은 우리가 할 일은 고난당한 자에게 위로를 베푸는 것이라고 말한다. 본래 '위로(comfort)'라는 말은 "다독거려 준다"는 정도로는 그 의미가 바르게 전달되지 않는다. 원어의 의미는 "함께 힘을 얻는다"는 뜻이다.

독일의 신학자이자 심리학자 오이겐 드레버만(Eugen Drewermann)이 쓴 《예수를 그린 사람들》이란 책에는 조르주 루오(Georges Rouault)의 〈도시 변두리의 그리스도〉라는 그림이 소개되어 있다. 인적이 끊긴 가난한 동네의 컴컴한 거리에 예수님이 작은 어린 아이들을 집으로 데려다 주시는 그림이다. 예수님의 위로는 이와 같다. 우리의 손을 잡고 실제적으로 보호하고 인도하신다.

'You Raise Me Up'이란 노래를 아는가? 9·11 사태가 일어

났던 현장, 뉴욕의 '그라운드 제로'를 찾아간 적이 있다. 수천 명이 죽은 그 슬픔의 현장에 이 노래가 들려오는 듯했다. 광주 망월동에는 민주항쟁 중에 억울하게 죽은 분들이 누워 있다. 이 땅 구석구석마다 애통하는 소리, 신음 소리 가득하다. 우리는 모두 우리를 '일으켜 세워 주며' 힘 주는 위로자, 전능하신 하나님의 아들, 예수님이 필요하다.

주님, 이 세상은 험하고 저는 연약합니다. 아무리 최선을 다해 산다 해도 세상이 주는 무거운 짐을 제 힘만으로 감당하기 버겁습니다. 지치고 넘어질 수밖에 없습니다. 더구나 예기치 않은 질병, 고통, 사고, 죽음을 생각하면 슬퍼집니다. 사람들 앞에서는 당당하고 그럴 듯하게 보이려고 노력하지만, 혼자 있을 때 찾아오는 이 우울과 고독을 어찌할 수 없음을 고백합니다. 하나님, 이제 제 의지로 살려는 교만과 어리석음을 버립니다. 저를 지으시고 잘 아시고 도와주실 수 있는 하나님을 의지하며 살고 싶습니다. 엄마 품에 안긴 아기처럼 저도 하나님 아버지 품에서 진정한 위로와 쉼을 얻고 싶습니다. 주님, 저를 받아 주십시오. 예수님 이름으로 기도 드립니다. 아멘.

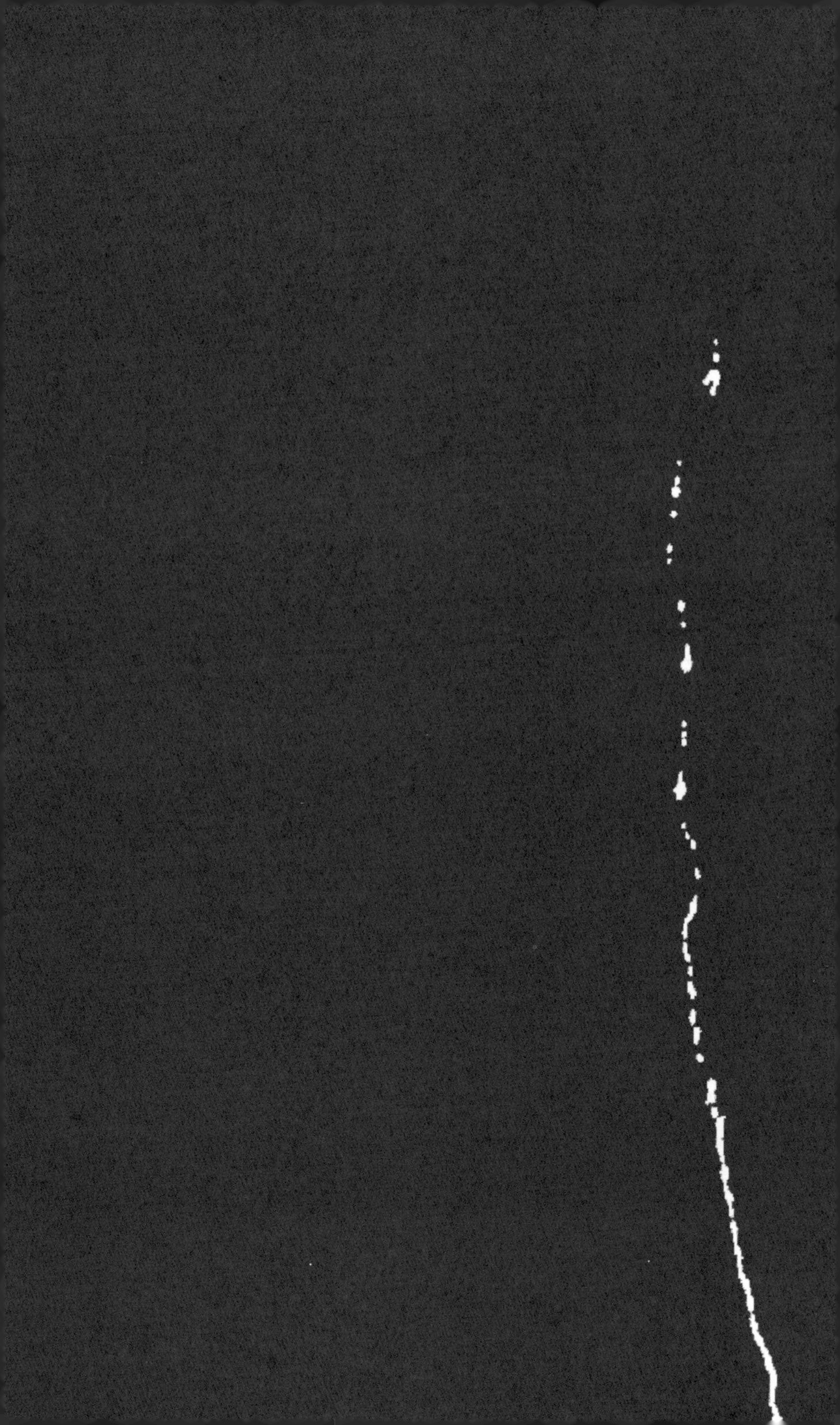

뭉크_〈절규〉
캔버스에 유채, 1893년, 91×73.5cm, 오슬로 국립미술관.

4. 영혼의 평안

"이 서방, 잠깐 나 좀 봐요."

신혼여행을 떠나려는데, 아내보다 일곱 살 많은 처형이 나를 불렀다. 애교 많은 처형은 내게 부탁이 있다면서 소곤대듯 말했다.

"우리 금자는 안아 줘야만 잘 자니까 잘 때 꼭 좀 안아 줘요. 응?"

달콤한 허니문은 아내에게 팔베개를 해주는 즐거움으로 시작되었다. 그러나 그 즐거움은 얼마 못 가 견디기 힘든 고통으로 변했다. 팔이 저렸다. 아무리 참고 견디려 해도 아내의 머리를 내 팔에 받쳐 준 채 밤새 안아 줄 근력이 없었다. 사랑 부족이 아니라, 힘이 받쳐 주지 못했기 때문이다.

아내는 결혼하고서 이해가 안 될 정도로 겁이 많고 걱정도 많았다. 우리 또래는 전쟁의 상흔이 남아서 집단 정신 질환을 앓고 있지만, 아내는 그중에서도 증세가 심했다.

전쟁이 났을 때 아내는 초등학교 1학년이었다. 아내는 할아버지 할머니가 계시는 전라남도 영암군 금정면이라는 산골로 가족이 피난 갔다가 오빠와 둘이서만 남게 되었다고 한다. 거기서 아내는 수개월 동안 불안과 극도의 공포에 시달려야 했다. 조정래의 《태백산맥》에도 그려졌듯이, 지리산과 월출산 근처는 UN군의 인천 상륙작전으로 미처 북으로 가지 못한 빨치산들이 남아 있었다. 군과 경찰의 폭도 격멸 작전으로 어린 내 아내가 피난했던 그 마을에서는 빨치산과의 치열한 공방전이 계속됐다. 낮엔 군경이 마을을 다스렸고, 밤엔 인민군이 차지했다. 그곳은 빨치산의 저항이 가장 심했던 곳의 하나로 기록되어 있다.

일곱 살의 내 아내는 빨치산을 따라 산 위로 올라가다 폭격을 당했다. 폭탄이 터지고 전투기에서 총알이 쏟아졌다. 지옥이었다. 도망가던 마을 사람이 피를 튀기며 죽어 가는 모습을 본 아내는 공포에 질려 온몸이 마비되었다. 한 걸음도 움직이지 못하는 여동생을 살려 보겠다고 두 살 위의 오빠가 발길질하면서 있는 힘을 다해 일으켜 세웠다. 그리고 어깨를 잡아 질질 끌고 달렸다. 아내는 극한상황에서 고아같이 지낸 상흔으로 평생 두려움에 시달리게 되었다. 아내는 아직도 어깨가 아프다.

불안한 인생, 두려움 많은 세상

군 복무 시절의 일이다. 무더운 여름날, 잠시라도 병영에서 해방되고 싶어 예배당에 갔다. 그날따라 종군병 하나가 특별 찬송을 불렀다.

"내 평생에 가는 길 순탄하여 늘 잔잔한 강 같든지 큰 풍파로 무섭고 어렵든지 나의 영혼은 늘 편하다 내 영혼 평안해 내 영혼 평안해 내 영혼 내 영혼 평안해"(새찬송가 413장).

찬송을 듣는데 눈물이 쏟아졌다. 예수를 믿고 난 후, 나는 평생 그 찬송을 진심으로 부를 수 있게 되었다. 사람들에게 이런 질문을 던진 적이 있다.

"예수 믿으면 무엇이 제일 좋은가요?"

대부분의 사람들에게서 비슷한 답을 들었다.

"마음이 평안해진 거요."

그렇다. 예수님을 믿으면 평안해진다. 그 평안은 세상이 줄 수 없는 완벽한 평안이며, 누려 본 사람만이 아는 진정한 평안이다.

사람은 왜 불안과 두려움에 시달릴까? 청년들을 상담해 보면 예외 없이 취업, 결혼, 인간관계 문제로 불안해한다. 정확한 진단을 내리기까지 환자가 병원에서 시달릴 만큼 검사 과정을 거치듯, 내시경을 들이대고 힘들더라도 제대로 된 진단을 받을 필요가 있다. 우리를 불안케 하는 세상에 살면서 진정한 안전과 평안을 누릴 수 있는 방법은 없는 것일까?

우리 세대는 전쟁을 겪어서 불안하다고 하지만, 오늘날 청년 대학생들이 겪는 마음고생은 쉽게 표현할 길이 없다. 오죽하면 《아프니까 청춘이다》라는 책이 큰 도움이 안 될 줄 알면서도 그리 잘 팔렸겠는가.

중년들은 실업 공포 때문에 불안하다. 한국은 인구 당 음주나 흡연 비율이 세계 최고 수준이다. 그들은 자녀 걱정으로 아까운 인생을 다 보내고 있다. 천진난만하게 놀아야 할 어린이들도 학원과 과외수업을 시키는 부모들 때문에 불안하다. 그 부모들도 아이들의 미래가 불안하기 때문에 지나치게 공부로 몰아가고 있는 것이다. 그야말로 대한민국은 '불안공화국'이 되었다.

현대 산업사회가 또한 사람을 두렵게 하고 염려하게 한다. 《정의란 무엇인가》의 저자 마이클 샌들 교수는 사회 불안의 원인을 이렇게 제시했다.(〈Atlantis Monthly, March 1996〉) 첫째는 현대인이 자기 삶을 스스로 컨트롤할 수 있는 힘을 상실했다는 것이다. 개인 삶에 대한 정부의 지나친 개입, 기업의 횡포, 언론 매체의 불안 조장, 정치권이나 금융업이 백성의 두려움을 이용해서 정권을 장악하고 이익을 추구하며, 질병, 알코올 중독 등의 개인적인 차원이나 해고와 실업, 총기 위협, 전쟁 참여 등 사회적으로도 통제 불가능한 상태가 되어 그 결과로 사람이 불안해진다는 것이다. 둘째는 도덕적 구조와 질서가 붕괴되어 성폭행, 묻지마 살인 등

범죄 사건과 사고가 그치지 않아 불안하다고 한다. 한국의 보험 시장이 인구에 비해 세계에서 가장 큰 것이 우리가 불안한 사회에 살고 있다는 증거일 것이다.

불안이 커지면 건강이 상하게 된다. 스트레스를 더 많이 받게 되고, 심장이 두근거리거나 호흡이 가빠진다. 위궤양도 걸리고 전신이 허약해진다.

뭉크(Edvard Munch)가 그린 〈절규〉는 인간 내면의 공포를 인상적으로 드러낸 그림으로 유명하다. 그는 다섯 살 때 결핵으로 어머니를 잃었고, 그를 돌봐 주던 사랑하는 누나와 남동생도 일찍 죽었다. 그가 경험한 가족의 죽음과 가난의 공포가 그의 작품의 주제가 되었다. 그는 평생 불면증과 열병, 류머티즘에 시달렸다고 한다.

두려움(fear)이란 것은 대상이 뚜렷하다. 그러나 불안(anxiety)이란 대상을 알 수 없는 것으로 학자들은 구분한다. 불안은 대상이 분명하지 않은데도 정서적으로 안정되지 않은 상태다. 성경에서는 불안을 근심이나 염려라고 한다.

세상에 염려 없이 사는 사람은 없다. 성장하면서 의식이 깨어나고 생각이 많아질수록 걱정이 많아진다. 머리가 좋은 사람일수록 걱정이 많다. 창조적 지성으로 걱정을 창조하기 때문이다. 누군가 데카르트의 명언을 패러디해서 이렇게 말했다.

"나는 생각한다. 고로 염려한다"(I think, therefore I am anxious).

염려가 다 나쁜 것만은 아니다. 하버드대학의 로버트 거즌(Robert Gerzon) 박사는 염려를 세 가지 수준으로 나눈다. 첫째는 모든 사람에게 있는 '자연스런' 염려다. 이런 염려나 두려움이 없으면, 사람이 불로 뛰어들거나 달리는 차로 돌진할 위험이 많아진다. '자연적인' 두려움이나 고통은 위험을 알리려고 창조주가 우리 몸속에 넣으신 신호체계다.

둘째는 전쟁을 겪은 내 아내처럼 '병적인 중독 상태'다. 목회자로서 사람들을 관찰해 보면 이유 없이 모든 걸 부정적으로 생각하고 일어나지도 않은 일을 미리 앞당겨 염려하는 사람들이 있다. 타고난 기질도 있겠고, 어린 시절 경험한 심리적 상처 때문일 것이다.

셋째는 도덕적·종교적 이유로 근심하는 '거룩한 염려'다. 이런 거룩한 근심은 역설적으로 우리로 하여금 염려를 몰아내고 진정한 안전을 누리게 도와준다. 기독교 신앙은 바로 이런 수준의 평안을 주는 것이다.

정직하게 자기를 진단해 보자. 염려 중독 상태의 사람은 자연적 수준으로, 그 후에는 거룩한 근심하는 사람으로 성숙해져야 한다. 병적인 불안 증세를 앓던 내 아내도 하나님의 사역을 하면서 거룩한 근심을 하는 사람으로 서서히 변화해 갔다.

불안의 뿌리 깊은 원인

불안은 왜 생기는 걸까? 인류의 조상으로부터 불안과 두려움이 고스란히 유전되었기 때문이다. 창세기 3, 4장은 그 원인을 알려 준다. 인간은 본래 하나님의 태 속과 같은 에덴동산에서 가장 편안한 '지복 상태(bliss)'로 살았다. 아기가 태 안에서 온전히 엄마와 하나이듯, 에덴동산에서 인간의 영혼은 온전히 하나님과 하나를 이루어 평안을 누렸다.

> 아담과 그의 아내 두 사람이 벌거벗었으나 부끄러워하지 아니하니라(창세기 2:25).

완전한 평안 상태란 "벌거벗었으나 부끄러워하지 않은" 모습이다. 자기에 대해 온전히 만족하고, 환경과도 완벽한 조화를 이루었다. 사람끼리 존경하고 사랑했다. 하나님과 인간관계에 온전한 연합이 이루어졌기 때문이다. 그때는 자기를 있는 모습 그대로 노출하더라도 문제가 없었다. 그대로 받아들여지기 때문이다. 벌거벗었으나 부끄러워하지 않는 모습은 인간 내면이 한없이 자유롭고 안정된 심리 상태임을 상징적으로 보여 준다.

그러나 하나님의 명령을 불순종하는 죄를 범하면서 인간 내면에는 자의식과 두려움이 생겼다. 이 부분은 인간 실존을 이해하는 열쇠가 되는 말씀이다.

여자가 그 나무를 본즉 먹음직도 하고 보암직도 하고 지혜롭게 할 만큼 탐스럽기도 한 나무인지라 여자가 그 열매를 따먹고 자기와 함께 있는 남편에게도 주매 그도 먹은지라 이에 그들의 눈이 밝아져 자기들이 벗은 줄을 알고 무화과나무 잎을 엮어 치마로 삼았더라 그들이 그 날 바람이 불 때 동산에 거니시는 여호와 하나님의 소리를 듣고 아담과 그의 아내가 여호와 하나님의 낯을 피하여 동산 나무 사이에 숨은지라 여호와 하나님이 아담을 부르시며 그에게 이르시되 네가 어디 있느냐 이르되 내가 동산에서 하나님의 소리를 듣고 내가 벗었으므로 두려워하여 숨었나이다(창세기 3:6-10).

또 여자에게 이르시되 내가 네게 임신하는 고통을 크게 더하리니 네가 수고하고 자식을 낳을 것이며 너는 남편을 원하고 남편은 너를 다스릴 것이니라 하시고 아담에게 이르시되 네가 네 아내의 말을 듣고 내가 네게 먹지 말라 한 나무의 열매를 먹었은즉 땅은 너로 말미암아 저주를 받고 너는 네 평생에 수고하여야 그 소산을 먹으리라 땅이 네게 가시덤불과 엉겅퀴를 낼 것이라 네가 먹을 것은 밭의 채소인즉 네가 흙으로 돌아갈 때까지 얼굴에 땀을 흘려야 먹을 것을 먹으리니 네가 그것에서 취함을 입었음이라 너는 흙이니 흙으로 돌아갈 것이니라 하시니라(창세기 3:16-19).

"내가 벗었으므로 두려워하여 숨었나이다." 아담이 한 이 말은 생명의 근원인 창조주에게서 떨어져 나가자 죄의식과 두려움에 사로잡혀 하나님 앞으로 나아갈 수 없다는 것이다. 더구나 자연까지 저주받게 되자, 거대한 우주 공간과 자연의 힘 앞에서 인간이 얼마나 하찮고 연약한 존재인가를 깨닫게 되어 두려움이 생긴 것이다.

에덴에서 추방된 인간은 자연적인 염려에 빠진다. 하와는 임신, 출산, 남편 사모 등의 생물학적 고통으로 스트레스를 받으며 살게 됐고, 아담은 가시덤불을 헤쳐 가며 땀 흘리며 수고해야 하므로 생존 자체가 전쟁이 되었다. 죄악 된 성품 때문에 수치심이 생겼고, 죄를 지은 후에는 죄책감을 갖게 되었다. 인간관계도 단절되어 시기, 경쟁, 미움, 범죄의 위협 아래 살게 됐다. 밤길을 혼자 걸을 때 호랑이보다 더 무서운 게 사람이라지 않는가.

정신과 의사 스콧 펙(Morgan Scott Peck)의 명저 《아직도 가야할 길》의 첫 문장을 기억하는가?

"삶은 고해(苦海)다."(Life is difficult.)

죽음에 대한 두려움이 인간 내면 깊은 곳을 지배하면, 사는 것도 불안하고 죽는 것도 두려워진다.

나 자신이 절망스럽고, 주위 사람들에게 불만이 많을 때가 있었다. 그러나 이것이 다 하나님과의 관계가 부서졌기 때문이란 걸 알고서야 의문이 풀렸다. 인간은 독립적 자아가 되면서 내면에 변화와 왜곡이 생겼다. 마음이 거짓되고 추해졌고 부패하게 되었다. 자기 자신을 무화과 잎으로 숨기는 자가 되었다. 인격, 또는 성격을 가리키는 말을 영어로 'personality'라고 한다. 어원은 라틴어의 '*persona*'에서 왔는데, 배우가 무대에서 쓰는 가면을 가리킨다. 인간은 누구나 벌거벗은 자기 내면을 무화과 잎으로 숨기고, 가면을 쓴 채 산다는 말이다. 진정한 자아를 숨기고 거짓 자아로 타인에게 나아간다. 그래서 본래 하나님이 주신 영혼보다 '마스크' 쓴 자기 자신을 자아로 착각하며 스스로 속고 속인다. 하나님께 벌거벗고 나오기 전까지 인간은 진정한 자아를 찾지 못한 채 타인에게서 자기를 보호하기 위해 연극을 하며 산다. 걱정이 많으면 더 담대한 것처럼 행동하고, 거짓되면 더 정직한 것처럼, 음란하면 더 순결한 것처럼 행동한다. 내가 아는 청년 중에 유난히 큰 소리로 웃는 친구가 있다. 알고 보니 어린 시절부터 부모를 떠나 살면서 마음 깊이 슬픔이 많은 친구였다. 슬플수록 명랑한 체 무화과나무 잎으로 자기를 가린 것이다.

아담과 하와의 두 아들, 가인과 아벨 이야기는 한층 더 깊은 인간 내면의 불안을 보여 준다. 가인은 불안한 감정에서 자기를 '방어'하려다 살인한다. 하나님이 동생 아벨의 제사는 받고 자기 제물은 받지 않으신 데 분노했다. 그는 동생이 생기기 전에는 하나님과 부모의 사랑을 독차지했을 것이다. 동생 아벨은 자기의 사랑을 빼앗는 경쟁자였다. 아벨은 하나님과 부모의 인정을 받았으나 가인은 인정받지 못했다. 그는 버림받을지 모른다는 두려움에 사로잡혔다. 그는 불안한 자기를 숨기고 문제를 해결하기 위해 파괴적으로 행동하게 되었다. '자기 방어'를 위해 아벨을 죽인 것이다. 살인이나 남을 미워하는 것 모두 존재 말살 행위다. 예수님은 남을 미워하는 것과 살인을 동일시하신다. 자기방어 심리는 속으로 분노, 증오심, 무관심, 때로는 남을 해하는 행위로 드러난다.

반대로 아벨은 불안한 감정을 '억제'하다 죽임을 당했다. '착한 아들, 착한 동생 콤플렉스'라고 할 수 있다. 그가 보통 사람의 센스가 있었다면, 분명 형의 태도를 보고 두려움을 느꼈을 것이다. 이럴 때는 잠시 피하는 게 지혜롭다. 하지만 아벨은 불안한 감정을 억누르고 형이 들로 나가자고 할 때 그냥 따랐다가 죽임을 당했다. 여리고 착한 사람의 마음을 단적으로 보여주는 예다.

가인이 이기적이라면 아벨은 이타적인 사람이다. 이타적이라고 다 좋은 게 아니다. 착한 사람들은 남에게 이용당하기 쉽고, 피해의식에 시달리며, 자기도 고생하고 남도 힘들게 할 수 있다. 어느 땐 다른 사람으로 하여금 죄를 짓게 하고 악을 허용하는 결과를 초래하는 경우도 많다. 그래서 "착한 여자는 악한 여자보다 더 악하다"는 말이 생겼는지 모른다.

가인이나 아벨은 바로 염려중독증 수준의 사람이다. 불안을 바르게 대처하지 못해 자기 파멸을 겪은 것이다. 작가 황순원은 소설《카인의 후예》에서 남북의 형제가 싸우는 전쟁 비극을 그렸다. 한국인들만이 아니라 인간은 모두 가인과 아벨의 후예다. 자기를 방어하는 가인 콤플렉스를 가진 자나 자기감정을 억제하는 아벨 콤플렉스를 가진 자나 다 불안에 시달린다.

불안을 건설적으로 활용하는가, 아니면 파괴적으로 대처하는가에 따라 인생의 수준이 확연히 달라진다. 돈이 많아서 상류사회로 진입한 자가 상류 인간이 되는 게 아니라, 불안을 고급 수준으로 끌어올리는 사람이 상류 인간이다. 불안을 파괴적으로 대하는 사람은 자기 파멸로 치닫게 되고, 건강하게 대처하는 사람은 성숙한 사람이 된다.

인간은 하나님께 벌거벗고 나아가야 진정한 자아를 찾고 영원한 평안을 누릴 수 있다. 다른 길은 없다. 이상한 것은, 사람들이 한사코 자기 노력으로 무화과나무 잎을 만들어 가리려고 한다는 것이다. 자기 힘으로 안전을 얻으려 하지 신의 능력을 의지하려 하지 않는다. 이것이 인간 내면을 지배하는 교만이다. 몸에 암세포가 퍼진 것처럼 교만은 치명적이다. 수술대에 누운 환자가 벌거벗고 의사에게 다 맡기는 것처럼, 벌거벗고 하나님께 나가야 한다. 그래야 하나님이 우리를 치료하시고 가죽옷을 입혀 주신다. 하나님께로 들어가야 진정한 '힐링 캠프'에 들어가는 것이다. 사람이 하나님 대신 무엇으로 안전을 찾을 수 있단 말인가?

인간이 구할 수 있는 안전

불안에서 벗어나려는 인간은 대개 세 가지 수단으로 안전을 찾는다. 경제적 안정, 인맥 관리, 사회 안전망이다. 그간 내가 만난 청년들이 구하는 가장 큰 소망은 '경제적 안정'이었다.

"뭐니 뭐니 해도 머니가 최고야!"

IMF 구제금융 시절, 졸지에 직장을 잃고, 파산하며, 생활고를 겪은 사람이 많았다. 당시 부모 세대가 고생하는 모습을 보며 성장한 청년들의 첫 번째 삶의 목표지는 안정된 직장이 되어버렸다. 해고 위험이 적고, 퇴직 후 연금이 나오는 직장, '사'자 들어가는 직업을 갖는 것이다. 결혼 대상의 첫 번째 조건이 경제적 능력이다. 전에는 "여자는 마음이 고와야 해" 하던 시기가 있었는데, 요즘은 "여자가 얼마나 안정된 직업을 가지고 생활비를 함께 벌 수 있느냐"가 더 중요해졌다. 어느 형제에게 직접 들은 말이다.

"전 예쁜 여자보다 능력 있는 여자가 좋아요."

사람은 최고 목표를 무엇으로 삼느냐에 따라 인생이 그 가치 주위로 돌아가게 된다. 한국인에게 가장 큰 자기 성취, 곧 성공은 '돈'이다. 무엇이 행복이냐? 그것도 돈이다. 돈을 위해 안정된 직장을 얻어야 하고, 그러려면 열심히 공부해야 한다. 서점의 자기계발서 코너엔 《10대, 꿈을 위해 공부에 미쳐라》, 《20대, 공부에 미쳐라》, 《30대, 다시 공부에 미쳐라》, 《40대, 공부 다시 시작하라》는 책들을 본다. 그러니 우리 사회에 미친 사람들이 많아지는 게 당연하다. 회사 생활도 '근면 성실'을 좌우명으로 남보다 일찍 출근하고 늦게 퇴근한다. 일중독에 걸려 인생을 즐길 줄 모르는 인간이 되어 간다. 40대에 간 질환 환자가 많다는 게 그 증거다.

어느 나라로 가서 살고 싶냐는 물음의 답도 돈이다. 가장 좋은 나라도 역시 경제력이 앞선 나라다. 미국 경제가 안전할 때 사람도 세상도 "The Almighty Dollar"를 중심으로 회전한다. 돈의 제단에 경배하고 자기 몸과 시간과 에너지 그리고 일생을 돈에 바치고 있으니, 세상은 거대한 맘몬의 신전이 됐다.

안전을 구하기 위해 사람들은 유리한 인간 관계망 짜기에 힘쓴다. 순수한 인간애로 사람을 사랑하기가 갈수록 힘들어진다. 사회에서 지속되는 인간관계는 대부분 장차 저 사람이 내게 어떤 도움이 되리라는 기대가 있기 때문이다. 실제로 교수, 선배, 동창, 동향, 친구 관계가 사회적 성공에 중요한 역할을 한다. 한국 사회처럼 사람들이 인맥 관리를 부지런히 하는 사회는 없을 것이다. 조건 없는 사랑으로 이루어져야 할 인간관계를 하나의 '자산'으로 생각하는 것도 다 개인적 안전망을 위한 것 아닐까? 오죽하면 한국 사회에서 출세하기 위해선 'know-how'보다 'know-whom'이 더 중요하다는 말이 생겼을까. 우리 사회의 결혼식, 장례식 풍경을 생각해 보라. 그리고 한번 깊이 생각해 보라. 나는 이익과 손해를 따지고 계산기를 두드리며 인간관계를 맺는 저급한 인간은 아닌가?

능력 있는 사람들이 한동안 해외 이민을 많이 갔다. 한국 사회에서 누리지 못하는 '사회 안전망' 때문이다. 스칸디나비아 국가들은 비교적 안전을 누리며 산다. 가진 자가 세금을 많이 내고 정부가 깨끗하게 관리해서 국민들에게 복지 혜택을 주기 때문이다. 우리나라처럼 재벌이 골목 상권까지 빼앗는 '승자독식' 체제에서는 사람들이 불안에 시달리지 않을 수 없다. 그렇다면 우리 생각처럼 돈만 많으면 안전하고 평안을 누릴 수 있을까? 예수님은 유산 문제로 싸우는 형제에게 "사람의 생명이 그 소유의 넉넉한 데 있지 아니하니라"라고 말씀하시며 어리석다고 꾸짖으신다(누가복음 12:13-21).

사람에게는 물질이 필요하다. 물질을 구하고 축적하는 것이 인간적 모습이기도 하다. 그러나 타락 이후, 인간의 마음은 부패해서 탐욕의 유혹을 이겨 낼 재간이 없다. 필요를 채우는 것이 아니라 어리석은 부자처럼 소유를 쌓아 둠으로써 안전을 누리려는 것이 문제다. 1970~1980년대에 에릭 프롬의 《소유냐 존재냐》가 베스트셀러가 된 시절이 있었다. 탐욕을 미화하며 극대화하는 자본주의 사회는 인생을 소유의 축적에 빼앗기게 만든다. 참으로 우매한 일이 아닐 수 없다.

사람은 하나님 형상대로 창조되어 영혼을 소유하고 있다.

사람은 영혼이 하나님 품에 안길 때, 그리고 하나님과 사랑으로 교제할 때만 진정한 평안을 누릴 수 있는 존재다. 그러므로 육체에 물질이 필요하듯, 영혼에는 하나님이 필요하다. 조물주를 버리고 피조물만 섬기다 죽는 자는 있으나 마나 한 인생이므로 헛사는 것이다.

예수님은 재물의 욕심으로 자기를 잃어버릴 위험을 경고하셨다.

"사람이 만일 온 천하를 얻고도 자기를 잃든지 빼앗기든지 하면 무엇이 유익하리요"(누가복음 9:25)

여기서 '유익'이란 단어는 상업적으로 쓰이던 말이다. 어떤 삶이 손해인가 이익인가를 면밀히 따져 보라는 뜻이다. 유익이 없는 일에 한 번밖에 없는, 온 우주보다 가치 있는 내 생명을 어찌 투자할 수 있단 말인가?

하나님이 주시는 진정한 평안

불안 중독 상태라면 의사와 전문가의 도움으로 약물 치료를 받을 수 있고, 상담 받는 것도 필요하다. 명상이나 호흡법, 운동 등은 효과가 있다. 하지만 한계가 있다. 심리학자 권석만 교수는 학생 332명을 분석한 결과, 걱정 많은 사람들의 성격적 특성을 다음과 같이 들고 있다. 비관주의, 완벽주의, 불확실성에 대한 인내 부족, 문제 해결의 자신감 부족 등이다. 또한 걱정 많은 사람들의 특성에서, 파국적 사고 경향이 있는 사람은 "~하면 어떡하지?"라는 질문을 지속적으로 던지고 응답하는 내면적 대화 과정을 반복하게 된다. 그들의 가장 두드러진 특징으로 "대안적 사고의 부족"을 들었다.

그렇다면 성격상 걱정이 많은 사람들은 어떻게 마음의 평안을 누리며 살 수 있을까? 휴대폰이 고장 나면 그것을 만든 회사의 A/S를 받듯이, 인간을 창조한 그분께 찾아가서 마음의 치료를 받아야 한다. 먼저 '대안적 사고 능력'을 길러야 하는데, 어떻게 사람의 생각을 바꿀 수 있을까?

나 역시 걱정이 많은 사람이었다. 그러나 하나님을 의지하는 믿음을 갖게 되고, 하나님 말씀으로 내 생각을 바꾸니, 마음의 평안을 찾게 되었다. 불안은 인간의 문제 해결 능력이 부족하여 생기는 것이다. 인간은 전지전능하지도 않고 순결하지도 않아서 불안하다. 전능하시고 나를 무조건 사랑해 주시는 창조주, 자원이 무한하신 그분을 의존하면 마음이 편안해지는 건 당연하지 않겠는가. 하나님은 우리 내면을 불안하게 하는 양심을 깨끗하게 해주시며, 죄책감, 외로움, 질병, 낮은 자존감을 치유해 주신다.

신앙을 갖는다고 해서 불안과 두려움에서 완전히 해방되어 에덴을 회복하는 건 아니다. 목사인 나도 하나님을 믿는다면서도 불안으로 고통당한 적이 많다. 불안에서 벗어나기 위해 나름대로 터득한 몇 가지 지혜가 있다. 홀로 걷기, 자연 즐기기, 좋은 음악 듣고 그림책이나 사진집 보기, 가정에서 아내에게 고민 털어놓기, 자녀들이나 손자들, 친구들과 놀기, 수영이나 탁구 등 좋아하는 운동하기, 내 문제가 있더라도 다른 사람 도와주기, 꽃 가꾸고 농사짓기, 때론 아무것도 안 하고 빈둥대기 등이다. 신앙공동체의 형제, 자매나 친구들과 어려울 때 서로 도움을 주고받을 수 있다면 염려를 어느 정도 물리칠 수 있다.

신앙을 갖는 것은 위기에 당당히 대응할 수 있는 힘을 준다. 대안적 사고를 하려면, 성경 말씀을 묵상하고 외우는 것이 결정적 도움이 된다. 내가 청년들을 상담하면서 늘 인용하는 말씀이 있다.

> 육신의 생각은 사망이요 영의 생각은 생명과 평안이니라(로마서 8:6).

> 내가 그를 특별히 너희에게 보내는 것은 너희로 우리 사정을 알게 하고 너희 마음을 위로하게 하려 함이라(골로새서 4:8).

그대는 주로 무슨 생각을 하며 살고 있는가? 영의 생각, 또는 참되고 사랑받을 만한 생각을 하며 지내는가? 아니면 어두운 생각으로 자신을 괴롭히고 있는가? 스스로 자기 생각을 점검하며 생각을 바꾸는 훈련은 그리 쉽지 않다. 자기에게서 나오는 어두운 생각, 헛생각을 접어야 한다. 그 대신 하나님의 말씀을 묵상하며 그 말씀에 내 생각의 초점을 맞추면 생명, 곧 살맛과 힘이 생긴다. 두려움의 파도는 물러가고 잔잔한 평안이 영혼에 깃든다.

한번 실험해 보기 바란다. 우선 다음 말씀을 서너 번 반복하여 읽고 묵상해 보자.

> 너희 염려를 다 주께 맡기라 이는 그가 너희를 돌보심이라(베드로전서 5:7).

여기서 '맡긴다'는 말은 '보따리를 던진다'는 뜻이다. 걱정 근심 보따리를 '다' 하나님께 휘익 던져 버린다는 말이다. 다음 내용은 영국에서 상담 세미나에 참여할 때 배운 것인데, 참고가 될 것이다. 포스트잇에 염려하거나 두려워하는 대상의 목록을 적어 보자. 돈, 인간관계, 공부, 일, 여행 계획, 결혼, 자녀 등 구체적으로 써보자. 창피하다고 숨기지 말자.

그다음, 두려움의 원인이 무얼까 곰곰이 생각해 보자. 대부분은 어린 시절에 받은 상처 때문이기 쉽다. 그러고 나서 전능하신 하나님이 내 아버지가 되셔서 나의 염려와 두려움을 다 아시고 돌봐 주실 능력도 있는 사랑의 하나님이심을 믿는다고 조용히 고백해 보자.

"주님! 제 염려, 두려움 다 주님께 맡깁니다!"

그리고 다른 생각으로 나의 내면을 채우라. 거듭 말하지만 가장 좋은 생각은 하나님의 말씀을 생각하는 것이다. 하나님의 약속을 마음에 담는 것이다. "에이, 전능하신 하나님이 나 같은 자의 사소한 걱정까지 맡아 주실까?" 하며 걱정하지 말라. 겨울에 음악회를 가면, 오버코트를 맡아 주었다가 나갈 때 돌려 준다. 비싼 옷이건 싸구려 옷이건 맡기면 맡아 준다. 차별이 없다. 믿음이 없어 안 맡기고 연주회 내내 걸치고 있거나 무릎에 둔 채 감상하는 사람은 불편하고 스타일을 구기게 된다. 나같이 작은 자의 쓸데없는 걱정도 살펴 주시기 때문에 하나님을 믿는 것이 아닌가?

성경 말씀은 현실에 갇혀 있던 우리 눈을 들어 능력 많으신 하나님, 나를 돌보시는 하나님께 집중하게 한다. 내 인생에 완전무결한 계획을 가지고 인도하시는 하나님이 지금 내 문제를 도우실 수 있는 능력자시다. 하지만 때로 우리는 실패할 수 있다.

나는 젊어서부터 늘 실패하고 실수하며 살아 왔다. 당시에는 죽어 버리고 싶을 때도 있을 만큼 쓰디쓴 경험이었지만, 후에는 반드시 좋은 보약이 되었다. 초월자를 바라보는 순간, 내 영혼은 엄마 품에 안긴 아기처럼 마음의 고요를 찾게 된다. 이런 태도를 신학적인 말로 '하나님의 주권과 섭리에 나를 맡긴다'고 표현한다. 하나님은 과거에 나를 도우신 하나님이시고, 나의 미래를 책임지신다. 능력 있는 부모가 결혼을 앞둔 자녀를 위해 모든 것을 준비해 두듯 하나님은 나의 장래에 필요한 모든 것을 예비해 주신다. 그리고 현재 나와 함께하신다. 그분은 내 문제를 아시고, 나의 신음소리까지 듣고 계시며, 넘어지면 일으켜 세워 주시는 좋으신 아버지시다.

불안에 떨 때, 가장 확실하게 안전과 평안을 얻는 길이 있다. 기도하는 것이다.

> 아무것도 염려하지 말고 다만 모든 일에 기도와 간구로, 너희 구할 것을 감사함으로 하나님께 아뢰라 그리하면 모든 지각에 뛰어난 하나님의 평강이 그리스도 예수 안에서 너희 마음과 생각을 지키시리라(빌립보서 4:6-7).

가까운 친구에게 털어 놓을 수만 있어도 가벼운 염려는 사라진다. 그래서 배우자끼리 서로 염려를 나누고 받아 주는 게 중요하다. 비판하는 건 금물이다. 하물며 전능한 하나님이면서 친구 되시는 하나님께 내 속을 다 털어놓을 때 해결 안 될 문제가 어디 있겠는가.

20여 년 전, 내가 지혜 없이 행하기는 했지만 나의 진심이 오해 받고 큰 어려움에 빠진 적이 있었다. 문제가 해결될 기미가 보이지 않았다. 나는 한동안 하나님 앞에서도 무화과나무 잎으로 내 치부를 가리고 있었다. 견디기 힘들었던 어느 날, 골방에 홀로 들어가서 부르짖었다.

"억울합니다, 하나님!"

수치스런 나를 다 드러내 놓고 기도하며 통곡했다. 그다음에 내 심령에 찾아온 것은 신비한 평안이었다. 예수님이 약속하신 대로 "세상이 주는 것"과는 차원이 다른 하늘의 평안이었다.

염려에 대한 예수님의 처방

예수님은 이렇게 염려 퇴치법을 가르쳐 주신다.

그러므로 내가 너희에게 이르노니 목숨을 위하여 무엇을 먹을까 무엇을 마실까 몸을 위하여 무엇을 입을까 염려하지 말라 목숨이 음식보다 중하지 아니하며 몸이 의복보다 중하지 아니하냐 공중의 새를 보라 심지도 않고 거두지도 않고 창고에 모아들이지도 아니하되 너희 하늘 아버지께서 기르시나니 너희는 이것들보다 귀하지 아니하냐 너희 중에 누가 염려함으로 그 키를 한 자라도 더할 수 있겠느냐 또 너희가 어찌 의복을 위하여 염려하느냐 들의 백합화가 어떻게 자라는가 생각하여 보라 수고도 아니하고 길쌈도 아니하느니라 그러나 내가 너희에게 말하노니 솔로몬의 모든 영광으로도 입은 것이 이 꽃 하나만 같지 못하였느니라 오늘 있

> 다가 내일 아궁이에 던져지는 들풀도 하나님이 이렇게 입히시거든 하물며 너희일까보냐 믿음이 작은 자들아 그러므로 염려하여 이르기를 무엇을 먹을까 무엇을 마실까 무엇을 입을까 하지 말라 이는 다 이방인들이 구하는 것이라 너희 하늘 아버지께서 이 모든 것이 너희에게 있어야 할 줄을 아시느니라 그런즉 너희는 먼저 그의 나라와 그의 의를 구하라 그리하면 이 모든 것을 너희에게 더하시리라 그러므로 내일 일을 위하여 염려하지 말라 내일 일은 내일이 염려할 것이요 한 날의 괴로움은 그 날로 족하리라(마태복음 6:25-34).

"염려하지 말라." 이것은 스스로 걱정거리를 만들지 말고 "NO!" 하고 염려를 물리치라는 뜻이다. 마치 컴퓨터에 바이러스 퇴치 장치를 깔듯, 염려 바이러스를 물리치는 마음의 백신을 두라는 것이다. 이것은 삶의 지혜다. 시편 기자는 이런 비결을 알았다. "내 영혼아 왜 내 속에서 불안해하는가. 하나님을 바라보라!" 불안할 때는 이렇게 자기가 자기에게 말을 걸어야 한다. 영어 표현으로 'self-talk'라는 기술이다.

"백합화가 어떻게 자라는가 생각하여 보라." 스스로 자기 생각을 점검해 봐야 한다. 생각나는 대로 가만 두면 내 마음은 곧 잡초가 무성한 밭이 된다. 나를 끌고 가는 쓸데없는 생각의 포로가 되지 말고, 자연, 사물, 인간, 역사, 내 일상에 일어나는 모든 것을 하나님 중심으로 생각하라. 과거에 나와 함께하셨던 하나님을 생각하고, 믿음의 사람들의 간증을 읽어도 좋다.

"믿음이 작은 자들아." 믿음을 가질 뿐 아니라, 그 믿음을 키워 나가야 한다. 믿음의 출발은 하나님이 살아 계시다는 그의 존재와 인격을 인정하는 것에서 출발한다. 거듭 강조하자면, 내 인생에 대한 하나님의 주권과 섭리를 인정하고, 성경 말씀을 묵상하며, 하나님을 아는 지식이 자라는 만큼 나의 믿음도 자란다.

"먼저 하나님 나라와 그 의를 구하라." 인생의 방향과 우선순위를 나에게서 하나님 중심으로 바꾸라. 나를 이 세상에 보내신 하나님이 시키시는 일을 먼저 추구하고 일하라는 말이다. 하나님 나라와 그의 의를 구하는 인생은 사람이나 세상을 두려워하는 것이 아니라 하나님을 두려워하고, "이웃을 사랑하라!"는 하나님의 일에 우선순위를 두고 사는 것이다.

예수님의 교훈을 잘 따른 자 가운데 베드로와 바울이란 인물이 있다. 베드로는 십자가 앞에서 두려움에 사로잡혀 예수님을 부인하고 도망갔던 실패의 경험이 있다. 그 후 그는 인생에서 중요한 선택은 "도망이냐, 도전이냐"라는 걸 터득하게 되었다. 그가 부활하신 예수님을 만난 후에는 '자연스런 염려 단계'를 거쳐 '거룩한 염려'의 단계로 올라선 인물이 되었다. 그가 결정적으로 예수님을 부인하는 실패를 경험했음에도 기독교 역사에서 찬란한 업적을 남긴 인물이 된 것은 고난 앞에서 도망가지 않고 오히려 도전했기 때문이다.

염려의 마지막 수준이 '거룩한 염려'인 것을 기억하는가. 사도 바울은 이런 근심을 "하나님의 뜻대로 하는 근심"(고린도후서 7:10)이라고 했다. 죄 많은 세상에서 거룩, 사랑, 정의, 진리를 심는 하나님 나라 일을 하려면 "하나님 뜻대로 하는 근심"을 즐거워해야 한다.

늘 불안에 떨던 내 아내는 염려 중독 상태에서 점점 자연스런 염려 단계로, 그 후 예수 믿으면서 거룩한 근심 단계로 올라서게 되었다. 아내는 하나님의 일과 다른 사람을 염려하는 데 마음을 쏟아 남편인 내가 내심 존경을 금할 수 없게 되었다. 내가 45년을 함께 살면서 확인하는 축복이요 즐거움이다.

키에르케고르는《불안의 개념》에서 이렇게 말했다.

"파멸하지 않기 위해 바르게 염려하는 법을 배우는 것—이것은 인간이 반드시 통과해야 하는 하나의 모험이다…… 누구나 바르게 염려하는 법을 배운 사람은 궁극적인 것을 배운 자다…… 그는 더 깊이 염려하면 할수록 더 위대한 자가 된다. 그런 단계가 되면, 염려가 그 영혼으로 들어와도 오히려 그 염려하게 하는 것을 검색해서 찾아내어, 유한하고 시시한 모든 것들을 마음에서 고문하듯 쫓아낸다. 그때 비로소 그는 자기가 가기 원하는 삶을 살 수 있다…… 이처럼 염려를 통해서 개개인은 교육을 받아 믿음에 이르게 되는 것이다."

불안이란 것이 "자유에서 비롯되는 어떤 어지러움"이라고 규정한 키에르케고르는 결국 이런 결론에 이르렀다.

"나의 슬픔은 엄청나며 끝이 없다. 오직 하늘에 계신 하나님만이 그것을 아실 것이다. 아무도 나를 위로하려 하지 않는다. 하늘에 계신 하나님 외에는 아무도 나를 위로할 수 없다."

예수님은 자기를 믿는 자에게 약속하신다.

> 평안을 너희에게 끼치노니 곧 나의 평안을 너희에게 주노라 내가 너희에게 주는 것은 세상이 주는 것과 같지 아니하니라 너희는 마음에 근심하지도 말고 두려워하지도 말라(요한복음 14:27).

나는 이 약속이 우리 삶에 그대로 실현되는 걸 체험하며 산다. 전혀 불안이나 두려움 없이 산다는 말은 아니다. 바다에 파도가 일어도 수면 깊은 곳은 고요하다. 하나님 믿고 사는 사람도 인간관계나 환경, 아니면 인체의 호르몬 변화로 정신 신경계에 파도가 일 때가 있다. 그럼에도 하나님 말씀을 읽으면 영혼 깊은 곳에 하늘의 평안이 깃들게 된다. 예수님이 우리에게 주신 선물, 영혼의 평안을 함께 누리자.

하나님, 저는 염려를 많이 하는 사람입니다. 더구나 세상이 경쟁을 강요하고, 탐욕과 두려움에 시달리게 하니 살아가기가 힘

듭니다. 주위 사람들은 제게 도움을 주기보다 부담과 두려움을 심어 주는 것 같습니다. 이런 세상에서 진정한 안전과 평안을 주신다고 약속해 주시니, 그런 삶이 가능하다는 사실만으로도 위로가 됩니다. 제게 사랑과 권능의 하나님을 의지하는 믿음을 허락해 주십시오. 그리고 이제는 제가 다른 사람을 사랑하기 위해, 이 세상에 정의가 이루어지기 위해 거룩하게 근심하는 자로 변화되게 해주십시오. 그래서 믿는 자가 누리는 영혼의 평안을 맛보며 살고 싶습니다. 예수님 이름으로 기도합니다. 아멘.

렘브란트_〈돌아온 탕자〉
1668-69년, 캔버스에 유채, 에르미타주 미술관.

5. 완전한 사랑

가랑비가 흩날리는 날이면, 우리 부부는 말한다.

"여보, '우리 비'가 내려요!"

난 아내를 대학 새내기 때부터 알고 있었다. '안다'라고 하는 건 조심스럽다. 성경에서 '안다'는 단어는 '동침한다'는 뜻도 있으니까. 오해 말라. 내 경우엔 이름도 모르고 그냥 얼굴만 알고 있었다는 말이다.

내가 그녀를 처음 본 날은 50년이 다 된 오늘도 생생하다. 뇌에 인증 샷으로 저장되어 있으니까. 나는 염색한 군복을 입고 학교 버스를 줄 서서 기다리는 초라한 학생이었고, 아내는 빨간 코트에 하얀 모자를 쓰고 부츠를 신은, 뭇 남학생들의 시선을 집중시키며 당당히 버스 앞으로 걸어가던, 요즘 말로 하자면 전남대학교의 '김태희'였다. 나같이 가난하고 맘 약한 남학생은 감히 다가갈 엄두조차 낼 수 없게 하는, 영국 왕실 분위기를 풍기던 매력적인 여성이었다.

1965년 2월, 우산이 필요없을 만큼 실처럼 가는 비가 흩날리던 그날, 고려대 캠퍼스에 있는 설립자 인촌 김성수 묘에서 나는 수줍게 사랑을 고백했다. 그런데 여기서 좀 민망해진다. 무슨 말로 사랑을 고백했는지 기억나지 않기 때문이다. 다만 "금자 자매를 사랑합니다. 우리 결혼합시다!"라는 메시지는 틀림없이 전달된 것 같다. "주님의 뜻이라면……" 하는 아내의 답을 들었으니까. 난 그 말을 '예스!'로 해석하고 '막무가내'와 '편지'를 비빔밥처럼 만들어 사랑 공세를 퍼부었다. 전화가 없어 날마다 편지를 주고받던 때였다.

어느 날, 나는 엄청난 고백을 하고 말았다.

"나는 당신이 문둥이가 되더라도 사랑하겠소!"

난 왜 로미오와 줄리엣같이 달콤하고 간지러운 사랑을 표현할 수 없었을까? 누구에게 이런 편지를 받았다면, 기분이 어떨 것 같은가? 아내는 이 문장을 읽다가 오싹 소름이 돋았다고 했다. 그러나 난 지금도 정직하게 말할 수 있다. 이 문장만큼 나의 사랑을 더 이상 절절하게 표현할 수 없다. 나환자였던 한하운 시인의 "버드나무 밑에서 지까다비를 벗으면 발가락이 또 한 개 없다"는 애절한 시를 읽으며 눈시울을 적셨던 나는, 아내가 하도 몸이 약해 평생 돌봐야 할 각오 없이는 결혼을 결심할 수 없었다. 우리는 연애 1년 2개월 만에 결혼했다. 우산이 필요없을 만큼 실처럼 가는 비가 흩날리던 어느 봄날.

기독교는 사랑 이야기

나는 왜 예수를 믿는가? '사랑' 때문이다. 하나님이 날 사랑하시는 그 사랑에 항복하지 않을 수 없었기 때문이다. 나는 왜 예수를 믿는가? 가수 해바라기의 노래 제목처럼, '사랑으로' 이 세상을 아름답게 살고 싶기 때문이다. 예수 믿지 않고서는 참된 사랑을 알 수도 없고, 참된 사랑을 행할 수도 없다는 걸 깨달았기 때문이다.

기독교 복음은 나를 향한 하나님의 끈질긴 구애이며 또한 애절한 사랑 고백이다. 그 사랑이 우리를 감동시켜 하나님과 나 사이에 사랑의 관계가 이루어지는 것이 기독교 신앙의 핵심이다. 전혀 모르던 청춘 남녀가 서로 만나 교제하며 사랑에 빠져 결혼하게 되는 건 참으로 설명하기 쉽지 않은 미스터리가 아닐 수 없다. 전에 공산주의 소비에트연방의 교과서에는 사랑을 "뇌에서 어떤 자극으로 화학 물질이 신경조직으로 흘러나올 때 이성 간에 갖게 되는 생리 작용"이라고 정의를 내렸다고 한다. 사랑을 이렇게 무미건조한 과학으로 설명하니 공산주의가 망하지 않을 도리가 없다.

사람은 사랑하고 사랑받지 않으면 살 수 없는 존재이다. 밥 먹는 것이 육체의 본능이라면, 사랑받고 사랑하는 것이 영혼의 본능이다. 몇 달 전에 한 여대생이 페이스북에 이런 사연을 올렸다.

"……재미없다. 친구도, 마음을 터놓을 사람도 없다. 다 거기서 거기다. 인생에 낙이 없다. 그리고 난 지금 어마어마하게 우울하고 외롭다. 눈물만 나온다. 뿅 하고 없어졌으면 좋겠다. 내일이 오지 않았으면 좋겠다. 인생 왜 사나?"

그렇다. 인간 영혼이 가장 애타게 목말라하는 것은 바로 '사랑'이다. 나를 있는 그대로 사랑해 주는 사람이 없고, 나를 송두리째 다 바쳐 사랑할 사람 없는 세상에 딱히 살아야 할 이유가 없는 것이다. 외로움과 고독, 이것은 인간이 피할 수 없는 실존이다. 특히 누군가를 사랑해 보려다 실망하고 상처받은 자들은 애완동물에게라도 나의 사랑을 주지 않고서는 살 수 없어 한다.

사람은 자기를 진정 사랑해 주는 사람이 세상에 단 한 사람만 있어도 자살하지 않는다고 한다. 우리 부부가 신촌 이대 입구에서 세 들어 살고 있을 때였다. 세 세대가 디귿 자로 된 한옥에 한 칸씩 살고 있었다. 건너편 방에는 북에서 피난 온 엄마와 청년 아들이 살고 있었다. 어느 날, 오랫동안 병을 앓던 어머니가 돌아가셨다. 그리고 일주일 후, 20대 청년인 그 아들도 따라서 자살했다. "엄마 없는 세상에서 살 이유가 없다"는 유서를 남기고.

나는 어머니 사랑을 많이 받고 자랐다. 7남매 중에서 가장 약했기 때문이다. 다른 형제 몰래 용돈을 따로 주시곤 했다. 가난하던 대학교 1학년 때였다. 부모님은 광주에서 버스로 두 시간쯤 떨어진 장흥에 사셨다. 어느 날 운동화 밑창이 떨어진 채로 집에 내려갔다. 캠퍼스에는 포장 안 된 길이 많아 비가 오면 터진 운동화 밑창으로 진흙탕 물이 들어오곤 했다. 광주로 올라올 때 운동화를 사려고 어머니께 돈을 구했다. 어머니 얼굴에 근심의 빛이 어렸다. 눈치 빠른 나는 '아, 돈이 없으시구나', 생각하고 "어머니, 괜찮아요."하고 버스 정류장으로 터벅터벅 걸어갔다. 버스가 출발할 즈음, 어머니가 헐레벌떡 달려오셨다. 그리고 바지 주머니에서 돈을 꺼내 주셨다.

"운동화 꼭 사 신으라이!"

엄마의 사랑은 없던 돈도 만들어 내신다. 엄마는 그 돈을 위해 또 얼마나 고생을 하셨을까. 자식을 사랑하는 엄마의 마음은 자기 몸을 다해 만들어 낸 젖을 먹이기, 똥 싸고 오줌 싸는 걸 귀찮아하지 않고 기저귀 갈아 주기, 눈 마주치며 웃어 주기, 둥둥둥 안아 주고 얘기 나누어 주며 돌봐 주기 등으로 표현된다. 아기가 아프면 대신 아파 주고, 자식이 죽게 되었으면 대신 죽어 주고 싶은 것이 엄마의 사랑이다. 아기를 낳아 길러 봐야 비로소 부모의 자식 사랑이 어떤 것인지 체험을 통해 이해한다. 그래서 링컨은 "하나님은 육체로 어디나 계시지 않으므로 엄마를 통해 인간에게 하나님 사랑을 가르쳐 주신다"고 말했나 보다.

그러나 안타까운 일이다. 엄마의 자식 사랑도, 자식의 엄마 사랑도 모두 영원한 사랑은 아니라는 것이다. 신경숙의 《엄마를 부탁해》가 많은 독자들에게 공감을 얻는 까닭은 세상에서 가장 크다는 엄마의 사랑도, 그리고 우리가 엄마를 사랑하는 데에도 한계가 있다는 슬픈 사실을 일깨워 주기 때문이 아닐까?

기독교 신앙의 대상인 하나님은 사랑이시다. 기독교의 핵심은 하나님이 나를 사랑하신다는 것이다. 그의 사랑은 어떻게 나타났을까?

> 하나님이 세상을 이처럼 사랑하사 독생자를 주셨으니 이는 그를 믿는 자마다 멸망하지 않고 영생을 얻게 하려 하심이라(요한복음 3:16).

성경 중의 성경이라고 일컫는 말씀이다. 성경에 기록된 하나님의 사랑 이야기는 4막의 드라마로 펼쳐진다. '창조-타락-구원[속량]-완성'으로 그 구성이 탄탄하다. 각 막마다 하나님의 사랑 이야기가 나온다. 마치 심포니의 각 악장마다 주제 멜로디가 흐르듯, 성경의 각 부분마다 하나님의 사랑이 흐른다.

기독교 신앙을 안내하면서 먼저 성경의 주제와 구성을 설명하는 이유는 간단하다. 숲을 보고 나무를 보게 하려는 것이다. 현대 소설은 평론가의 도움 없이도 읽을 수 있지만, 《논어》나 금강경, 희랍 신화나 오래된 문학작품들은 해석이 필요하다. 특히 고전 중의 고전이며, 66권으로 이루어진 방대한 책인 성경은 전체 주제를 알아야 부분을 이해할 수 있다. 하나님의 인류 구원의 4막 드라마의 주제를 기억해 두는 것은 앞으로 인간과 세계, 역사를 이해하는 데 키포인트가 될 것이다.

하나님의 사랑 이야기 제1막은 '창조'다. 하나님이 이 세상의 천지 만물과 인간을 창조하신 신 나는 이야기다. 태초에 하나님이 창조하신 우주와 인간은 완벽한 작품이었다. 하나님과 사람은 서로 사랑하는 영혼의 부모와 자녀 관계였다. 아름답고 풍요한 자연 만물은 인간의 행복을 위해 맡기신 하나님의 선물이었다.

제2막의 주제는 '타락'이다. 인간이 하나님을 반역하고 죄와 저주로 타락하는 가슴 아픈 이야기다. 타락이란 본래 있던 위치에서 저 아래 낭떠러지로 떨어진다는 말이다. 끔직한 범죄를 행하는 인간의 모습, 질병과 죽음, 전쟁과 기아, 세계 악과 고통, 자연재해 등이 모두 죄로 타락하여 생긴 저주의 결과다.

제3막은 '구원'이다. 하나님께서 예수 그리스도를 통해 인류를 구원하시는 눈물겨운 이야기다. 지금부터 2천여 년 전 이스라엘 땅에서 하나님의 외아들 예수는 인간의 역사 속으로 들어 오셨다. 예수는 인간의 죄와 고통을 대신 담당하고 십자가에 죽으실 만큼 인간을 사랑하셨다. 그리고 부활하신 후, 현재 하늘에서 인간과 우주를 다스리고 계신다. 예수라는 이름은 '하나님은 구원이시다'라는 뜻이다. 예수가 바로 하나님 사랑 이야기의 주인공이다. 그가 죽도록 사랑한 대상은 죄인인 '인간'이고, 바로 '나'다. 성경 전체를 관통하는 주제는 예수 그리스도다. 기독교는 그리스도이다. 그리스도란 본래 이스라엘 언어인 히브리말로 '메시아' 즉 인류의 구원자란 뜻이다. '기독'이란 말은 '그리스도'라는 말의 한자 음역이다. 기독교 신앙의 핵심은 "예수가 그리스도다!"라는 고백이다.

제4막은 '하나님 사랑의 완성'이다. 예수 그리스도가 다시 오셔서 세상을 심판하며 구원을 완성하시리라고 약속한다. 기독교 신앙은 인류 구원과 자연만물을 회복하시는 역사의 클라이맥스를 바라보게 하는 희망찬 이야기다.

창조-타락-구원-완성의 4막 드라마의 주제는 예수 그리스도를 통한 하나님의 사랑이다. 이것을 기억하면 인간, 역사, 세계를 이해하게 된다. 예를 들어 보자. 돈도 못 버는 주제에 화까지 잘 내는 성질 나쁜 남편 때문에 고통당하는 아내가 있다. 아내는 생각한다. 자식이 걱정돼 이혼도 못하겠고, 어떻게 지겨운 남편과 지옥 같은 삶을 살아갈 수 있을까?

관점을 바꾸면 된다. 예수를 믿는 건 다른 말로 '하나님 중심으로 관점을 바꾼다', '다르게 생각한다', 또는 '기독교 인간관, 세계관을 갖게 된다'고 표현한다. '관'(觀, view)이란 어떤 대상을 바라본다는 뜻이다. 아내가 관점을 기독교식으로 바꾸면 이렇게 생각할 수 있지 않을까?

"그래도 남편은 하나님이 창조하시고 심히 기뻐하신 사람이야. 더구나 하나님이 나에게 도우라고 짝지어 주신, 세상에 하나밖에 없는 내 남자야! 비록 밖에서 스트레스 많고, 타고난 성격 때문에 저렇게 화를 버럭버럭 내지만 어쩔 거야, 타락한 인간이 다 그런 거지. 예수님이 저 사람 위해 십자가에 죽으실 만큼 사랑하시니까 나도 용서하고 사랑할 수밖에. 언젠가는 성숙한 인간으로 만들어 주시겠지. 나 아니면 누가 저 사람을 품어 주겠어? 그래, 기도하고 또 참자! 예수님 오시면, 저 사람이나 나나 다 예수님 닮게 변화시켜 주신다니, 얼마나 감사한가!"

돈도 잘 못 벌고 성질도 나쁜 나를 버리지 않고 사랑해 준 것은, 바로 아내의 기독교적 '관점' 덕분이다. 아내가 예수를 안 믿었더라면 난 지금 뼈도 못 추렸을 것이다.

그런데 아무리 드라마가 훌륭해도 '조명'이 꺼지면 볼 수 없다. 하나님은 우리가 당신의 인류 구원 드라마를 알고 즐기도록 환히 빛을 비춰 주신다. 그것이 객관적으로는 하나님의 뜻을 알려 주는 성경이란 선물이요, 주관적으로는 예수를 믿는 자 안에 계시면서 하나님의 뜻을 발견하는 지혜와 그 뜻을 행할 능력 주시는 '성령'이란 선물이다. 성령은 하나님의 영이시다. 스포트라이트는 예수께 집중된다.

하나님의 사랑 드라마

예수님이 친히 들려 주신 하나님의 사랑 이야기를 한번 읽어 보자. 이 이야기를 마음속으로 영화 장면 찍듯 읽어 내려가면, 간결하면서도 얼마나 감동적인 작품인지 느낄 수 있다. 이미 잘 아는 독자도 다시 생각하면서 읽어 보자.

> 또 이르시되 어떤 사람에게 두 아들이 있는데 그 둘째가 아버지에게 말하되 아버지여 재산 중에서 내게 돌아올 분깃을 내게 주소서 하는지라 아버지가 그 살림을 각각 나눠 주었더니 그 후 며칠이 안 되어 둘째 아들이 재물을 다 모아 가지고 먼 나라에 가 거기서 허랑방탕하여 그 재산을 낭비하더니 다 없앤 후 그 나라에 크게 흉년이 들어 그가 비로소 궁핍한지라 가서 그 나라 백성 중 한 사람에게 붙여 사니 그가 그를 들로 보내어 돼지를 치게 하였는데 그가 돼지 먹는 쥐엄 열매로 배를 채우고자 하되 주는 자가 없는지라 이에 스스로 돌이켜 이르되 내 아버지에게는 양식이 풍족한 품꾼이 얼마나 많은가 나는 여기서 주려 죽는구나 내가 일어나 아버지께 가서 이르기를 아버지 내가 하늘과 아버지께 죄를 지었사오니 지금부터는 아버지의 아들이라 일컬음을 감당하지 못하겠나이다 나를 품꾼의 하나로 보소서 하리라 하고 이에 일어나서 아버지께로 돌아가니라 아직도 거리가 먼데 아버지가 그를 보고 측은히 여겨 달려가 목을 안고 입을 맞추니 아들이 이르

> 되 아버지 내가 하늘과 아버지께 죄를 지었사오니 지금부터는 아버지의 아들이라 일컬음을 감당하지 못하겠나이다 하나 아버지는 종들에게 이르되 제일 좋은 옷을 내어다가 입히고 손에 가락지를 끼우고 발에 신을 신기라 그리고 살진 송아지를 끌어다가 잡으라 우리가 먹고 즐기자 이 내 아들은 죽었다가 다시 살아났으며 내가 잃었다가 다시 얻었노라 하니 그들이 즐거워하더라(누가복음 15:11-24).

예수님이 들려주신 이런 이야기를 '비유'(parable)라고 한다. 비유는 영적 교훈을 이야기 형태로 들려주는 것이다. 그러면 흔히 '탕자의 비유'라고 일컫는 이 비유가 전하려는 메시지는 뭘까? 죄인이 돌아오기만 하면 하나님은 무조건 용서하고 영접해 주며 기뻐서 잔치를 베푸시는 사랑의 아버지라는 것이 아니겠는가. 그러므로 '아들을 용서하시는 사랑의 아버지' 비유라는 게 옳다. 그런데 찬찬히 살펴보면, 이 비유는 한 단어, 한 문장 빼놓을 것 없이 영적 교훈을 담고 있다. 바로 4부작 하나님의 사랑 이야기다.

제1막은 창조의 장이다. 아버지 집의 둘째 아들(11-12절)은 본래 하나님이 창조하신 세상과 인간의 모습이다. 에덴동산에서의 아버지는 풍성한 분이시고 부족함이 없으시다. 또한 아버지는 아들의 자유를 온전히 존중한다. 이야기의 배경이 되는 고대 근동에서 "아버지, 내 유산을 지금 미리 주시지요"라고 말하는 건, "아버지 빨리 죽으세요"라는 뜻이다. 천하에 불효자식이나 할 수 있는, 부모를 노골적으로 모욕하는 행동이다.

아버지 집에 살 때 아들은 부요하고, 안전하고, 평화롭고 자유롭다. 아버지 집에서 아들은 마음껏 그것을 누린다. 태초에 하나님이 천지와 인간을 창조하신 에덴동산에서의 인간의 삶이 이처럼 풍성하고 자유롭게 하나님과 교제하는 삶이었다. 그러나 이를 박차고 나가려는 둘째 아들에게 아버지는 원하는 대로 유산을 나누어 주신다. 아들을 인격적으로 존중해 주신 것이다.

제2막은 타락의 장이다. 집을 떠나 먼 나라로 간 아들의 삶(13-16절)은 하나님을 반역하고 떠나 나락에 떨어진 인간의 모습이다. 가족 대대로 내려오는 상속 재산을 이방인의 나라에 가서 탕진하는 건, 이스라엘 가문에서 영구 제적을 당하는 용납할 수 없는 행위였다.

아버지를 떠나 먼 나라에서 허랑방탕하게 살았다는 것은, 돈으로 살 수 있는 인간의 모든 쾌락을 맛보았다는 것이다. 하지만 아버지가 준 자유로 죄를 즐긴 결과는 비참했다. 순식간에 부잣집 아들에서 돼지치기 신세가 된 것이다. 유대인은 돼지를 부정한 짐승으로 여겼다. 돼지가 먹는 사료조차 얻어먹을 수 없는 처지가 되었다는 것은 인간이 처할 수 있는 최악의 막장 인생으로 전락했음을 말해 준다. 자유의지로 생명의 창조주를 떠나 제멋

대로 사는 인류가 처한 운명이고, 현대 문명의 단면이기도 하다.

제3막은 구원의 장이다. 죄 짓고 굶주린 아들은 집으로 돌아가기로 결심한다. 회개하는 인간의 모습(17-21절)이다. 아들은 절망적인 현실에서 생각한다. 굶어 죽게 된 자기 모습과 지난 날 값없이 누렸던 풍성했던 아버지의 집을. 아들은 자기가 아버지의 아들 자격이 없으니 품꾼의 하나로 봐 달라고 빌 작정이었다. 그리고 무작정 돌아온다. 이것이 회개다. '회개'란 삶의 방향 전환을 말한다. 하나님 없이 나 중심으로 살다가 죽을 수밖에 없는 운명임을 깨닫고 죄를 뉘우치며 하나님 중심으로 살겠다고 돌이키는 것이다. 아버지의 자비에 의지하는 것이 믿음이다. 기독교 신앙은 이처럼 회개와 믿음으로 출발한다. 이것이 '회심'(conversion) 곧 마음을 바꾸는 것이다.

거지 중에서도 상거지가 된 아들을 아버지는 멀리서 알아보고 달려가 맞았다. 날마다 아버지는 동네 어귀의 길을 바라보며 혹시나 오늘 집 나간 아들이 돌아오지 않을까 기다리고 있었다. 자기를 배반한 아들을 기다리고 또 기다리는 사랑, 이것이 아버지의 사랑이다. 당시 관습으로 나이 든 족장이 달린다는 건 위엄을 갖추지 못한 행동이었다. 그러나 집으로 돌아오는 불쌍한 자식을 보는 순간, 아버지는 제정신이 아니었다. 달려갔다. 껴안았다. 입을 맞추었다. 아들이 "내가 하늘과 아버지께 죄를 지었습니다. 이제 아들 자격 없는 놈입니다"라고 했으나, 아버지는 아무

조건 없이 아들을 영접했다. 이미 죄를 용서하신 것이다. 아버지의 사랑은 처음이나 지금이나 변함없는 사랑, 조건 없는 사랑, 영원한 사랑, 완전한 사랑이다.

제4막은 완성의 장이다. 돌아온 아들을 맞으며 잔치를 여는 아버지의 기쁨(22-24절)은 하나님 아버지의 사랑을 극적으로 보여 준다. 아버지는 최고로 즐겁고 풍성한 큰 잔치를 베풀라고 명한다. 아들에게 가장 좋은 옷과 반지를 꺼내 입히고 끼워 준다. 반지는 상속자인 아들에게 주는 상징적 선물이었다. 아들의 신분을 새롭게 부여하신 것이다. 아버지는 아들이 집으로 돌아온 것을 "죽었다가 살아났고, 잃어버렸다가 다시 찾았다"고 했다. 더 이상 아들의 과거를 추궁하지 않으신다. 자기 맘을 찢어 놓았던 원수 같은 아들을 다시 가족으로 받아들이고 기뻐 잔치를 베풀고 춤추신다. 아버지 사랑은 어찌 보면 한없이 바보같은 사랑이다.

하나님은 나를 사랑하는 아버지시다. 아버지의 무조건적 사랑은 회개하는 아들의 운명을 역전시킨다. 아들은 과거의 비참에서 자유와 풍요와 기쁨이 넘치는 완전한 변화를 경험했다. 아버지 사랑이 그를 새 사람으로 만든 것이다. 기독교는 아버지 하나님의 바보 같은 사랑 이야기다.

예수님은 이야기를 들려주시면서 우리가 아버지 하나님의 자녀 되는 길을 열어 주셨다. 부잣집 자식이 되어도 얼마나 큰소리치며 사는가. 하물며 천지를 창조하신 하나님의 자녀가 되는 것보다 더 큰 특권이 어디 있겠는가! "영접하는 자 곧 그 이름을 믿는 자들에게는 하나님의 자녀가 되는 권세를 주셨으니"(요한복음 1:12)

헨리 나웬이라는 신부가 있었다. 그는 하버드대와 예일대 교수였다. 어느 날 문득 자기 삶에 회의를 느끼고 인간답게 살고 싶어졌다. 그는 교수직을 사임하고 장애인 공동체에 들어가 그들을 돌보며 살기 시작했다. 장애인들은 그가 전직 하버드 교수인 것에 전혀 관심이 없었다. 다만 그를 한 인간으로 대해 주었다. 장애인에게 밥을 먹이고 배설물을 치워 주는 생활은 쉽지 않았다. 하지만 한 사람을 아끼는 사랑의 수고를 감당하면서 비로소 마음이 따뜻해지고 인간성을 회복할 수 있었다고 고백한다. 그는 사람이 사람다워지는 것은 부와 사회적 명성을 소유하고 축적하는 데 있지 않고, 인격과 인격이 마주치며 사랑받고 사랑하는 경험에서 나온다고 말했다. 그가 어떻게 그런 순수한 사랑을 알고 또 사랑을 나눠 줄 수 있었을까. 헨리 나웬의 저서 중에 《The Return of the Prodigal Son—A Story of Homecoming》이 있다. 이 책은 그가 렘브란트의 같은 제목의 그림을 보며 영감을 받아 기록한 감동적인 작품이다.

프란시스 쉐퍼 박사가 훌륭한 기독교 예술가의 모델이라고 평한 렘브란트는 '돌아온 탕자'를 감동적으로 그렸다. 옷은 다 떨어지고, 한쪽 발은 신발도 벗겨져 더러운 맨발이 드러난 채 아들은 아버지 앞에 무릎을 꿇고 있다. 그 아들의 어깨를 아버지는 두툼한 손으로 따뜻하게 안아 주고 있다. 아버지의 얼굴에는 한없는 용서와 사랑이 가득하다. 이 그림은 렘브란트가 사랑하는 아들 티투스를 잃은 고통을 승화한 작품이라고 한다.(스테파노 추피, 정은진 역《신약성서 그림으로 읽기》, 예경)

아버지의 품으로 돌아온 인간, 아버지의 품에 안긴 아들—그대와 내가 아닌가!

인간의 사랑, 하나님의 사랑

사랑을 말하면서 그리스인들이 즐겨 사용한 '에로스' 사랑과 '아가페' 사랑 이야기를 빼놓을 수 없다. 스웨덴 학자 안더스 니그렌(Anders Nygren)이 쓴《아가페와 에로스》란 명저가 있다. 그리스인들은 서로 좋아 상대방의 아름다움에 빠지는 인간적 사랑을 에로스라고 했다. 남자와 여자 사이에 이루어지는 사랑이다. 성적인 사랑, 에로스 사랑은 거룩하고 좋은 것이다. 창조주가 처음 세상을 만들 때부터 인류가 보존되도록 디자인하신 깊은 배려 중의 하나다.

구약성경에 아가서(Song of Songs)가 있는데, '아름다운 사랑 노래'라는 제목이다. 청춘 남녀가 어떻게 사랑에 빠지고, 사랑을 고백하며, 결혼하여 성적으로 즐기는가를 노래하는 책이다. 혹시 성경은 따분한 책이고 기독교는 금욕을 지나치게 강조한다는 편견을 가진 적이 있는가? 대단한 오해라는 걸 깨닫게 만들 책이다. 새로운 번역으로 한번 읽어보기를 권한다. 아가서에는 여자와 남자가 서로의 육체를 감상하고, 친밀한 성적 사랑을 은유적이지만 진하게 그리는 대목이 많이 나온다(아가서 2:10-14; 7:10-12 참조). 신랑이 신부에게, 신부가 신랑에게 보내는 사랑의 노래다. 춘향가에서 "이리 보아도 내 사랑, 저리 보아도 내 사랑" 하는, 찌릿하게 전기가 통하는 것 같은 애정 고백을 연상시킬 것이다.

그런데 참 알 수 없는 일이다. 남녀가 죽도록 좋아했는데 왜 그 아름다운 사랑이 지속되지 못할까? 한 몸을 이루어 살겠다는 그 뜨거운 사랑의 언약과 열정이 세월이 흐르면 왜 식고 마는 걸까? 왜 신혼여행 다녀와서 이혼하는 경우가 늘고, 사오십 년을 함께 살던 부부들의 황혼 이혼이 증가하는 걸까? 여기에 인간적 사랑의 한계가 있고, 에로스 사랑의 유효 기간이 존재한다. 슬프지만 현실이다. 우리 부부도 지난 45년의 결혼 생활에서 에로스 사랑만 있었다면 열 번도 더 이혼했을 것이다. 도저히 사랑의 언약을 지킬 수 없다는 걸, 나는 결혼하고 얼마 안 되어 깨달았다.

청년들을 대상으로 일해 온 덕에 나는 결혼식 주례를 자주 서는 편이다. "목사님이 대한민국에서 가장 주례를 잘 서세요"라고 아부하는 교회 청년들을 나는 좋아한다. 내가 주례를 하게 되면 우리 부부는 신랑 신부와 세 차례 결혼 예비 상담을 갖는다. 마지막 상담 시간에는 첫날 밤 맞는 법도 가르치고, 결혼 예배 순서를 의논한다.

수년 전 일이다. 신랑 신부가 될 사람들에게 결혼 서약을 잘 생각해서 결혼식에서 읽으라고 주문을 했다. 결혼식 날, 문제가 꽝 터져 버렸다. 신부가 그만 엄청난 서약을 하고 만 것이다.

"신부인 나 ○○○은 내일 아침부터 신랑의 아침밥을 날마다 지어 주고, 저녁마다 신랑의 발을 씻겨 주겠습니다."

기독교 혼인예배는 살아 계신 하나님 앞에서 하기 때문에 서약이란 신랑 신부만이 아니라 그 위에 하나님과도 언약하는 엄숙한 예식이다. 신랑이 흐뭇한 표정을 짓는 것으로 봐서 그 말을 액면 그대로 접수하는 듯했다. 주례 목사인 내가 깜짝 놀라서 얼른 교통정리를 했다.

"에이, 신부는 그런 지키지도 못할 약속은 하지 않는 거예요. 신랑은 신부의 마음만 받고 그 약속 가지고 추궁하지는 말아요. 알겠지요?"

사람은 능력이 제한되어 있어서 아무리 약속을 지키고 싶어도 못 지킨다. 그래서 자기 힘만 믿는다거나 사람을 전적으로 믿는 것처럼 어리석은 일은 없다. 하나님은 인간과 달리 반드시 언약을 지키시는 능력이 있는 분이시다. 성경은 '구 언약'과 '신 언약'으로 구성된 책이다. 구약은 예수님 탄생 이전까지 하나님이 무슨 약속을 하셨는지가 주로 기록되어 있다. 신약은 예수님이 오신 후의 약속을 기록한 책이다. 성경의 수많은 약속은 그대로 성취되었기 때문에 현대인도 하나님은 믿을 만한 분이시라고 믿는 것이다. 우리를 사랑하시기 때문에 메시아를 보내 주시겠다는 하나님의 언약은 그대로 이루어졌다. 사람이 얼마나 영특한데, 공수표나 날리는 분을 믿을 수 있겠는가?

부모의 자식 사랑, 이성 간의 뜨거운 사랑. 인생에서 이보다 아름답고 숭고한 게 어디 있겠는가. 그럼에도 인간의 사랑은 조건적 사랑이다. 그 한계를 결코 넘어설 수 없다. 남자나 여자나 서로의 필요를 채워 주지 못하면 실망한다. 사랑도 주고받아야한다. 이런 상호성이 충족되지 않으면 인간의 사랑은 지속될 수 없다. 부모와 자식 간의 사랑도 조건적이 되고 있는 건 슬프지만 현실이다. 얼마 전에 한 청년이 결혼을 앞두고 고민을 털어놓았다. 자기가 좋아하는 여자에게 어렵사리 결혼을 허락 받았으나, 부모님이 격렬히 반대하신다는 것이었다. 알고 보니, 예단이 너무 적다는 이유에서였다. 얼마나 가슴 아픈 일인가.

하나님의 사랑은 우주에 하나뿐인 사랑, 아가페 사랑, 무조건적 사랑이다. 받지 않고서도 철저히 자기를 주는 희생적 사랑이다. 아가페 사랑이 말로만 존재하고 현실이 되지 못한다면 얼마나 슬픈 일인가? 그런데 하나님은 그 사랑을 우리에게 알려 주고 느끼게 해주고 그 사랑을 받아들일 수 있도록 배려하셨다. 하나님의 아들 예수 그리스도를 이 세상에 보내신 것이다.

예수님은 어쩌다가 훌륭한 인물로 태어나서, 귀한 교훈을 남기고 놀라운 업적을 성취했기 때문에 후손들이 "인류 역사의 사대 성인 중 하나"로 추대하듯 하나님의 아들이라는 칭호를 부여한 것이 아니다. 예수님이 태어나기 수천 년 전부터 하나님은 죄를 범하고 탕자같이 방황하는 인류를 구할 계획을 세우셨다. 사랑 때문이다. 하나님의 사랑은 사람들의 사랑처럼 무엇을 해주었기 때문에 사랑하는, 'because of'의 조건적 사랑이 아니다. 우리가 하나님을 배반한 죄인임에도 사랑하는 'in spite of'의 사랑, 절대적 자기희생의 아가페 사랑이다. 하나님이 우리에게 원하시는 건 바로 그 사랑에 항복하는 것, 'Surrender to Love'이다.

그 사랑으로

수년 전, 서울의 각 대학 '기독인연합' 대표들과 함께 북한과 중국 접경 지역을 여행하며 통일한국을 위해 기도한 적이 있다. 하루는 어느 대학 대표와 비행기 좌석에 나란히 앉게 되었다. 내가 부탁했다. 좋은 가요를 가르쳐 줄 수 있냐고. 그래서 배운 노래가 해바라기의 '사랑으로'다. 연변과기대를 방문해서 중국의 조선족 대학생들에게 재료공학을 가르치는 정진호 교수의 부인에게 들은 말인데, 그곳에선 학생들의 정서 교육을 위해 음악 시간에 이 노래를 교가처럼 가르친다고 했다.

하나님의 아들 예수 그리스도는 사랑의 계명을 가르치셨다. 기독교 신앙을 알려면 사랑의 계명을 기억해야 한다. 계명이란 하나님이 인간에게 지키라고 명하신 말씀을 가리킨다. 계명 중에서 어느 계명이 가장 중요하냐는 어느 구도자의 질문에 예수님은 이렇게 답하셨다.

> 예수께서 이르시되 네 마음을 다하고 목숨을 다하고 뜻을 다하여 주 너의 하나님을 사랑하라 하셨으니 이것이 크고 첫째 되는 계명이요 둘째도 그와 같으니 네 이웃을 네 자신 같이 사랑하라 하셨으니 이 두 계명이 온 율법과 선지자의 강령이니라(마태복음 22:37-40).

사람이 사는 이유는 사랑 때문이다. 부모의 사랑 때문에 내가 태어났고, 살아가는 동안 하나님을 사랑하고 이웃을 내 몸처럼 사랑하는 것이 인생의 의미요 사명이다. 그런데 사랑의 계명을 순종하려 할 때 이런 질문이 생긴다.

"사랑을 어떻게 하는 거지요?"

심리학자 에리히 프롬이 말한 대로 사랑에도 기술이 필요하다. 기술은 암기해서 배우는 게 아니다. 스승이 하는 걸 지켜보고, 자꾸 시도해 보고, 실수하면서 익히는 것이다. 예수님은 이렇게 말씀하셨다.

내가 너희를 사랑한 것같이 너희도 서로 사랑하라(요한복음 13:34).

사람은 먼저 예수님의 사랑을 받아야 한다. 부모에게서 사랑을 많이 받고 자란 사람이 다른 사람을 사랑하게 된다. 전에 고아원에서 자란 고등학생 세 명을 데려온 선생님과 함께 집에서 식사를 한 적이 있다. 그 선생님의 말에 참 마음이 아팠다. 아이들이 늘 식판으로 식사를 했기 때문에 집에서 이렇게 상을 놓고 밥을 먹어 보지 못했다는 것이다. 그리고 아빠가 엄마에게, 엄마가 아빠에게 어떻게 하는지 본 적이 없어서 결혼하고서도 얼마 안 가 가정이 깨지는 일이 많다는 것이다. 사랑이란 배우는 것이다. 그러고 나서 남에게 베푸는 것이다.

그런데 우리가 눈에 보이지도 않고 손으로 만져 볼 수 없는 하나님이 나를 사랑하신다는 걸 어떻게 알 수 있을까? 하나님은 창조주기 때문에 인간의 체질을 잘 아신다. 그래서 우리가 그 음성을 듣고, 눈으로 볼 수 있고, 내 손으로 만져 볼 수 있도록 하나님의 아들을 사람으로 이 세상에 보내신 것이다. 그가 예수 그리스도시다. 우리가 하나님의 사랑을 느끼며 감사할 수 있는 것은 전적으로 예수님을 통해서다. 예수님의 십자가 사랑은 완전하고 영원한 아가페 사랑의 증거다.

초기 기독교인들을 체포해서 옥에 잡아넣고 죽이는 일에 앞장섰다가 회심했던 바울이란 사도가 있었다. 그는 하나님의 사랑을 깨달은 뒤 이렇게 말한다.

> 우리가 아직 죄인 되었을 때에 그리스도께서 우리를 위하여 죽으심으로 하나님께서 우리에 대한 자기의 사랑을 확증하셨느니라(로마서 5:8).

그러므로 기독교 신앙이란 '하나님의 사랑이 무엇인지를 깨닫고, 배우며, 그 사랑을 실천해 가는 과정'이라고 요약할 수 있다. 먼저 창조주 하나님 아버지를 사랑하고, 이웃을 사랑하고, 나를 사랑해야 한다. 예수님은 심지어 원수까지도 용서하고 사랑하라고 명하신다.

보스턴 대학교를 방문한 적이 있다. 대학의 상징인 마쉬 채플 옆 기둥에 마틴 루터 킹 목사가 학위를 받는 사진과 그를 기념하는 철제 상징 조형물이 서 있었다. 대학교 4학년 때 나는《나의 인생철학》이란 킹 목사의 설교집에서 '완전한 삶의 3차원'이란 글을 읽었다. 우리가 창조주 하나님이 바라는 완전한 인생을 살려면, 하나님 사랑, 이웃[사람] 사랑, 자기 사랑이 균형을 이루어야 한다는 내용이다. 현대의 청년 대학생들은 지나치게 자기 사랑에만 빠져 인생이란 건물을 지어 나가는 데 한쪽으로 심하게 기울어져 있다. 그래서 균형을 잃고 붕괴되는 인생이 되고 마는 것 같아 안타깝다. 이 글을 읽고 있는 그대여! 사랑을 배워 보

지 않겠는가? 하나님 사랑, 이웃 사랑, 자기 사랑! 그 사랑으로 살지 않으려는가?

아버지 하나님, 당신을 믿고 사는 게 나의 자유를 억압하는 건 아닌가, 옹졸한 종교적 인간이 되는 건 아닌가 생각했습니다. 그래서 내 마음이 원하는 대로, 세상 사람들이 사는 대로 살아왔습니다. 하나님을 떠나 살면 자유로울 줄 알았는데, 오히려 탐욕과 두려움에 얽매여 노예처럼 피곤하고 비참해지는 걸 깨달았습니다. 탕자 같은 저를 불쌍히 여겨 주십시오. 이제 삶의 방향을 돌이켜 아버지 하나님께로 돌아가려 합니다. 그간 아버지의 사랑을 배반했던 죄를 용서해 주십시오. 저를 당신의 자녀로 받아 주십시오. 저를 사랑하시고 영접해 주시는 아버지 품을 떠나지 않겠습니다. 아버지 안에 있는 풍성함과 즐거움, 그 무한한 사랑을 마음껏 누리고 싶습니다. 지금부터는 하나님을 사랑하고 나를 사랑하고 이웃을 사랑하는 온전한 삶을 살도록 도와주실 줄 믿습니다. 예수님 이름으로 기도합니다. 아멘.

히에로니무스 보슈_〈인생의 여로〉
패널에 유화, 135×90cm, 엘에스코리알, 산로렌초 수도원.

6. 구원의 은혜

중학교 시절, 국어 시간에 선생님은 도스토예프스키의《죄와 벌》을 이야기로 들려주셨다. 그 후 죄에 대한 벌이 얼마나 무서운지 늘 생각하며 살게 됐다. 죄는 벌을 부른다.

중학교 2학년 때, 사흘간 가출했다 집에 돌아오자마자 나는 형한테 허리띠로 얻어맞았다. 아버지가 퇴근하신 후에는 방망이로 맞았다.

이상하게 매를 맞고 나니 시원하고 후련했다. 사실 집을 나가 돌아다니는 동안 아버지께 매를 맞을 생각이 더 두려웠던 것 같다. 누군가 믿을 만한 사람이 "내가 아버지께 잘 말씀드릴 테니 이제 집에 가자"고 나를 이끌어 주었다면 좀더 일찍 집으로 돌아왔을지도 모른다. 어쨌거나 형과 아버지께 맞은 종아리는 아려 왔지만 마음이 편했다. 왜였을까? 그건 내가 범한 죄에 대해 벌을 받았기 때문이다. 그게 아버지께 맞은 처음이자 마지막

매였다. 가출 중에 술 마시며 돌아다니느라 등록금을 다 써버렸는데, 아버지는 이튿날 아무 말씀 없이 등록금을 내주셨다. 감사하고 죄송하고 착잡한 심정이었다. 그 후 아버지 어머니 속을 썩이는 행동은 별로 하지 않은 것 같다.

하나님은 우주의 도덕적 질서를 세우시려고 죄에는 벌이 따르게 하셨다. 하나님을 안 믿는 사람도 죄를 지으면 벌 받는다는 생각이 본래 마음 판에 새겨 있다. 죄를 범했는데도 발각되지 않고 사회법으로도 처벌받지 않으면 자기가 자기에게 벌을 내린다.

우리는 조상으로부터 유전된 죄의 본성을 타고 난 죄인이다. 이것을 기독교에서 '원죄'(original sin)라고 한다. 이 교리에 대해서는 반대가 많고 지금도 예수를 믿으려는 사람들에게 걸림돌이 되기도 한다. 그러나 나이를 먹고, 또 자식을 낳아 길러 보면 인간에게는 원천적으로 죄의 씨가 있다는 것을 체험으로 인정하지 않을 수 없다.

원죄를 지닌 인간은 살면서 '실행 죄'(actual sin)를 저지른다. 우리는 죄인으로 태어나 죄를 범하게 되며, 또한 죄를 범해서 죄인인 것이다. 도덕적으로 죄를 범해서 죄인이요, 도덕적으로 깨끗하다고 주장해도 하나님을 인정하지 않는 것은 신앙적인 죄를 저지르는 것이다. 인간은 누구나 죄인이며, 구원이 필요한 존재다.

예수를 믿은 후 나는 영혼 저 깊은 곳에서 우러나오는 감격을 누리게 되었다. 새로운 생명은 그전과 질적으로 전혀 다른 삶이었다. 마음에 감사, 기쁨 그리고 평화 같은, 돈으로 살 수 없는 것들을 얻었다. 캠퍼스를 걸어가다 마주치는 나뭇잎, 풀포기, 돌멩이들까지 전에는 무심하게 지나치던 것들인데 새롭고 아름다워 보였다. 무관심했던 친구들이 사랑스러워 보이기도 했다. 참 이해할 수 없는 일이 내면에 일어난 것이다. 한참 동안 부르고 또 부르던 노래가 있다.

"나 같은 죄인 살리신 주 은혜 놀라워"

이 노래는 18세기 노예선 선장으로 끔찍한 죄를 짓던 존 뉴턴이 예수를 믿고 구원의 은혜를 체험한 후 쓴 시인데, 내 심경을 그대로 표현한 것 같았다. 내가 지금도 캠퍼스에서 열리는 '복음 축제'에서 메시지를 전하면서 자주 부르는 찬송이다. 사람은 '구원'이 필요한 존재다. 악과 고통, 죽음에서 구원이 필요하지 않은 인간이 어디 있겠는가. 구원이란 개념은 모든 고등 종교에서 제시하는 것이다. 그렇다면 기독교 복음에서 말하는 구원은 어떻게 다른 것일까?

구원은 어느 종교에나 있는 것일까

"산 정상에 오르는 길은 여러 갈래다. 어느 종교든 과정은 다르지만, 구원이라는 정상에 도달한다는 점에서 동일하다. 그러므로 모든 종교는 다 같다."

종교 다원주의자들의 주장이다. 20세기 후반, 다원주의가 사상세계를 지배하면서 사람들은 종교 다원주의를 더 많이 추종하고 있다. 종교는 인류의 보편적 현상이다. 종교는 시대와 장소, 인종에 따라 그 형태는 달라도 자기 나름대로 인간을 고통과 죽음에서 구원해 주는 길을 제시한다.

한국은 종교 다원주의 측면에서 보면 세계 최고 선진국이다. 삼국시대부터 지금까지 우리는 원시 샤머니즘, 불교, 도교, 유교, 대종교, 단군교, 기독교가 비교적 평화롭게 공존해 온 특별한 사회다. 물론 특정 종교를 억압하고 한 종교를 통치 이념으로 삼으려는 시도가 있었고 순교자들도 있었지만, 그렇다고 종교 내란이 일어난 경우는 없었다. 종교 근본주의자들을 용납하지 않는 너그러운 백성이다. 수년 전, 극소수 이단적인 기독교 근본주의 그룹에서 단군상의 목을 자르는 야만 행위를 저질러 국민의 분노를 산 적이 있다. 같은 기독교인으로서 용서를 구하는 심정이다.

세계사를 보면 기원전 6세기 경부터 다양한 종교가 생겨났다. 학자들은 구원의 길을 제시하는 종교의 성격을 크게 여섯 가지로 나눈다.

1) 의식주의(儀式主義, ritualism): 신에게 정교한 제사 의식을 행함으로써 구원받을 수 있다는 신앙 형태로, 무당이나 사제를 중개자로 한 원시종교, 브라만교가 해당한다.

2) 무신론(atheism): 신은 존재하지 않고, 고통을 잊는 쾌락을 통해 구원에 이른다는 일종의 신앙 형태다. 에피큐리언주의, 성실을 주장하는 무신론적 실존주의도 해당한다.

3) 불교나 금욕적 수도원주의: 세속의 모든 욕망을 버리는 금욕적 수도를 행함으로써 구원에 이른다고 믿는다.

4) 도덕주의(ethicism): 도덕적으로 바른 행위를 통해 구원에 이른다고 믿는 신앙 형태다. 조로아스타교, 유교, 아리스토텔레스·스토아 철학, 인본주의 등이다.

5) 범신론적 일원론(pantheism, monism): 자연 등 절대자와의 합일을 통해 구원에 이른다고 믿는다. 도교, 신플라톤주의, 이상[관념]주의, 뉴에이지 운동이 여기 속한다.

6) 유일신론(유대교, 이슬람교): 유대교는 야훼, 이슬람교는 알라가 명한 율법에 철저히 복종하여 구원에 이른다는 신앙으로, 율법주의 신앙이라고 한다.

여기에 덧붙일 것은, 현대 사상 중에서 종교적 기능을 행하는 이념들로, 공산주의, 인본주의, 자본주의다. 공산주의는 스스로 실패했고, 현재 인류가 숭배하는 것은 인본주의와 자본주의다. 인본주의는 인간 이성의 힘, 곧 교육, 과학 기술의 지속적인 발전을 통해 인간은 성숙해지고, 질병과 고통을 극복하며, 이상향을 건설할 수 있다는 주장이다. 물론 그들은 인간 본성의 선함과 지성의 무한한 진화를 믿는다. 그들의 주장은 20세기 두 차례의 참혹한 전쟁을 겪으면서 무너졌지만 아직도 지식인층에서 종교 역할을 대행하고 있다. 자본주의의 폐해는 우리가 지금 처절하리만치 경험하고 있다. 현대인은 "돈만 있으면 무엇이든 할 수 있다"며, 맘몬이라는 전능한 신을 숭배하고 자기 몸을 맘몬의 제단에 바치고 있다.

지식인들 사이에 인기가 있는 반종교주의의 오만과 편견도 경계해야 한다. 인류를 미신에서 해방시킨다면서 18세기부터 일어난 반종교주의가 19세기에 체계화되고, 20세기에는 인류의 반 이상을 지배하는 이데올로기가 되었다. 그러나 지난 200년간 이 반종교주의가 인류에게 어떤 해를 끼쳤는지 잊지 말아야 할 것이다.

러시아 볼셰비키 혁명 과정에서 백만 명이 넘는 사람들이, 모택동 시절 수천만 명이, 캄보디아의 크메르 루주에 의해 수백만 명이, 김일성의 공산주의자들에 의해 수백만 명의 인민들이 살해되었다. 그 참혹한 역사 현장의 근원에는 "종교는 인민의 아편"이라는 마르크스의 광적이리만치 반종교주의적인 사고가 있었다. 현대 세계도 유대교, 기독교와 이슬람 간의 갈등을 비롯하여 다른 종교에 대한 관용이 없는 종교 근본주의로 파국을 향해 가고 있는 듯하다. 우리 사회에서도 일부 종교인의 탈선이 보도될 때마다 종교를 멸시하고 그 무용성과 해악성만 강조하는 악플들이 넘쳐나는 것은 위험천만한 일이다.

흔히 고등종교라 불리는 종교들은 인류에게 큰 도움을 주었다. 찰나를 살다 가는 인간 존재의 유한성을 직시하게 하고, 영원을 사모하게 하며, 인간의 외면보다 내면을 직시하게 돕는다. 종교는 사람을 근본적으로 겸손하게 만들어 준다. 공통적으로 고등종교는 자기 욕심을 버리고, 남을 불쌍히 여기며, 도덕적으로 바르게 살도록 가르친다. 지성을 깨우고, 양심대로 살도록 하며, 재앙을 당할 때 안정과 위로를 주는 긍정적인 점이 있다. 특히 한국인은 지난 천 년 이상을 수준 높은 종교의 도움으로 꽤 고상한 민족이 되었다. 이 점을 감사해야 하며, 다른 종교인들을 존중해야 한다.

"다른 종교와 어떤 관계를 가져야 하는가. 우선 겸손한 태도로 많이 배워야 한다. 다른 종교인들의 신앙을 배운다고 자신의 신앙이 없어진다면, 그 정도 수준의 신앙은 차라리 없는 게 낫다."

돌아가신 강원용 목사의 말이다. 나도 《금강경》, 《논어》, 《노자》, 《코란》, 《천주교 성경》 등을 틈틈이 읽으며 배우려고 한다. 종교가 다른 사람에 대해 기본적인 존경심을 갖고 있다.

그러나 구원의 진리에 대해서만큼은 종교마다 타협할 수 없는 도그마가 있다. 구원 방법에 대해 기독교 외의 다른 종교에는 공통점이 있다. 구원이 자기 행위에 달렸다는 믿음이다. 자기 노력으로 구원을 얻는 자력주의(自力主義)다. 그러나 기독교는 인간의 노력과 선행으로는 구원을 얻을 수 없다고 믿는다. 내 힘으로 죄와 죽음을 이길 도리가 없는 것이다. 그렇다고 구원을 위한 인간의 노력을 완전히 무시한다는 말은 아니다.

구원은 인간의 내재적인 힘으로는 불가능하고, '외부로부터' 주어져야 한다. 홍수가 나서 급류에 떠내려가는 사람에게 아무리 살아나라고, 수영을 이렇게 저렇게 해보라고 소리쳐도 소용없다. 밖에서, 위로부터 119 구조대가 와야 한다. 하늘에서 헬리콥터로 구원의 줄을 던져야 한다.

예수만이 유일한 구원자일까

유한한 인간이 자기 힘으로 버둥거리며 사다리를 타고 하늘까지 올라가야 구원을 얻는 것이 아니라, 하나님이 하늘에서 땅으로 내려와 구원해 주신다는 것이 기독교 복음의 핵심이다. 기독교에서 말하는 구원은 어떤 희망적인 생각이나 종교적 선행, 신비적 경험에 의존하는 것이 아니다. 2천 년 전, 이스라엘 땅에 하나님이 그의 아들 예수를 구주로 보내신 역사적 사실에 근거한 것이다. 구원은 예수 그리스도께서 우리 죄를 위해 죽으신 십자가를 통해 조건 없이 은혜로 주어지는 선물이다. 선물은 돈 내고 사는 것이 아니라 공짜로 주어지는 것이다. 그래서 '복음' 곧 '기쁜 소식'이라고 한다.

하나님은 '예수'라는 이름을 친히 지으셨다. 기독교를 조롱

하는 사람들이 이 귀한 이름을 "이런, 우라질, 제기랄, 어머나" 등의 뜻으로 욕되게 사용하지만, 복음서를 읽고 예수님을 알게 되면 "천지에 있는 이름 중 귀하고 높은 이름…… 주 앞에 내가 엎드려 그 이름 찬송함은 내 귀에 들린 말씀 중 귀하신 이름 예수"라고 소리 높여 찬양하게 하는, 세상 어느 이름과도 비교할 수 없는 영광스런 이름이다.

> 아들을 낳으리니 이름을 예수라 하라 이는 그가 자기 백성을 그들의 죄에서 구원할 자이심이라 하니라(마태복음 1:21).

예수는 '죄에서 구원할 자'라는 의미가 담긴 이름이다. 이름이 그 존재 자체를 가리키므로, 그리스도인들은 '예수'라는 이름을 소중히 여긴다. 다른 종교가 사상적으로나 도덕적으로 좋은 영향을 미친다는 것은 인정하지만, 기독교는 인류를 죄와 고통과 죽음에서 구원하는 길은 오직 하나님의 아들 예수 그리스도를 통해서만 온다고 믿는다. 기독교 신앙의 이런 태도를 독단적이고 배타적이라고 오해하기도 한다. 그러나 둘 빼기 하나는 하나(2-1=1)이지 다른 답이 없는 수학의 진리처럼, 하나님이 정하신 구원의 진리는 유일한 것일 수밖에 없다. 기독교가 처음 전파되기 시작할 때부터 사도 베드로는 이렇게 선언했다.

다른 이로써는 구원을 받을 수 없나니 천하 사람 중에 구원을 받을 만한 다른 이름을 우리에게 주신 일이 없음이라 하였더라(사도행전 4:12).

그리스도인이 되기 전에는 내가 괜찮은 사람이라고 자부하고 있었다. 하지만 성경을 읽으면서 나야말로 비참한 죄인이요, 예수님의 은혜와 사랑이 아니고는 쓸모없는 자라는 사실에 절망하지 않을 수 없었다. 자아가 무너지고 부서지는 경험이었다.

예수님은 우리를 죄와 죽음에서 구원하러 이 세상에 오신 분이다. 그러므로 구원이 필요한 존재라는 사실을 인정하지 않는 한, 기독교의 복음은 의미가 없다. 내가 죄인임을 인정하지 않으면 예수님과 나는 아무 상관이 없다. 현대인은 '죄'를 인정하지 않으려 한다. 죄의 실재와 그 심각성을 인정하지 않고, 오히려 죄를 합리화하거나 죄를 조장하는 분위기 속에 살고 있다. 그래서 죄 문제를 해결해 주시는 예수의 복음이 별로 절실하지 않은 것 같다. 그러나 기독교 복음은 사람이면 예외 없이 다 죄인이며 죄의 결과로 죽음이 왔다고 선언한다. 죄를 인정하지도 않는 사람에게 죄를 용서하는 그리스도의 은혜나 하나님의 사랑이 무슨 의미가 있겠는가?

모든 사람이 죄를 범하였으매 하나님의 영광에 이르지 못하더니

(로마서 3:23).

죄의 삯은 사망이요(로마서 6:23).

성경은 하나님을 인정하지 않고 믿지 않는 것, 하나님의 명령에 불순종하는 것을 '죄'라고 말한다. 죄를 인정하느냐, 인정하지 않느냐에 따라 인간에 대한 이해, 세상에 대한 이해에는 극단적인 차이가 생긴다. 아무도 없는 곳에서 가만히 자기 자신을 들여다보라. 그리고 우리 사회의 현상을 정직하게 판단해 보라. 죄를 인정하지 않고 어찌 삶과 세상을 바르게 설명할 수 있겠는가?

예수님은 우리 죄인을 구원하러 오신 구세주시다. 고통과 죽음은 하나님을 배반한 죄의 결과이므로, 죄에서 구원을 받으면 고통과 죽음에서도 구원을 받는다. 예수님이 죄에서 구원해주시는 일은 우리의 과거, 현재, 미래에 걸쳐 완전무결하게 펼쳐진다. 그 의미를 곰곰이 생각해 볼 필요가 있다.

과거의 죄를 용서하심

예수님의 십자가 죽음은 우리가 과거에 저지른 죄에 대한 책임에서 벗어나게 해준다. 선한 양심이 자꾸 죄를 생각나게 하고 고발하며 "너 왜 그랬어?" 하고 상처에 또 채찍을 가한다. 이것을 양심의 가책이라고 한다. 내가 아는 한 형제는 갓 난 조카와 함께 잠을 자다가 그만 자기 발을 아기 몸 위에 얹어 놓고 말았다. 깨어 보니 아기의 숨이 끊어져 있었다.

"내가 조카를 죽이다니……."

그는 죄책감에 시달렸다. 초등학교 시절의 악몽 같은 경험은 이 형제를 집요하게 괴롭혔다. 대학에 들어와 친구 소개로 내가 인도하던 모임에서 예수님의 십자가를 통한 죄 사함의 복음을 영접하기 전까지 그는 늘 질병에 시달렸다. 그 형제는 자기 누나와 매형, 다른 조카에게 죄를 속하려는 심정으로 최선을 다해 돌봐 주었다. 때로는 술로써 잊으려 했고, 성실하게 다른 일에 몰두해 보려 애쓰기도 했으나, 그 악몽에서 벗어날 수 없었다. 예수님이 그 죄를 용서하셨다는 복음을 영접하자, 그는 죄의식의 감옥에서 석방되었다. 그는 예수님의 십자가 은혜를 경험한 후, 수많은 친구와 후배들에게 죄 사함의 복음을 전하는 일에 헌신했다. 공부도 열심히 했다. 그는 자기 전문 분야에서 성공하여 사회적으로 존경받고 있고, 훌륭한 남편이자 아버지가 되었으며, 섬기는 교회에서도 중요한 역할을 감당하고 있다.

사람이 실수로 죄를 범하는 경우도 있지만, 고의로 저지르는 경우도 있다. 시골에서 자란 한 자매가 있었다. 우리 집에서 함께 살던 이 자매는 밤에 잠을 자다가 소스라치게 놀라며 비명을 지르고 가위눌리는 일이 잦았다. 후에 우리 부부와 대화를 나누다가 잠재의식 속에 숨겨져 있던 아픈 기억이 꿈에 나타난다는 고백을 들었다. 중학교 시절 친구들과 수영을 하고 있었는데, 갑자기 강물이 불어나 물살에 휩쓸리게 되었다. 함께 놀던 친구가 허우적거리다가 그 자매 발을 잡았다. 자기도 빠져들어 가는 위급한 상황이어서, 본능적으로 발길질해서 친구의 손길을 뿌리쳤다고 한다. 결국 그 친구는 죽고 자기만 살아났다. "내가 살려고 친구를 죽여?" 그 자매는 이 일을 잊으려고 무던히 애썼지만 그럴수록 죄책감에서 벗어날 수 없었다고 한다.

우리 부부는 자매에게 예수 십자가의 의미를 오랜 시간 설명했다. 왜 사랑하는 친구를 살리고 나 자신이 죽을 수 없었던가? 이것이 인간의 한계다. 하나님을 떠난 인간은 능력도 지혜도 다 제한된 존재다. 인류의 조상 아담에게서 유전되어 우리 피에 흐르는 것은 어쩔 수 없이 죄를 범하는 유전자요, 스스로 죄를 극복할 수 없고, 죄로 고통당하다 죽어야 하는 운명을 지닌 유전자다. 피를 바꾸는 것밖에 인간의 죄 문제를 근본적으로 해결할 수 있는 길이 없다. 십자가에서 죽으신 하나님의 아들은 전혀 죄가 없는 분이지만, 우리 죄를 대신 담당하셨다. 나의 죄는 그분에게 전가되었고, 그분의 의는 나에게 옮겨진 것이다. 예수를 믿는다는 건 예수님이 나의 죄 문제를 근본적으로 해결해 주셨음을 믿는 것이다.

이런 복음이 세상 어디에 있겠는가? 예수 십자가의 의미를 깨달은 그 자매는 친구를 죽였다는 죄책감에서 벗어나면서 얼굴이 환해지고, 인생을 밝게 살기 시작했다. 소식이 끊겨 근황을 모르지만, 건강하게 예수를 믿고 다른 사람을 위해 잘 살리라 확신한다. 하나님의 약속의 말씀은 죄책감에 시달리는 우리에게 진정한 복음이다.

> 만일 우리가 죄가 없다고 말하면 스스로 속이고 또 진리가 우리 속에 있지 아니할 것이요 만일 우리가 우리 죄를 자백하면 그는 미쁘시고 의로우사 우리 죄를 사하시며 우리를 모든 불의에서 깨끗하게 하실 것이요(요한일서 1: 8, 9).

현재 죄의 권세로부터의 자유

예수님의 십자가는 우리를 속박하는 죄의 사슬을 끊고 영혼의 자유를 준다. 신앙 상담을 하며 깨달았지만, 사람이 몰라서 저지르는 죄보다는 알면서도 저지르는 죄가 더 많다. 특히 청년들은 성적 유혹을 이기는 게 거의 불가능하다. 남자들이 동물적 욕망에 사로잡혀 죄를 지으면, 여자는 남자의 눈에 더 잘 띄기 위한 본능에 사로잡힌다고 한다. 어느 심리상담학자는 성적 욕망이 자극을 받으면 마치 용 같은 괴물이 트림하듯 솟구쳐 올라오는 것과 같으므로 이 용을 죽이는 수밖에 없다고 했다. 숱한 여자를 성폭행하고 어린 소녀를 죽이기까지 한 범인이 이런 고백을 한 적이 있다.

"내 안에 괴물 같은 것이 있어서 또 범할 수밖에 없었다. 차라리 날 죽여 달라."

인간의 의지와 교양, 마음 수련으로 절제가 가능하다면 이처럼 성도덕이 무너지지는 않을 것이다. 전국 각지의 대학촌과 고시촌, 그리고 유학생 가운데는 동거 커플이 급증한다. 외로운 데다가 경제적 도움도 되고, 성적 욕망을 이길 수 없기 때문이다.

학교에서는 커닝, 실험 조작 등을 버젓이 한다. 그들은 후에 사회에 나가 탈세, 사기, 병역기피, 위장 전입, 논문 표절, 부동산 투기, 뇌물 수수, 룸살롱 접대, 성폭행 등은 물론 청부 살인까지 저지를 것이다. 어느 어선 선장은 정신지체 장애인들을 유혹해서 평생 무임금으로 노동을 착취하고 그들이 죽으면 바다에 수장했다. 마음으로 범죄하지 않는 인간이 어디 있겠는가? 터진 하수구에서 구정물 올라오듯, 인간의 마음속에서는 더러운 죄악이 끊임없이 솟구친다.

세상이 왜 '도가니'가 된 것일까? 중독에 빠져 자기 인생과 가족을 학대하는 사람들을 참 많이 만났다. 알코올 중독, 도박, 거식증, 낭비벽, 빚 내서 명품 사고 사치하는 습관, 인터넷 상의 게임이나 포르노 중독 등, 자기 의지로는 어쩔 수 없는 사슬에 포로처럼 묶여 있는 사람들이 생각보다 많았다. 우리는 사람들 앞에 나아갈 때면 교양 있고 그럴 듯하게 보이지만, 혼자 있을 때엔 추한 상상과 죄의 습관에 물든, 그저 불쌍한 죄인일 뿐이다.

예수님은 과거의 죄를 용서하실 뿐만 아니라, 현재 우리를 붙잡고 놓지 않는 습관적인 죄의 중독 상태에서 구원해 주신다. 예수님의 피는 생명력이 있고 어떤 죄의 세력도 파할 수 있는 권능이 있다. 예수님을 믿는다는 것은 나의 옛 사람을 예수님과 함께 십자가에 못 박아 죽이는 것이다. 쉽게 이해되지 않겠지만 성경이 가르치는 진리이기 때문에 마음에 담아 두면 된다. 예수님이 믿는 자의 영혼에 성령으로 들어오셔서 우리 속에 왕처럼 지배하고 있던 괴물을 십자가에 영영 못 박고 우리를 얽어맨 사슬에서 해방시켜 주신다.

구원의 다른 표현이 '구속' 또는 '속량'(redemption)이다. 로마의 노예시장에서 많이 쓰던 말인데, "노예를 값을 치르고 사서 자유 시민으로 해방시켜 준다"는 뜻이다. 예수님을 믿는 것은 그의 십자가의 사랑과 성령의 도움으로 우리가 죄의 권세로부터 해방되어 자유를 얻게 되었다는 뜻이다. 사도 바울은 이렇게 설명한다.

> 그러므로 이제 그리스도 예수 안에 있는 자에게는 결코 정죄함이 없나니 이는 그리스도 예수 안에 있는 생명의 성령의 법이 죄와 사망의 법에서 너를 해방하였음이라(로마서 8:1-2).

죄에 대한 벌을 면제해 주심

헤어진 지 30여 년 만에 한 자매를 만났다. 이제 60대에 접어든 그 자매는 우리 부부에게 그간 신앙생활 하면서 겪은 힘든 경험과 하나님이 주신 복을 거의 네 시간 동안 쉬지 않고 쏟아 놓았다. 그녀는 전문의요, 남편과 두 아들이 다 박사인 가정의 주부요, 교회의 교육부장을 맡고 있는 권사로서 보람 있게 살고 있었다. 그녀가 한 말 중에서 몇 마디가 기억에 남는다.

"예수 믿으면 죽어서 천국 가는 것뿐 아니라, 이 세상에서 천국을 맛보고 사는 것 아닌가요? 전 천국을 맛보며 살고 있거든요! 본과 1학년 때 목사님이 가르쳐 준 성경 말씀이 제 인생을 이처럼 바꾸어 주었지요. 전 심한 공주병을 앓았고, 멋 내는 것에만 관심 있었는데, 창세기 1장에서 나의 존재 목적, 의미, 존재 가치를 깨닫고 하나님을 믿기로 했거든요. 그리고 그다음 방학 때, 목사님이 로마서를 가르치시는데, 1장 21절 "하나님을 알되 하나님을 영화롭게도 아니하며 감사하지도 아니하고 오히려 그 생각이 허망하여지며 미련한 마음이 어두워졌나니"라는 말씀을 풀어 주시는데 가슴이 쿵! 하고 충격을 받았어요. 난 죄 없이 착하게 살았다고 생각했는데, 아, 내가 이런 죄인이었구나! 하고 깊이 깨닫게 됐지요."

그 자매는 중요한 복음의 내용을 덧붙였다.

"내가 죄인인 걸 깨닫고 또 예수님의 피로 용서받았다는 복음을 믿음으로 영접하게 됐지요. 그 후 지금까지 전 하나님의 사랑을 한 번도 의심하지 않고 살아올 수 있었던 것 같아요. 그리고 공주병에서 해방되어 다른 사람 사랑하고 섬기는 걸 인생의 보람으로 여기며 사니까 얼마나 자유로운지 몰라요!"

그렇다. 우린 도덕적 죄만 죄라고 생각한다. 도둑질하거나 간음하거나 거짓말하는 것은 죄라고 여긴다. 하지만 하나님과의 관계에서 저지르는 영적 죄의 심각성을 잘 모른다. 생각해 보자. 내가 아무리 착하고 공부 잘하며 도덕적으로 잘못이 없더라도 부모를 향해 "당신이 날 낳는 걸 보지 못했으니까 부모로 인정하지 못 하겠어요" 한다면 그보다 더 부모 가슴에 못을 박는 죄가 있을까? 차라리 잘못 많고 약점 많아도 부모를 공경하고 "아버지, 어머니 고마워요"라고 감사를 표현하는 자식이 좋은 자식 아니겠는가.

죄에 대한 벌로 인간은 수치, 고통, 질병, 장애, 상처를 받고 산다. 하나님과의 관계가 깨어지면 인간관계도 어긋나고, 나 자신과도 갈등을 겪는다. 인간 영혼에는 깊은 어둠, 슬픔, 무의미와 허무, 불안과 두려움이 자리 잡고 있다. 죄에 대한 벌을 받겠지, 하는 존재론적 불안과 공포 때문이다. 성경은 이런 상태가 모두 인간이 저지른 죄에 대해 공의로운 하나님이 내린 벌 때문이라고 설명한다.

인간이 어쩔 수 없는 본능으로 죄를 짓고, 그 죄에서 벗어날 수 없다는 걸 아시면서도 벌을 내리시는 하나님은 너무 잔인하지 않으신가? 아니다! 하나님은 공의로우시며 동시에 사랑이 많으시다. 진리로 심판하시면서도 은혜로 용서하고 감싸 주시는 하나님이시다. 매를 때리시고 어루만져 고쳐 주시는 아버지시다. 하나님은 인류의 모든 죄에 대한 벌과 저주를 대신 지도록 그의 아들 예수 그리스도를 십자가에 못 박혀 죽게 하신 것이다. 그 결과로 우리를 죄벌에서 면제시켜 주셨다. 이것이 십자가의 깊은 뜻이다.

사도 베드로는 예수님의 십자가 앞에서 겁을 먹고 도망간 비겁한 사람이었다. 그리스도를 부인한 죄의식에 사로잡혀 자기를 학대할 수도 있었다. 그러나 후에 예수님 희생의 뜻을 깨닫고 십자가의 의미를 설명하는 이런 편지를 남겼다.

> 친히 나무에 달려 그 몸으로 우리 죄를 담당하셨으니 이는 우리로 죄에 대하여 죽고 의에 대하여 살게 하려 하심이라 그가 채찍에 맞음으로 너희는 나음을 얻었나니 너희가 전에는 양과 같이 길을 잃었더니 이제는 너희 영혼의 목자와 감독 되신 이에게 돌아왔느니라(베드로전서 2:24-25).

화해의 십자가

어느 지방 도시에서 후배 목사에게 들은 말이다.

"여기서 십자가는 혐오 시설에 속해요."

십자가가 21세기 한국에서만 사람들에게 미움을 받는 상징은 아니다. 로마 시대의 십자가는 가장 악질적인 사형 집행 도구였다. 그러나 하나님의 아들 예수 그리스도가 달려 죽은 그 십자가는 원수끼리 화해하는 화목의 상징이 되었다. 십자가는 종적으로 하나님과, 횡적으로 사람과의 관계를 회복시켜 준다. 하늘에 계신 하나님과 땅에 있는 우리 사이에 다리를 놓아 주심으로 서로 오갈 수 있는 길을 열어 주신 것이다.

인간의 죄로 하나님과 우리는 '원수' 사이였다. 원수는 서로 보기 싫어 피하고, 심한 경우에는 복수하려고 한다. 사람들이 '하나님'이란 말을 듣는 순간, 마음이 불편하고 이상한 거부감과 도피 심리, 두려움이 생기는 것은 그 때문이다. 죄를 지으면 아버지와 마주 보기를 꺼리게 된다. 학교나 직장에서도 상급자와 사이가 나쁘면 마음이 힘들듯, 우주의 절대자이신 하나님과 관계가 어긋나고 불편해지면 우리 영혼은 두려움과 소외감에 시달린다.

하나님이 그렇게 사랑이 많으시다면 손자가 무슨 짓을 하든 다 받아 주는 너그러운 할머니같이 왜 우리 죄를 못 본 척 지나가지 않느냐는 질문이 나올 수 있다. 하나님은 거룩하고 공의로운 분이시다. 만약 죄를 그냥 용서하신다면, 하나님은 "죄를 범한 영혼은 죽으리라"는 당신의 말씀을 스스로 어기는 모순을 행하고 거짓말하는 분이 된다. 그러므로 반드시 죄에 대해 벌하실 수밖에 없다. 십자가는 죄를 벌하시는 하나님의 공의로우심이 극적으로 나타나는 곳이며, 죄인을 사랑하시는 하나님의 자기희생적 아가페 사랑이 계시되는 곳이다. 십자가는 하나님의 공의와 사랑이 충돌하는 장소다. 십자가에서 하나님의 공의와 사랑이 키스하며, 진리와 은혜가 결혼을 한다(시편 85:10).

예수님 오시기 전에도 하나님은 죄인이 용서 받고, 하나님과 단절된 관계를 회복할 수 있는 길을 예비해 주셨다. 양이나 염소를 잡아 죄인 대신 피 흘려 죽게 하는 속죄 제물로 제사를 드리는 것이다. 나의 죄를 제물이 대신 담당하고 벌 받아 죽게 하는 것이 제물이 상징하는 죄 사함의 의미다. 예수님 이전 사람들은 죄 사함이 필요할 때마다 제물을 바쳐야 했다. 그러나 예수님이 속죄 제물로서 십자가에 피 흘려 죽으신 단 한 번의 사건으로 영원히 우리 죄를 담당하셨다.

오래전에 기독교 책에서 이런 내용을 읽고 마음이 편해졌다. 하나님은 우리 같은 죄인을 예수님의 피를 통해 늘 바라보시므로 우리를 깨끗한 당신의 자녀로 보신다는 내용이었다. 그 후 하나님께 나아갈 때마다 두려움 대신 평화를 누리게 되었다. 바울은 이렇게 말한다.

> 모든 것이 하나님께로서 났으며 그가 그리스도로 말미암아 우리를 자기와 화목하게 하시고 또 우리에게 화목하게 하는 직분을

주셨으니(고린도후서 5:18).

원수같았던 하나님과 우리 사이의 종적 관계가 회복되면 원수같이 갈라졌던 인간 사이의 횡적 관계도 회복된다. 서로 용서하고 품게 된다. 십자가는 두 팔을 활짝 펴서 서로를 안는다. 예수님 당시 서로 원수 같던 유대인과 이방인 사이에 화평을 누리게 하셨다. 지금도 사람 사이를 갈라놓았던 모든 장벽을 허무신다. 사람들은 인종, 언어, 문화, 성별, 연령, 가진 자와 못가진 자 사이에 놓인 장벽으로 갈라져 있다. 그래서 인간은 외롭고 억울하다. 사람들이 살면서 가장 많이 상처 받고 괴로워하는 문제가 무엇일까? 힘든 인간관계다. 예수님은 바로 인간 사이에 십자가의 희생과 겸손을 통해 서로 용서하고 사랑하고 섬기는 관계를 회복시키신다.

그는 우리의 화평이신지라 둘로 하나를 만드사 원수 된 것 곧 중간에 막힌 담을 자기 육체로 허시고…… 또 십자가로 이 둘을 한 몸으로 하나님과 화목하게 하려 하심이라 원수 된 것을 십자가로 소멸하시고 또 오셔서 먼 데 있는 너희에게 평안을 전하시고 가까운 데 있는 자들에게 평안을 전하셨으니(에베소서 2:14, 16-17).

내 또래는 으레 일본인, 중국인을 미워한다. 어린 시절부터 일본인이 한국인을 얼마나 못살게 했는지 귀에 못 박히도록 들어서 그렇다. 중국인도 못지않다. 통일을 눈앞에 두고 중공군이 인해전술로 쳐들어와 분단된 나라에서 서로 미워하며 살게 된 것에 원망과 증오가 쌓여 있기 때문이다.

도쿄에서 중국, 일본, 한국인 기독청년 대학생들이 한 자리에 모여 2박 3일간 모임을 가진 적이 있다. 세 나라 청년들이 한 조가 되어 에베소서를 공부하는데, 어떻게 이런 기적이 가능할까 싶을 만큼 벽이 허물어지고 하나 되는 느낌을 경험했다. 예수의 피는 원수 같던 인종과 인종 사이, 민족과 민족 사이의 막힌 장벽도 부순다.

우리는 나를 무시하거나 섭섭하게 하거나 상처 준 자를 용서하지 못한다. 나이가 들면서 사람에게 더 많이 실망하고 결국 더 이상 상처를 안 받으려고 사람들과 적당한 거리를 두고 쿨 하게 사는 법을 익힌다. 세상에서 가장 가까운 부부 사이, 부모와 자녀 사이, 형제자매 사이, 친구 사이에도 화해하지 못하고 미워하거나 무관심한 채로 지낸다. "그게 인생이야" 하며 자위하고 포기하면 다 끝나는 걸까? 아니다. 관계 회복은 가능하다. 예수 그리스도는 사람과 사람 사이에 평화를 심으러 오신 구주다.

구원의 범위

예수님이 주시는 구원의 은혜는 모든 사람과 모든 피조물을 위한 것이다.

"하나님은 모든 사람이 구원을 받으며 진리를 아는 데에 이르기를 원하시느니라"(디모데전서 2:4).

하나님은 나의 가족, 교회, 민족만 구원 받는 게 아니라 모든 민족을 구원하기 원하신다. 잘난 사람이든 못난 사람이든 사람이라면 누구나 죄인이고 고통이 있고 죽어야 한다. 그래서 구원이 필요한 존재다. 예수님은 영혼만 아니라, 육체와 정신을 포함해서 전 인격을 구원하신다. 예수님은 가난한 자를 돌보시고, 병든 자를 고치시고, 귀신 들린 자를 고치셨다.

해외에 있는 한국 유학생 집회를 섬기느라 23시간 동안 비행기를 타고 브라질에 간 적이 있다. 공항에 마중 나온 한 친구가 나를 차에 태우고 도심을 통과하며 구경을 시켜 주었다. 거리에는 늘씬하고 예쁜 아가씨들이 줄지어 서 있었다. 그 친구가 친절하게 설명해 주었다.

"저기 나와 있는 아가씨들은 여자가 아니에요. 여장한 남자들이에요. 몸 팔러 호객 행위를 하고 있지요."

높고 화려한 건물들 뒤로는 도시 빈민들의 슬럼가가 있었다. 어린 시절부터 학교도 못 가고 쓰레기를 주워 연명하는 사람들이 사는 곳이었다. 성경 속 소돔과 고모라가 따로 없었다.

이곳도 끔찍하지만, 청년 대학생들이 비전 트립으로 봉사하러 가서 가장 충격 받는 곳은 인도일 것이다. 거리에서 구걸하는 수많은 사람들의 모습을 보며 "하나님이 만드신 인간이 어찌 이렇게 비참할 수 있는가?" 하며 가슴을 치게 된다.

탄자니아와 케냐의 마사이 부족이 생활하는, 소똥으로 만든 집 안에 들어가 본 적이 있다. 특히 여인들의 고생하는 모습이 상상을 초월했다. 성인식으로 할례를 받아야 하고, 결혼해서 아기를 낳으면 건강 회복을 위해 소기름 국을 계속 마신다고 한다. 남자들이 소와 염소를 치러 나가면 여자가 온갖 밭일과 수 킬로미터를 걸어가서 물 길어 오는 일, 산에 가서 땔감을 마련해 머리에 이고 오는 일 등을 해야 했다. 집에 굴뚝을 만들지 않아 여인들이 음식 만드느라고 피우는 연기 때문에 나이 들면 실명하는 경우가 많았다. 하루에 차 한 잔과 빵 한 조각을 먹고 살았다. 그 외 더 끔찍한 일들은 민망해서 글로 옮기지 못할 정도였다.

이렇게 살다 병들어 죽는 거라면 그런 인생을 살아야 할 의미가 무엇일까? 이런 고통스런 현실 세계를 떠나 영혼이 천당 가는 것만이 기독교 복음이라면 나는 사양하고 싶다.

그러나 아프리카에서 20년간 선교하던 어느 영국인 교수가 이런 말을 했다.

"복음 전하는 일은 인생을 무의미에서 구하는 일입니다."

히에로니무스 보슈(Hieronymus Bosch)라는 네덜란드 화가가 있다. 종교와 도덕적인 교훈을 나타낸 그림을 많이 그렸다. 그의 〈인생의 여로〉라는 작품을 보면 가난에 찌든 노인에게 개가

으르렁대고, 땅바닥에는 짐승의 뼈와 두개골이 흩어져 있으며, 길에서는 강도가 여행자를 공격하고, 노인의 머리 뒤로는 멀리 교수대가 보인다. 인간 존재에 대한 보슈의 비극적인 견해를 드러낸 그림이다.

그의 그림은 비참한 인간에게는 자신을 구원할 능력이 없으며, 오직 하나님만이 인간을 허무한 인생에서 건져 주실 수 있다는 메시지를 전하는 것 같다.

예수님이 전한 복음은 총체적 구원의 복음이다. 예수님이 친히 하신 말씀이다.

> 주의 성령이 내게 임하셨으니 이는 가난한 자에게 복음을 전하게 하시려고 내게 기름을 부으시고 나를 보내사 포로 된 자에게 자유를, 눈 먼 자에게 다시 보게 함을 전파하며 눌린 자를 자유롭게 하고 주의 은혜의 해를 전파하게 하려 하심이라 하였더라(누가복음 4:18-19).

예수님의 구원은 가난한 자와 사회적 약자를 억압하고 착취하는 정치·경제적 체제를 종식시키기도 하고, 인간을 부패시키는 죄악 된 문화에서 사람들을 건져 내기도 한다. 예수님은 사람이 죄로 인해 '가난하다', '눈먼 상태다', '병들고 상처 있다'(이사야 61장에 포함되어 있음), '포로다', '눌려 있다'고 보신다. 이런 질병의 근본 원인은 바로 죄 때문이다. 죄 문제를 해결 받으면, 가난한 자는 풍성해지고, 눈먼 자는 눈을 뜨고, 병들고 상처 많은 자는 치유 받아 건강해진다. 포로 상태로 갇혀 있고 짓눌려 사는 자는 진정한 자유를 얻게 된다. 그렇다면 사회적으로 성공한 자, 돈과 좋은 가정이 있고 명예와 권세를 가진 자들은 복음이 필요 없을까? 그렇지 않다. 그들도 뭔가에 사로잡힌 포로들이요, 십자가의 예수님이 필요한 자들이다.

포로 상태로 신음하는 것은 사람만이 아니다. 개, 고양이, 소나 돼지, 산성비로 사막화가 진행되는 땅과, 시들고 베어지는 나무와 풀 등 모든 피조물이 구원 받아 해방되기를 탄식하며 고대하고 있다. 예수님이 처음 오심으로 구원의 역사가 시작되었고 지금도 계속 확장되고 있다. 예수님이 다시 오시는 역사의 종말에는 새 하늘과 새 땅, 만물이 새로워지며 구원이 완성된다. 죽음도 슬픔도 없다. 예수님의 구원은 만물을 포함하는 우주적 구원이다. 바울은 피조물이 고대하는 바를 이렇게 말한다.

> 그 바라는 것은 피조물도 썩어짐의 종노릇한 데서 해방되어 하나님의 자녀들의 영광의 자유에 이르는 것이니라 피조물이 다 이제까지 함께 탄식하며 함께 고통을 겪고 있는 것을 우리가 아느니라(로마서 8:21-22).

십자가에 나타난 하나님의 사랑

나를 포함하여 온 인류를 죄악과 고통과 죽음에서 구하시는 예수 그리스도의 구원은 십자가에서 이루어졌다. 예수님이 속죄제물이 되는 것이 하나님의 뜻이었다. 예수님은 하나님 뜻을 이루기 위해 십자가에 매달려 고통당하시다가 마지막 운명하시기 전에 외치셨다.

"다 이루었다"(요한복음 19:30).

예수 그리스도의 십자가 은혜를 알고 있는가? 이 은혜는 도저히 이해하기 힘들고 표현할 수 없는 은혜여서 존 뉴턴이 "놀라운 은혜"(Amazing Grace)라고 노래한 것이다. 우리는 부모, 스승, 친구들에게 많은 은혜를 받고 살아왔다. 그 가운데서도 예수께서 나의 죄를 대신해서 죽으신 것보다 더 놀라운 은혜가 없다. 예수 믿는 자는 주의 은혜에 빚진 심정으로 주의 복음을 전하려한다. 기독교 복음은 은혜의 기쁜 소식이다. '은혜'라는 단어에는 감사, 기쁨, 아름다움이란 뜻도 있어서, 믿는 자들은 그 내면에 감사, 기쁨, 감격, 아름다움이 넘친다. 바울은 말한다.

> 너희는 그 은혜에 의하여 믿음으로 말미암아 구원을 받았으니 이것은 너희에게서 난 것이 아니요 하나님의 선물이라(에베소서 2:8).

하나님은 사랑이시다. 사랑이란 감정적으로만 좋아하는 것이 아니다. 사랑하는 대상에게 무엇을 얼마나 주느냐로 측정된다. 우리가 어머니 사랑을 의심하지 않는 까닭은 자식을 위해 당신을 온전히 주시는 희생을 통해 확인된다. 하나님은 자기 아들까지 내어 주시는 것으로 우리 개개인에 대한 당신의 사랑을 확증해 주신다. 이것을 어느 분이 '십자가의 현상학'이라고 표현한 적이 있다. 바울은 이렇게 말했다.

> 우리가 아직 죄인 되었을 때에 그리스도께서 우리를 위하여 죽으심으로 하나님께서 우리에 대한 자기의 사랑을 확증하셨느니라 (로마서 5:8).

하나님의 사랑은 외아들을 나를 위해 십자가에 내어 주실 만큼의 사랑이다. 그래서 하나님의 사랑은 가슴 아픈 사랑이요, 어리석은 사랑이다. 죽어 가는 딸을 바라보면서 내가 대신 죽었으면 하는 생각을 했지만, 내가 죽어도 딸을 살릴 수 없다는 게 인간의 한계다. 그러나 하나님은 우리를 살리고 자신이 대신 죽는 사랑을 우리에게 보여 주셨다. 그래서 종교개혁자 루터는 "십자가에서 달린 이는 하나님 자신이며 따라서 우리는 십자가에서 사랑의 하나님을 알게 된다"고 말했다.

요한은 예수님의 제자 중에 가장 나이 어린 제자로서 예수님이 십자가에 못 박혀 죽으시는 현장을 목격했다. 그가 후에 성숙한 사도가 되어 십자가의 예수님을 회상할 때, 하나님의 사랑이 어떠한 사랑인가를 이렇게 기록했다.

> …… 하나님은 사랑이심이라. 하나님의 사랑이 우리에게 이렇게 나타난 바 되었으니 하나님이 자기의 독생자를 세상에 보내심은 그로 말미암아 우리를 살리려 하심이라(요한일서 4:8-9).

그런데 우리의 고민은, 하나님의 사랑과 은혜를 느끼고 싶은데 실감하기가 쉽지 않다는 점이다. 그리스도의 은혜와 하나님의 사랑을 깨달아 알도록 도와주시는 분이 성령이시다. 내가 아는 한 자매가 있다. 어려서부터 교회를 다녀 예수님이 우리를 위해 십자가에서 죽으셨다는 말을 귀에 못이 박히도록 들어 아무런 감동이 없었다. 그래서 자기가 죄인인 것과 주님이 바로 나를 위해 죽으신 사랑을 깨달을 수 있게 기도해 달라고 어머니와 언니에게 부탁했다. 어느 날 아침, 동생의 방에서 흐느끼는 소리가 터져 나와 놀란 언니가 뛰어들어 갔더니, 의자에 팔을 기대고 무릎 꿇은 동생이 눈물을 흘리며 "언니, 예수님의 십자가가…… 예수님의 십자가가……"라며 말을 잇지 못하더라는 것이다. 수년 후 젊은 나이에 생을 마쳤으나, 그 자매가 구원 받았음을 어머니와 언니는 결코 의심하지 않았다.

누구나 이 자매처럼 크게 울며 예수님의 사랑과 은혜를 깨닫게 되는 건 아니다. 내가 아는 한 형제는 조용하고 말이 없지만 주의 사랑을 알며 감사하는 마음으로 충만하다. 하나님의 사랑, 예수님의 은혜를 영접하고 체험하는 일은 성령께서 도와주시는 일이다. 구원 받은 자는 평생 하나님의 사랑과 그리스도의 은혜와 성령의 사귐을 누리게 된다. 그러므로 사랑하는 그대여, 아래 말씀을 외우며 하나님의 사랑을 알게 해달라고 기도하자. 그리하면 반드시 하나님의 사랑이 그대의 마음에 흘러넘치고 마음을 채울 것이다.

> 하나님이 세상을 이처럼 사랑하사 독생자를 주셨으니 이는 그를 믿는 자마다 멸망하지 않고 영생을 얻게 하려 하심이라(요한복음 3:16).

> 소망이 우리를 부끄럽게 하지 아니함은 우리에게 주신 성령으로 말미암아 하나님의 사랑이 우리 마음에 부은 바 됨이니(로마서 5:5).

하나님 아버지, 죄인인 줄도 알지 못하고, 구원이 필요한 자라는 사실도 모른 채 살던 저에게 이처럼 보배로운 복음을 깨우쳐 주셔서 진심으로 감사드립니다. 오늘, 죄로 죽을 저를 위해 하나님의 아들 예수 그리스도께서 대신 십자가에서 피 흘려 죽으신 사실을 알게 됐습니다. 그리고 이제는 죄 용서함을 받아 의로운 하나님의 자녀가 되었다는 사실도 알게 해주시니 감사드립니다. 더 이상 죄가 저를 노예로 삼을 수도, 죽음이 저를 두려움에 사로잡히도록 할 수 없다는 것도 믿고 싶습니다.

이제 그리스도의 십자가의 은혜, 거룩하고 무한하신 하나님의 사랑 안에 저를 온전히 바치고 싶습니다. 진정한 영혼의 자유, 하나님과의 평화, 사람과의 평화를 마음껏 누리고 싶습니다. 저를 죄와 죽음에서 구원해 주신 예수님을 제 인생의 구주로 믿고 싶습니다. 하나님, 저의 인생을 당신의 사랑으로 충만하게 하시고, 그 사랑이 제 주위의 모든 사람에게 흘러가도록 저를 사로잡아 주십시오. 예수님 이름으로 기도합니다. 아멘.

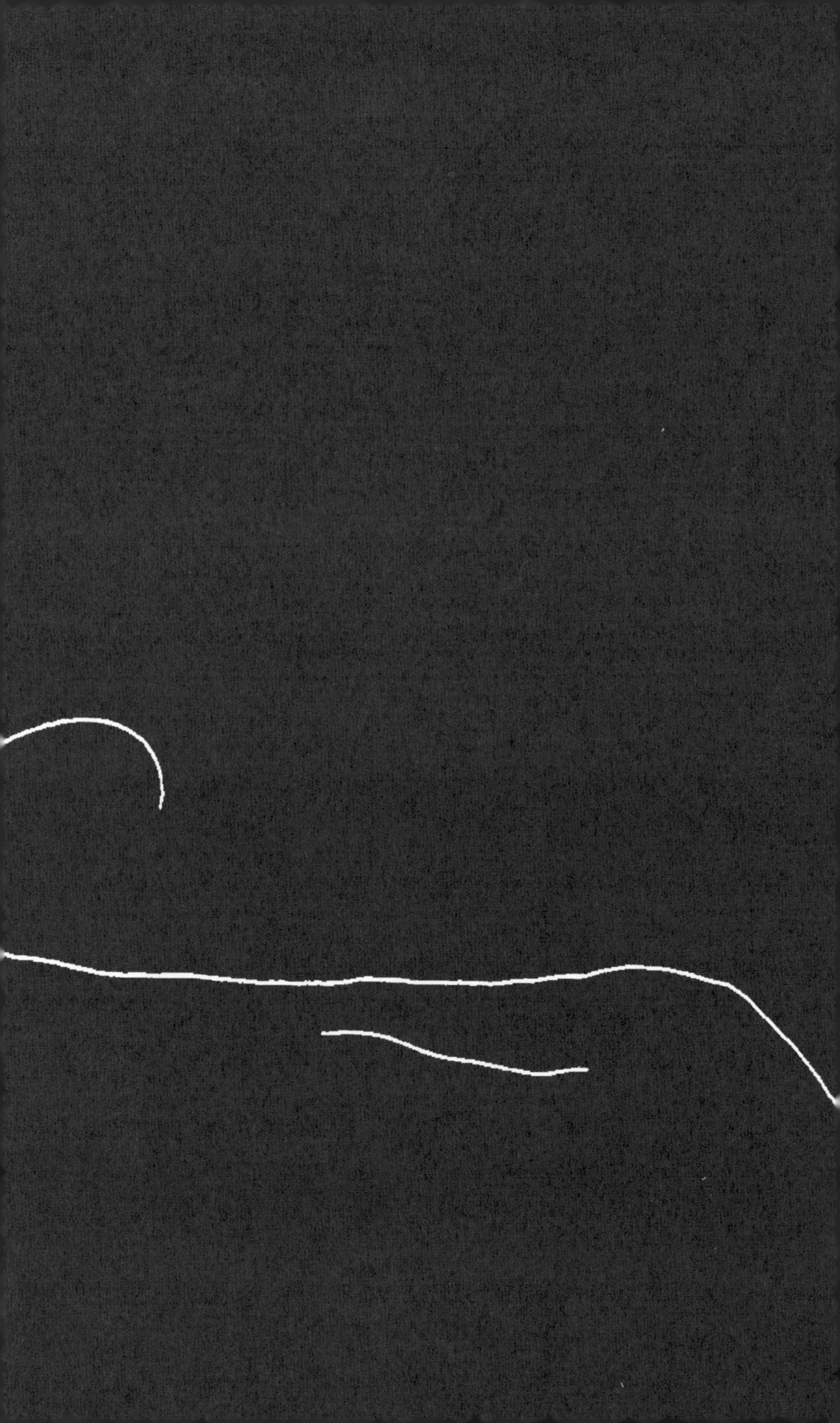

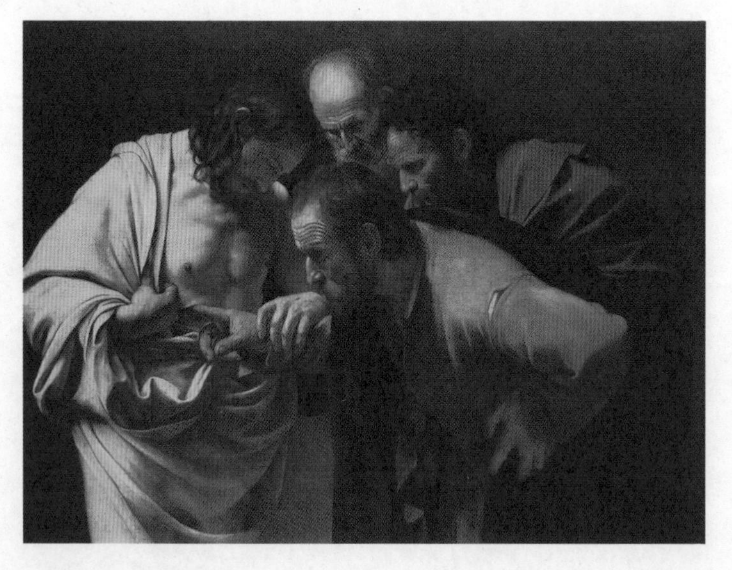

카라바조_〈성 도마의 불신〉
1599년경, 포츠담, 국립 상수시 궁정 정원.

7. 진리를 아는 참된 삶

1968년부터 11년 반 동안 우리 부부는 신촌의 대학가에서 학생들에게 성경을 가르치는 전도자들이었다. 박정희 군사독재가 대학생들을 캠퍼스에서 쫓아내고 총을 든 군인들이 교문을 걸어 잠갔다. 탱크까지 세워 놓을 때도 있었다. 독재 반대 데모를 하던 학생들은 구타당하고 끌려갔다. 매캐한 최루탄 가스에 쫓겨 다니다가 연세대 학생회관에 들어가면 "진리가 너희를 자유케 하리라"는 그 대학 교훈이 우리를 내려다보고 있었다.

"진리가 무엇인가요? 당신의 진리가 과연 우리를 자유케 하는 날이 이 땅에 오기는 올 것인가요?"

자유와 민주를 외친다고 잡혀 가고 고문당하고 죽어 가는 어두운 현실을 바라보며 예수께 묻고 또 물었던 기억이 있다.

왜 예수를 믿는가? 참을 알고, 참되게 살고 싶기 때문이다. 참 또는 진리란 학문적으로 다루기 힘든 주제다. 그러나 기독교는 믿을 수 없을 만큼 명료하고 간단하게 알려 준다. 삼위일체 하나님이 참이시고, 그의 말씀이 참되고, 그의 행위가 참이라고 선언하기 때문이다. 과학적, 역사적, 철학적 진리라는 것은 모든 지식과 지혜의 근원이신 하나님의 수원지에서 물을 길어다 마시는 수도꼭지 정도의 역할을 한다. 하나님의 진리가 원형(archetype)이라면 우리가 학교에서 배우는 다른 진리는 모형(ectype)일 뿐이다. 기독교의 진리가 무엇이며, 어떻게 알 수 있으며, 진리대로 사는 자가 얻는 자유란 무엇일까?

진리는 무엇인가?

아기가 자라면서 부모를 쩔쩔 매게 하는 것이 있다. 쉬지 않고 쏟아지는 질문이다. 대개 "엄마, 이게 뭐야?" 하는 사물의 실재에 관한 질문에서 시작하여 "왜, 그래?" 하며 원인을 묻는 질문으로 이어진다. 사람은 질문하며 자란다. 짐승과 구별되는 인간의 존엄성이 바로 생각하는 갈대로서 의문을 품고 질문하며 답을 찾는 존재라는 데 있다. 그 결과로 인간은 과학 기술을 발전시키고 고상한 문명을 이루었다. 그러나 사람이 끊임없이 묻지만 답을 찾지 못해 포기하는 질문들이 있다.

우주와 생명, 인간은 어떻게 생겨났는가?

신은 존재하는가, 존재하지 않는가?

나는 누구인가? 내 인생의 의미와 목적이 무엇인가?

왜 세상엔 이처럼 죄와 고통이 많으며, 구원의 길은 무얼까?

내가 죽으면 어떻게 되며, 우주와 역사의 종말엔 무슨 일이 있을까?

위 질문에 성경은 "하나님이 답이다!"라고 한다. 솔직히 나도 기독교가 제시한 답은 너무 단순하다고 생각한 적이 있다. 좀 더 유식해 보이는 답을 찾아서 공부도 하고 책도 읽었지만 인간의 학설은 복잡하기만 할 뿐, 막상 정답은 그 안에서 찾지 못했다. 하나님의 계시 없이 위 질문에 대답할 수 있는 인간은 없다고 결론을 내렸다.

현대는 진리에 대한 냉소주의가 지배하는 시대다. 영국의 사학자이며, 작가이고, 20세기 최고 지성 중 한 분인 폴 존슨(Paul Johnson)은 〈모던 타임즈〉에서 아인슈타인의 상대성 원리가 증명된 1919년 5월 29일 이래 인류는 상대주의 시대를 살고 있다고 주장했다. 이런 시대에 예수를 믿으라고 하면, "그래, 네가 기독교 신앙을 갖는 건 이해하겠어. 그러나 그게 나에게도 진리라고 강요하진 말아!"라는 쿨한 답변이 돌아온다.

성경이 가르치는 기독교의 진리란 무엇인가?

철학적 진리라기보다 인간의 구원에 대한 복음 진리이다. 추상적·이론적 진리라기보다 인격적이고 행동으로 증명되는 진리를 주로 말한다. 동양 철학에서는 도(道)를 구했고, 서양 철학에서는 고대 그리스 시대부터 줄기차게 진리를 발견하려고 애썼다. 진리를 찾기 위한 사상가들의 노력은 현대에 이르러 자연주의, 상대주의, 주관주의의 늪으로 들어가 결국 지적 허무주의에 빠지고 말았다. 철학으로 앞서 제시한 물음에 답을 알 수 없다며 두 손을 다 든 상태라고 볼 수 있다.

기독교 신앙에서는 진리를 발견하려고 머리를 싸매고 노력할 필요가 없다. 하나님이 성경과 예수 그리스도를 통해 계시로 다 알려 주셨기 때문에 "진리대로 행하는 도덕적 진리"라는 것이 더 강조된다.

예수님은 대담하게 선언하신다. "내가 진리다"(요한복음 14:6). "하나님의 말씀은 참되다"(요한계시록 21:5). "말씀[예수] 안에는 은혜와 진리가 충만하다"(요한복음 1:14). 성경을 공부하고 예수님의 가르침과 삶을 공부하면 할수록, 오직 창조주만이 절대 불변하고 영원한 진리의 근원이요 진리 자체라는 사실을 받아들이게 된다.

진리를 대하는 세 부류의 사람들

예수께서 친히 주장하셨다. "너희가 내 말에 거하면 참으로 내 제자가 되고 진리를 알지니 진리가 너희를 자유롭게 하리라"(요한복음 8:31-32)

이 말씀의 배경은 다음과 같다. 어느 날 아침, 예수님이 성전에서 무리를 가르치시는데 율법학자들과 종교지도자들인 바리새인들이 간음하다 붙잡힌 여자를 끌고 와 가운데 세워 놓고 예수님께 물었다.

"선생님, 이 여자가 간음하다 현장에서 잡혔습니다. 모세 율법에서는 이런 여자에게 돌을 던져 죽이라고 명령했는데, 선생님 생각은 어떠합니까?"

예수님은 말씀하셨다. "너희 가운데 죄 없는 자가 먼저 저 여자에게 돌을 던져라." 그러자 나이 많은 자들부터 시작해서 하나씩 하나씩 떠나갔다.

한방 맞은 율법학자들과 종교지도자들이 반격을 위해 여러모로 머리를 썼다. 그들은 예수를 범법자로 몰아 죽이려고 말싸움을 거는 자들이었다. 이 말씀은 겉으로는 예수를 믿는 것처럼 보이지만 속으로는 참되게 살려는 마음이 없는 사람들을 대상으로 하신 것이다.

진리에 대한 태도에 따라 사람을 세 부류로 나누어 볼 수 있다. 첫째는 본능적 욕구에 충실하고 현실에서 '실리'를 구하며 사는 사람들이다. 진리에는 아예 무관심하거나 냉소적인 자들이다. 둘째는 다른 편견이나 종교에 대한 고정관념에 사로잡혀 사고가 닫혀 있는 사람들, 즉 율법학자 같은 자들이다. 셋째는 진리를 찾고는 있으나 아직 발견하지 못한 제자들(또는 구도자)과 같은 사람들이다.

첫째 부류는 간음하다 잡혀 온 여인이나 상대방 남자, 구경하러 모인 무리들이다. 본능의 욕구대로 먹고 살고 즐기느라 진리 같은 것에는 아예 관심을 꺼 놓고 사는 사람들이다. 아니면 사회적 성공을 위해 실리를 추구하며 진리에 대해 냉소적인 태도인 자다. 예수님을 심리하고 사형을 언도한 로마 총독 빌라도는 이 부류에 속할 것이다. 이런 사람의 판단 기준은 참이냐 거짓이냐가 아니라 '내게 이익이냐 손해냐'라고 할 수 있다. 빌라도는 로마법을 공부한 고위 공무원답게 예수가 법적으로 무죄라는 사실을 알았다. 그의 죄목은 종교법의 문제고, 유대의 지도자들이 사형을 요구하는 이유가 군중이 자기들 말보다 예수의 말을 더 신임하고 따르는 것을 시기했기 때문이라는 것도 파악했다. 빌라도는 예수를 무죄 석방해야겠다는 생각으로 무리와 예수, 예수와 무리 사이를 수차례 오가며 타협을 시도했다. 빌라도가 예수님을 향해 물었다.

"네가 유대인의 왕이냐?"

예수님이 대답하셨다.

"네 말과 같이 내가 왕이니라. 내가 이를 위하여 태어났으며 이를 위하여 세상에 왔나니 곧 진리에 대하여 증언하려 함이로라. 무릇 진리에 속한 자는 내 음성을 듣느니라."

빌라도는 바로 이어서 역사상 가장 중요한 질문 중의 하나를 던졌다.

"진리가 무엇이냐?"

1625년 프란시스 베이컨이 《진리에 관해서》라는 유명한 글에서 지적했듯, 이 질문은 진리를 알려는 진지한 마음에서 비롯한 것이 아니라 비꼬듯 말한 것이다. 예수님의 답을 기다리지도 않고 자기 일을 빨리 처리하려고 밖으로 나간 데서 알 수 있다(요한복음 18:37, 38). 그리고 로마 총독 자리를 유지하려는 정치적 실리를 위해 진리이신 예수를 십자가에 넘겨주는, 역사상 가장 거짓된 심판을 내린다.

둘째 부류는 예수님을 붙잡아 죽일 궁리에 몰두하며 모든 법을 자기에게 유리하게 맞추려는 율법학자들이다. 지금도 기독교의 진리성, 예수님이 진리 되심을 가장 치열하게 반대하는 부류가 있다. 주로 최고 수준의 지성을 자랑하는 프랑스, 독일, 영국, 그리고 미국의 학자들이다.

그들의 주장은 이렇게 요약할 수 있다. 자기들의 지성이나 과학적 실험 데이터로 만든 이론에 비춰 볼 때, 기독교는 사람의 생각과 행위를 종교의 틀에 넣어 자유와 인간성을 박탈하는 미신이요, 인류의 해악이기 때문에 마땅히 사라져야 한다는 것이다. 18세기 이후, 종교와 봉건군주로부터 인간을 자유롭게 해야 한다는 계몽주의가 영국, 독일, 프랑스를 휩쓸었고, 2차대전 이후 미국까지 지배하게 된 것과 맥락을 같이한다.

현재 기독교 박멸에 앞장서는 사람들은 주로 옥스퍼드, 베를린, 소르본, 하버드 등의 명문대학 교수 조합에서 나오고 있다. 이런 대학에서 하나님이나 기독교 신앙을 말하는 건 금기에 해당한다. 전에는 역사가나 철학자, 문인들 같은 인문학자들의 영향이 컸는데, 21세기에 와서는 단연 심리학자, 생물학자 등 자연과학자와 사회과학자들의 영향이 더 커진 느낌이다. 이런 사상에 기울어진 교수들에게 배우는 요즘 대학생들이 예수님이 진리라고 믿는다는 게 얼마나 어려운 일인지 모른다.

그럼에도 놀라운 일은 예수님 당시나 현재나 진리를 찾는 구도자들, 예수님을 진리라고 믿는 소수의 제자들이 남아 있다는 것이다. 바로 셋째 부류다. 교회란 바로 이런 소수의 예수 제자 공동체다. 역사상 기독교는 단 한 번도 쇠퇴한 적이 없다. 다만 교만한 구미 사람들보다 아직은 겸손한 아시아, 아프리카, 라틴 아메리카인들이 진리이신 예수님을 믿고 따르고 있을 뿐이다. 예수님은 자기 제자들을 향해 선언하셨다.

> 내가 곧 길이요 진리요 생명이니 나로 말미암지 않고는 아버지[하나님]께로 올 자가 없느니라(요한복음 14:6).

지식인이라고 자처하는 사람들이 과연 예수님의 이 선언을 단순하게 믿을 수 있을까? 여기에 고민이 있다. 모든 종교나 철학은 진리로 가는 여러 가지 다양한 길 중의 하나라고 주장하는 다원주의가 현대인의 마음을 사로잡는 흐름이 되었다. 예수는 4대 성인 중의 하나, 위대한 현인, 위대한 인물이라는 데서 적당히 타협하려고 한다. 그러나 영국 작가 C. S. 루이스의 말처럼, "자기가 진리라고 주장하는 사람은 미친 사람이든 아니면 신이든, 둘 중 하나지 결코 좋은 스승일 수 없다"는 말이 더 설득력 있다.

이탈리아 바로크회화의 개척자 카라바조(Michelangelo da Caravaggio)가 그린 〈성 도마의 불신〉이란 유명한 그림이 있다. 도마가 예수님의 옆구리에 난 상처에 자기 검지를 넣는 모습을 그렸다. 예수님은 친절하게 도마의 오른손을 당신의 왼손으로 끌어다 상처난 곳에 넣어 보게 하신다. 도마와 두 제자의 놀라는 모습이 생생하게 묘사되어 있다.

도마는 예수님이 부활하신 것을 봤다는 다른 제자들의 말을 믿지 않았다. 그는 "내가 그 손의 못 자국을 보며 내 손가락을 그 못 자국에 넣으며 내 손을 그 옆구리에 넣어 보지 않고는 믿지 아니하겠다"고 했다. 예수님은 그에게 나타나셔서 "네 손을 내밀어 내 옆구리에 넣어 보라. 그리하여 믿음 없는 자가 되지 말고 믿는 자가 되라"고 하신다.

예수님은 무조건 믿으라고 다그치지 않으신다. 열린 마음으로, 진심으로 진리를 구하는 마음으로 의심하면 주님은 친히 당신을 계시하여 주신다.

기독교의 진리란 무엇인가?

그렇다면 21세기를 사는 한국 대학생들에게 "진리가 너희를 자유케 하리라"는 말씀은 어떻게 들릴까? "진리가 밥 먹여 주냐?"는 비아냥거림에나 쓰일까, 진리란 말은 현대인에게는 아예 사용하지 않는 잃어버린 단어가 된 듯하다. 진리를 사랑하는 학문이라는 철학 과목은 수강하는 학생이 줄어들고 대학 경영자들은 이런 학과를 어떻게 없애야 할지 고민이라고 한다. 취업이 잘 되는 학과를 늘려야 경영이 잘되는 시장 논리가 지배하기 때문이다.

나는 영국에서 2년간 서양철학사와 종교철학을 공부했다. 열심히 듣고 책도 부지런히 읽었지만 철학은 내 체질에 안 맞았다. 어렵고 복잡하고 골치 아픈 과목이기만 했다.

졸업 후 스위스와 영국의 라브리(L'Abri) 공동체에서 9개월간 프란시스 쉐퍼(Francis Schaeffer) 박사에게 배울 기회가 있었다. 그는 기독교 철학자로, 《이성으로부터의 도피》, 《거기 계시는 하나님》, 《거기 계시며 말씀하시는 하나님》이란 책으로 유명한 학자다. 쉐퍼 박사는 본래 전공이 공학이라 그런지 복잡한 철학을 단순하게 정리해 주는 데 특기가 있었다. 너무 쉽게 들려 얼떨떨할 정도였다. 그에 의하면 "철학은 질문하고, 성경은 답을 준다"고 한다. 그분의 설명은 대략 이렇게 정리해도 괜찮을 것 같다.

서양 철학은 대개 세 부문으로 요약할 수 있는데, 첫째는 형이상학(metaphysics) 또는 존재론(ontology)이다. 우주와 생명, 인간의 기원에 대한 질문에 답하려는 지적 노력이다. 그건 성경에 나와 있는 대로 '하나님이 거기 계시다, 태초에 천지를 창조하셨다'로 끝나는 것이란다. 어떤 논증이든 전제가 있기 마련인데, 불신자는 무신론을 전제로, 기독교인은 창조주 하나님의 존재를 믿는 유신론을 전제로 한다는 것이다.

둘째는 인식론(epistemology)으로, 우리가 그런 존재를 어떻게 알 수 있는가, 그런 존재를 인식한다는 건 무얼 의미하는가를 연구하는 분야다. 주로 합리론과 경험론이 다투어 왔는데, 기독교의 하나님은 동양 신비종교의 신처럼 침묵하지 않고 '거기 계시며 말씀하시는 하나님'이시므로, 성경에 객관적으로 계시해주신 진리를 성령이 각자의 이성으로 명확하게 인식할 수 있도록 도와주신다는 것이다.

셋째는 도덕 철학 또는 윤리학(ethics)으로, 인간 행위의 선악을 규정하는 표준과 바르게 행해야 할 의무를 연구하는 것이며, 삶이나 가치, 사회와 역사의 문제, 문화 등을 연구하는 분야다. 하나님은 그 속성이 선하고 악을 미워하는 분이시므로 도덕적 표준을 제시하고 성경에 도덕적인 기준과 선하게 살 방법을 다 알려 주시며 그대로 살 힘까지 제공하신다는 것이다. 그러기 때문에 성경에 나타난 기독교 진리는 인류가 그토록 찾아온 철학적 질문에 분명한 답을 주는 참 진리(The true Truth)라는 것이었다. 그의 제자 낸시 피어시(Nancy Pearcey)는 기독교 진리가 과학, 역사, 철학이 던지는 모든 질문에 답을 주고, 인간과 사회, 우주의 모든 분야에 원칙을 제시하는 '완전한 진리'(Total Truth)라고 달리 표현했다.

쉐퍼 박사는 원래 무신론자 집안 출신이며 불가지론자였다. 그는 성경과 철학을 같이 놓고 비교하며 연구하다 철학 책을 덮어 버리고 성경만을 6개월간 읽고 나서 기독교야말로 참되다는 결론을 내렸다. 그는 모든 문제가 성경 안에서 마치 실타래가 풀리듯이 다 해결된다고 했다. 그는 자신의 일기에 이렇게 기록했다.

"모든 진리는 성경에서 나온다."

과학과 기독교 신앙은 함께 갈 수 없는가?

싱가포르와 미국의 대형 서점들을 들렀다가 충격을 받았다. 기독교 코너는 한가한데, 무신론 코너에 많은 책이 깔려 있고 고객이 몰려 있었다. 설마 이 정도일 줄은 몰랐다. 기독교의 위상을 보는 듯해 마음이 편치 않았다.

《다빈치 코드》류의 사이비 역사소설은 한 물 갔지만 이제는 수많은 신흥 무신론자들의 책이 유행이다. 특히 그중에서 가장 유명한 것은 분자생물학자 리처드 도킨스(Richard Dawkins)의 책들과, 사회과학자요 비평가인 크리스토퍼 히친스(Christopher

Hitchens)의 책들이다. 그들은 둘 다 옥스퍼드 대학 출신이다. 한때 기독교 선교의 중심 세력이던 영국인들이 이제 무신론을 퍼뜨리는 중심 세력을 형성하고 있는 셈이다. 그들은 당당하게 기독교를 '무식한 자들의 미신 같은 종교'라며 비웃는다. 지성의 싸움터 한복판에 기독교를 세워 놓고 일방적으로 두들겨서 KO패 시키려는 듯하다.

그 결과는 어떤가? 기독교는 거짓이요, 진리가 아니라고 입증되고 교회는 다 문을 닫았는가? 그렇지 않다. 오히려 기독교 복음은 지성세계에도 더욱 견고하게 뿌리내리고 있다.

성경과 과학은 서로 싸워서 없애야 하는 원수가 아니다. 본래 하나님은 코스모스, 곧 질서의 하나님이시므로 그의 피조물에도 질서가 존재한다. 그 질서를 발견해 보려는 지적 노력이 근대 과학을 발전시킨 것이다.

기독교 신앙과 과학의 양립을 주장하는 학자들 가운데는 성경은 '누가'(Who), '무엇'(What)을 다루는 분야고, 과학은 '어떻게'(How)를 다루는 분야이므로 서로 존중해야 한다며 교통정리를 시도한 적도 있다. 하지만 성경은 '어떻게?'라는 질문에 답을 주기도 하기 때문에 그리 쉽게 해결될 지적 논쟁이 아니다.

지식인들이 제기하는 기독교 신앙의 문제점들은 이런 것들이다. 성경이 주장하는 창조론과 기적 같은 것이 과연 과학적인가, 출애굽을 비롯한 구약의 역사나, 예수와 사도들의 행적을 담은 신약의 기록이 과연 역사적 사실인가? 등이다. 현대인은 과학자에게 거의 절대적 신뢰를 보내고 있다. 과학자들은 인류를 무지와 빈곤에서 구출하는 데 가장 큰 공로를 세웠다고 인정받고 있다. 그러니 누가 감히 과학자들의 권위를 무시할 수 있겠는가?

《이기적 유전자》라는 책으로 유명한 분자생물학자 리처드 도킨스가 있다. 그는 과학 분야에만 머물러 있기를 거부하고 기독교 박멸의 선봉장으로 투신하고 있다. 그가 쓴 《만들어진 신》은 과학서적도 신학서적도 아니다. 기독교의 약점과 거짓됨을 지적하며 기독교의 하나님은 사람을 현혹시키는 망상(delusion)이라고 격렬하게 주장한다.

과학의 전문 지식이 별로 없는 독자들을 배려해서 장황한 반론의 글은 절제하려 한다. 다만 도킨스와 같은 옥스퍼드 대학교에서 분자생물학으로 박사학위를 받은 과학자인 동시에 같은 대학교에서 신학박사 학위를 받은 신학자의 한 사람인 알리스터 맥그라스(Alister Mcgrath)가 기독교계의 대표 방어자임을 소개하려 한다. 그는 신학자로서가 아니라 과학자로서 《도킨스의 신》, 《도킨스의 망상》이란 책을 통해 도킨스가 활용한 과학적 방법, 즉 합리적 논증을 토대로 그의 무신론을 반박하고 있다. 그는 도킨스의 무신론이 일방적이고 과장된 것으로, "도킨스는 틀렸다"고 결론 내리고 있다. 과학자가 신의 존재 유무까지 논하려 하는 건 아무래도 자기가 신의 위치에 있다는 착각에서 비롯한 것일 터이다.

성경과 과학이 가장 치열하게 싸우는 대목이 우주와 생명, 인간의 기원에 관한 것이다. 창조와 진화에 대한 해묵은 논쟁을 또 언급하고 싶지는 않다. 결국은 신앙적 선택에 달려 있기 때문이다. 나는 창조론이 진화론보다 과학적으로도 훨씬 설득력이 있다는 점에서 기독교인 과학자들 편에 서고 싶다. 다윈도 일지에 '진화론으로 설명이 불가능해서 골치 아프게 하는('sick'으로 표현) 것'을 기록했다. "정원에 오가는 공작의 깃털 디자인과 색채, 그리고 그것을 감지하는 사람의 정교한 눈이 어떻게 우연히 진화했다고 설명할 수 있겠는가"라고. 진화론을 생각해 낼 수 있는 사람의 생각, 사람 사이에 있는 사랑을 어떻게 창조주 하나님을 제외하고 설명할 수 있겠는가.

다시 환기시키고 싶은 점은, 기독교 신앙을 가지려면 어쩔 수 없이 지성을 저당 잡히거나 우회해야 하는 것처럼 오해하기 쉬운데 그건 결코 아니라는 것이다. 20세기 최고 신학자 중 한 사람인 에든버러대학교의 토런스(T. F. Torrance) 교수는 신학이나 과학이나 학문 방법론에 공통점이 있다고 한다. 과학은 자연(하나님의 일반계시)을, 신학은 성경(하나님의 특별계시)을 공부하는 학문인데, 모두 신이 주신 것을 귀납법적으로 연구하는 학문이라는 것이다. 성경은 사람들의 과학적 연구를 초등학문이라고 말하는데, 그 이유는 상부 구조와 하부 구조가 있는 지식 체계 중에서 창조주에 관한 지식은 상부 구조에 속하고, 자연과 인간 등 피조물을 연구하는 것은 하부 구조에 속하기 때문이다. 기독교의 진리는 모든 학문을 통합하는 지식이다. 3차원의 입체가 2차원의 평면을 포함하는 이치와 같다. 하나님께 속한 진리, 영원한 영적 세계에 속한 진리는 인간과 자연에 속한 진리를 포함하며, 또 넘어서는 진리라는 것을 기억할 필요가 있다.

전에 어느 청년들에게 성경을 가르칠 때였다. 자기는 기독교 신앙을 거부하는 건 아닌데, 왠지 신앙심을 갖기 힘들다는 고민을 털어놓았다.

"무식한 시골 할머니처럼 눈 딱 감고 믿을 수만 있으면 좋겠는데, 그게 영 안 돼요."

그의 문제가 대부분의 대학생들이 갖는 고민이다. 기독교가 자기를 지적으로 설득시키지 못해 신앙을 택할 수 없다는 것이다. 그렇다면 과학자나 지식인은 기독교 신앙을 가질 수 없단 말인가? 아니다. 과학의 역사에서 가장 중요한 발견을 했거나 현대 최고 수준의 과학자들 가운데 크리스천이 얼마나 많은가를 생각해 보면 고개를 끄덕이게 될 것이다. 뉴턴, 케플러, 파라데이 등이 모두 훌륭한 과학자요 크리스천이다. 과학 없는 종교는 미신에 불과하고, 종교 없는 과학은 인류를 해치는 흉기가 될 수 있다. 자연 세계를 연구하는 과학으로 초자연적 세계를 다루려는 일부 과학자들의 말에 속지 말아야 한다.

예수의 부활, 역사적 사실일까?

기독교가 하나님 말씀이라고 주장하는 성경이 고대 이스라엘의 신화일까, 아니면 실제로 시간과 공간 안에서 일어난 역사적 사건일까? 본래 한자의 뜻으로 보자면 '신화'(神話)란 '신의 말'이다. 그러니 성경이 신화라는 건 옳다. 하지만 희랍 신화, 단군 신화처럼 역사적 증거 없이 오랜 기간 전승된 사람이 지어낸 이야기라면 성경은 신화가 아니다. 사람들은 가끔 예수가 실제 역사적인 인물인지도 의심한다.

버트런드 러셀(Bertrand Russell)은 《나는 왜 기독교인이 아닌가?》라는 책에서 이렇게 주장했다.

"역사적으로 그리스도가 도대체 존재했는지 의심스럽다. 그가 존재했다 해도, 우리는 그에 대해 아무 것도 모른다."

성경, 특히 신약 기록이 신뢰할 만한 역사적 기록임을 인정하느냐 않느냐가 이렇게 이상한 결론을 가져온다. 그런 데다가 그리스도가 중력의 법칙을 거스르고 물 위로 걸었다든가, 자연 법칙을 어기고 죽은 지 사흘 만에 다시 살아났다는 것을 도저히 믿을 수 없는 신화라고 말한다.

"역사가 과연 객관적 진리인가?" 이 물음에 대한 논쟁은 뜨겁다. 역사는 과학이라기보다는 예술에 가깝다는 어떤 역사가의 글을 읽고 충격을 받은 적이 있다. 역사는 객관적 증거가 확실한 사실의 기록이기보다는 역사적 사실을 역사가의 세계관·가치관, 역사 철학에 따라 주관적으로 선택한 것이라는 점에서 과학보다는 예술에 가깝다는 주장이다. 아주 틀린 말은 아니다.

역사적 사실은 수학처럼 정확하지는 않다. 일반적으로 역사적 사실을 확인하는 데는 몇 가지 조건이 있다. 첫째는 '확실한'(certain) 것이다. 예를 들어 이순신 장군은 죽었다든가 1980년에 광주 민주화 항쟁이 있었다, 등이다. 둘째는 '있을 법한'(probable) 개연성, '있을 수 있는'(possible) 가능성이 있는 것이다. 《이순신, 신은 이미 준비를 마치었나이다》에서, 저자 김종대 판사는 사료를 근거로 "청년 이순신은 둔재에다 왕따 당하던 '거북이'였다"고 주장한다. 2001년 평양 근교의 '단군 제단'을 방문한 적이 있다. 단군의 유골을 발굴해서 묘지로 만들었다고 했다. 있을 법하고 있을 수 있는 일이다. 그렇다고 확실하다고는 할 수 없다. 셋째는 있을 성싶지 않은(improbable), 즉 불가능한 것이다. 이순신은 여자였다, 혹은 이순신이 한글을 발명했다는 식이다.

실증주의 역사가에게도, 고대에 어떤 사건이 실제로 일어났는지를 입증하는 것은 쉽지 않다. 지금부터 21세기 전에 팔레스틴에서 예수라는 인물이 살았으며 그가 실제로 죽었다가 다시 살아났다는 주장은 상식 있는 사람은 인정하기 어려울 것이다. 그런데 기독교에서는 이걸 역사적 사실이라고 주장하니 중세에나 통하던 몽매주의나 미신이 아닌가 하는 의심이 드는 게 정상일 것이다.

과거에 일어난 사실 중에는 믿을 수 없는 사건이 많다. 극단적 회의론자들은 현재 자기 눈앞에 보이는 일 외에 과거에 일어난 모든 사건을 의심하고 부정할 수도 있을 것이다. 그런 사람들은 예수 그리스도의 생애, 교훈, 죽음과 부활이 실제 있었던 것이냐에 의문을 제기한다. 회의론자들이 의심한다고 해서 실제 역사적 진실이 아니랄 수 있겠는가? 만약 세상에 극단적 회의론자만 있다면 대학교에서 역사학, 고고학, 고생물학이나 화석학, 지질학, 심지어 법과학이나 과학 수사학 등 과거를 연구하는 모든 과학은 몰아내야 할 것이다.

예수의 역사성에 대한 논쟁은 결국 신약성경이 역사적으로 신빙성 있는 문서인가에 대한 논쟁이라고 정리할 수 있을 것이다. 신약성경 문서는 다른 어떤 문서보다 역사적 근거가 확실하다고 할 수 있다. 첫째는 비록 저자들의 자필 원고는 남아 있지 않지만, 현존하는 희랍어 사본이 무려 5,686개가 있다. 각 사본을 비교 검토하고 상관관계를 따져 보는 전문적 연구가 축적되어 거의 자필 원고에 가까운 사본들을 보존하고 있다. 둘째는 모든 역사적 사실은 증인들이 서로 일치되는 증언을 하고 있는가로 사실 여부를 확인하는데, 예수님의 제자였던 베드로를 비롯한 신약의 증인들은 처음 신약 문서가 기록되던 시기에 실재했던 인물이라는 증거가 확실하기 때문이다. 그러므로 신약 문서의 역사성을 부인하는 자는 역사 전체를 부인하는 자와 같다는 말이

틀린 주장이 아니다.

예수 부활에 대한 논쟁은 역사학, 고고학의 발달과 함께 오랜 기간 치열하게 벌어졌다. 기독교란 예수 부활 사건을 기초로 한 빌딩과 같다. 무신론자, 회의론자들이 주장하듯, 예수 부활이 사실이 아니라 거짓으로 판명된다면 기독교는 와장창 무너지고 폐허가 될 것이다. 예수가 몸으로 부활했다는 기독교의 주장을 믿을 수 없다는 사람들은 몇 가지 이유를 댄다. 예컨대, 예수는 십자가에서 실신만 했다가 차가운 무덤에 들어갔을 때 다시 깨어난 것이지 실제로 죽었다가 살아난 것은 아니다, 제자들이 환상을 본 것이다, 기독교를 선포하려고 시체를 없애 버리고 예수 부활을 꾸며 내서 소문을 퍼뜨린 것이다, 영으로만 부활한 것이지 육체로 부활한 것이 아니다, 등이다.

기독교라는 미신에서 인류를 구출하려는 갸륵한 마음으로 예수 부활은 사실이 아님을 입증하려는 시도가 많았다. 프랭크 모리슨(Frank Morison)이 대표적 인물이다. 저널리스트인 그는 사실 여부를 파헤치는 끈질긴 승부 근성으로 예수의 죽음과 부활의 마지막 기간에 집중하여 증거를 수집하고 조사를 하느라 10년을 보냈다. 연구 끝에 그는《누가 돌을 옮겼는가?》(생명의말씀사) 라는 책을 썼다. 그는 이렇게 고백했다. 처음에는 도저히 불가능한 사건이라 생각하고 시작한 조사였는데, '천천히 그러나 분명하게'(Slowly but very definitely), 예수 부활 사건은 '저항할 수 없는 논리적 귀결'이라고 조사 결과를 발표하고 신앙을 고백했다. 예수의 부활이 역사적 사실이라는 근거는 무엇인가?

- 신약 복음서의 문서 기록은 고대 어느 문서보다도 확실히 신뢰할 수 있는 문서다.
- 열두 제자 및 가까이 있던 여인들을 비롯하여 부활하신 예수를 현장에서 목격한 오백여 명의 증인들이 생존해 있었다.
- 예수를 배반하고 떠났던 제자들의 극적인 변화와 그들의 설교 내용이 의심의 여지 없이 예수 부활을 증명한다.
- 토요일인 유대교 안식일이 주일로 변하게 된 것 등, 기독교회의 발생과 성장을 예수 부활 없이 설명할 수 없다.

예수 부활은 인류가 소유한 어느 고대 역사보다도 많은 문서 기록, 많은 증인들, 많은 보강 증거가 있는 역사적 사건이다. 직접적인 증거에 보완적 증거까지 합치면 예수의 육체적 부활은 법률 전문 용어로 '모든 합리적 의심을 넘어서는'(beyond all reasonable doubt) 실제 발생한 사건이라는 것이 신실한 학자들의 양심선언이다. 우리는 예수 부활의 역사적 진리를 믿기 때문에 그를 믿는 우리도 영혼뿐만 아니라 육체까지도 부활할 것을 믿는 희망의 사람이 되는 것이다.

진리를 알고 자유를 누리려면

> 그러므로 예수께서 자기를 믿은 유대인들에게 이르시되 너희가 내 말에 거하면 참으로 내 제자가 되고 진리를 알지니 진리가 너희를 자유롭게 하리라(요한복음 8:31-32).

이 말씀은 우선 진리를 알 수 있는 길을 가르쳐 준다. "내 말에 거하고 내 제자가 되어야 진리를 알 수 있다." 즉 하나님이신 예수 그리스도께서 진리를 계시해 주셔야만 사람은 진리를 알 수 있다는 말씀이다. 그것은 철학자들이 그토록 알려고 노력했지만 결국 알지 못한 궁극적 진리를 하나님의 아들만이 줄 수 있다는 답이다. 철학자들 중에는 진리를 아는 길을 연구하다 자기 나름대로 이론을 만드느라 평생을 바친 학자들이 적지 않다. 간략히 소개하자면, 인식 이론에서 대표적으로 다음의 이론과 학자들이 있다. 합리론(스피노자), 경험주의(흄), 불가지론(칸트), 관념론(플라톤), 실증론(콩트), 실존주의(키에르케고르), 현상론(헤겔), 신비주의(플로티노스) 등이다.

사람은 피조물로서 모든 것을 다 아는 전지한 존재가 아님을 겸손하게 인정해야 한다. 진리를 알고자 평생을 노력해도 알 수 없는 것을 하나님 믿는 자는 명료하게 알 수 있다. 전지한 분이 계시로 알려 주시기 때문이다. 그래서 예수 안에는 은혜와 진리가 충만한 것이다(요한복음 1:17-18). 아니, 예수 그리스도 자신이 인격화된 진리 자체이심이 얼마나 놀라운 일인가. 성경의 기록, 예수님의 교훈, 생애 자체가 바로 진리다. 예수의 제자로서 그의 교훈과 삶을 배우면 배울수록 우리는 진리를 알게 되는 감격을 누리게 된다. 더구나 진리의 영이신 성령께서 우리의 영적·지적인 눈을 환하게 뜨게 해서 예수님 안에 있는 진리의 빛을 보게 해 주시니 얼마나 감사한 일인가! 사도 바울은 이렇게 말했다.

> 어두운 데에 빛이 비치라 말씀하셨던 그 하나님께서 예수 그리스도의 얼굴에 있는 하나님의 영광을 아는 빛을 우리 마음에 비추셨느니라(고린도후서 4:6).

둘째, 진리가 주는 자유의 의미를 알려 준다. 예수님은 사람이 종으로, 노예로 살고 있다고 보신다. 구약에 따르면 이스라엘 백성은 이집트의 노예로 살다가 모세를 통해 출애굽을 하게 된다. 노예로 살던 자가 해방되는 걸 자유라고 부른다. 본래 사람은 하나님의 형상대로 지은 바 된 자유로운 존재다. 그러나 하나님을 떠나 죄의 종이 되었다. 사람은 죄의 종으로서 늘 얽매이고 고통스러워하며, 결국 죽어야 할 운명의 존재다. 죄가 마치 노예 주인처럼 우리 내면과 외적 생활까지 좌지우지하기 때문에 우리에게는 영혼의 자유가 없다. 그 증상은 사람이 자기로부터 진정

자유롭지 않은 데서 찾을 수 있다. 내가 처음 예수 믿은 후 내 속에 일어난 변화 가운데 가장 두드러진 것은 남이 나를 어떻게 보는가 살피는 데서 상당히 자유로워진 것이다. 어려서 그런대로 집, 학교, 이웃 사람들에게 칭찬 받고 자라서 그랬는지 남의 눈에 어떻게 보일까에 지나치게 민감했다. 그런데 신앙을 갖자 '하나님이 나를 어떻게 보실까?'에 더 관심이 갔다. 자연스레 사람의 평가로부터 자유로워지는 걸 경험했다.

기독교 교리적으로는 예수님을 믿고 얻는 자유를 크게 몇 가지로 설명한다. 첫째는 죄로부터의 자유, 둘째는 율법 곧 해야 한다 또는 하지 말아야 한다는 법으로부터의 자유, 셋째는 죽음으로부터의 자유, 넷째는 사탄으로부터의 자유다. 물론 정치·경제적 자유, 언론의 자유, 선택의 자유 등은 모두 위 범주에 포함된다.

예수님께서는 딱 한 가지 조건을 두셨다. 예수님의 말씀에 거하고 예수님을 따르는 제자가 되어야 한다는 것이다. 다른 말로 하자면 예수님의 종으로 예수님께만 얽매이면 다른 모든 것에서 자유롭게 된다는 것이다.

기독교 신앙은 논리적으로 설명하기 힘든 역설적 진리가 많다. 우리는 주의 종으로 자유를 누리지만, 동시에 자유로운 선택으로 다른 사람의 사랑의 종이 되어야 한다는 가르침이다. 종교개혁자 마르틴 루터는 《그리스도인의 자유에 대하여》라는 책에서 이 주제를 아주 깊게 다루었다. 함께 성경을 읽어보자.

> 그리스도께서 우리를 자유롭게 하려고 자유를 주셨으니 그러므로 굳건하게 서서 다시는 종의 멍에를 메지 말라(갈라디아서 5:1).

> 형제들아 너희가 자유를 위하여 부르심을 입었으나 그러나 그 자유로 육체의 기회를 삼지 말고 오직 사랑으로 서로 종 노릇하라(갈라디아서 5:13).

진리 안에서 산다는 것은

인생을 좀 살아 본 다음에 깨닫는 것은, 참을 아는 것도 힘들고 참되게 사는 것도 힘들다는 사실이다. 희랍 철학 전통을 이어 받은 서양철학에서 말하는 진리는 뭔가 역사와 삶의 현실과는 상관없는(extra-historical) 추상적인 개념이다. 그러나 기독교 진리는 참된 앎과 참된 삶을 다 아우르는 진리다. 성경과 예수 그리스도의 가르침에 나타나는 진리인 동시에 예수 그리스도의 인격과 사람 전체를 통해 나타나는 진리다. 그러므로 진리이신 삼위일체 하나님을 아는 자는 거짓, 탐욕, 죄로부터 자유를 누리게 된다. 인격과 언어, 행동이 도덕적으로 참되길 소망하며 자기와 거룩한 투쟁을 하게 된다.

예수 믿기 전까지 나는 그래도 참되게 살려고 노력하는 괜찮은 사람인 줄로 착각했었다. 자기가 자기에게 속는다는 게 나 같은 경우를 두고 하는 말일 게다. 그러다가 "내가 위선자구나!" 하고 깨닫는 계기가 있었다. 1967년 여름이었다. 나는 여자 선교사 두 사람이 함께 섬기는 학생 선교단체에서 일을 배우고 있었다. 어느 날, 대학로 근처의 사무실에서 나를 지도하던 한국인 선생님에게서 어떤 여선교사의 약점을 들었다. 나는 별 생각 없이 그 이야기를 다른 선교사에게 말하게 되었다. 그 말을 들은 선교사는 정색하며 내게 말했다.

"승장 형제가 이 사람에게는 이 말을, 저 사람에게는 저 말을 하면 난 승장 형제를 믿을 수 없게 됩니다!"

그 말을 듣는 순간 느낀 무안함이란 말로 표현할 수 없다. 가만히 생각해 보았다. 내가 왜 그런 말을 하게 됐을까? 다른 사람의 약점을 알림으로 서로 경쟁 관계에 있던 사람에게 더 인정받으려던 게 아니었을까? 이 사건은 겉으로 말이나 행동을 세련되게 하는 것보다 마음을 정직하고 진실하게 지키는 것이 얼마나 중요한가를 깨우쳐 주었으며, 내 평생의 교훈이 되었다.

구약 시대 다윗 왕은 충신을 죽이고 그의 아내를 빼앗았다. 고대 근동 국가 왕의 지위로 볼 때는 그리 큰 죄가 되지 않는다. 그러나 하나님의 거룩한 말씀대로 사는 이스라엘의 율법으로는 끔찍한 살인·간음죄가 된다. 다윗은 이 일이 그냥 지나갈 줄 알았다. 그러나 하나님의 예언자가 목숨을 걸고 다윗 왕의 죄를 지적한다. 다윗은 깊이 회개하고 유명한 참회의 시를 쓴다.

사도 바울은 이런 말을 했다.

> 너희는 유혹의 욕심을 따라 썩어져 가는 구습을 따르는 옛 사람을 벗어 버리고 오직 너희의 심령이 새롭게 되어 하나님을 따라 의와 진리의 거룩함으로 지으심을 받은 새 사람을 입으라(에베소서 4:22-24).

인간의 타락 이후, 우리는 태어날 때부터 거짓된 자로 이 세상에 속하게 됐다. 아이들을 키워 본 부모는 누구도 가르치지 않았는데 아이가 거짓말을 하는 것을 보고 큰 충격을 받는다. 마음이 거짓되고 욕심으로 가득 차 있어서 사람의 말과 행동이 정직하지 못한 것이다.

그러면 어떻게 해야 참되게 살 수 있을까? 참 진리이신 하나님을 경외하고 그의 진리의 말씀대로 순종하는 삶을 사는 길밖에 없다. "예수 안 믿고도 양심적으로 기독교인들보다 바르게 사는 사람들이 얼마나 많은데요?"라는 질문이 들리는 것 같다. 그렇다. 상대적으로 어떤 가정, 어떤 문화에서 자라 왔느냐에 따라 다르다. 하지만 성경은 양심조차도 우리가 믿고 따를 기준이 될 수 없고, 도덕적으로 살 힘을 주지 못하는 것이라고 한다. 양심은 하나님이 선악을 분별하도록 우리 마음에 본성으로 주신 것이다. 그러나 죄로 타락한 후엔 양심도 마비되거나 거짓될 수 있다. 그러므로 예수 그리스도의 피로 양심이 깨끗해져야 한다(히브리서 9:14).

사람의 선한 노력이나 수행도 다 필요하다. 하지만 한계가 있다. 그래서 진리의 영이신 성령님의 도우심이 필요한 것이다. 거룩한 진리의 말씀과 거룩한 진리의 영으로 순간순간 내 마음을 성찰하고, 마음의 동기가 자기 영광인가 하나님의 영광인가를 살펴야 할 것이다. 우리는 개인적 차원에서 참되게 살 뿐 아니라 우리 사회가 정직한 사회가 되도록 힘써야 한다.

> 오직 정의를 물 같이, 공의를 마르지 않는 강 같이 흐르게 할지어다(아모스 5:24).

하나님 아버지, 하나님께서 모든 지혜와 진리의 근원이 되어 주시고, 진리이신 당신의 아들을 우리에게 보내 주심을 진심으로 감사드립니다. 거짓 철학, 거짓 사상이 사람의 영혼을 어둠으로 몰아넣는 세상에서 "나는 진리다"라고 선포하신 그리스도의 음성을 듣게 해주시니 얼마나 안심이 되는지요. 이제는 더 이상 방황하지 않고 하나님의 진리의 말씀을 사랑하고 그 진리의 빛 가운데서 자유롭고 밝게 살고 싶습니다. 진리이신 하나님과 하나님 말씀을 알기 위해 더 힘쓰며, 제 안에 거짓이 많으니 참되게 살 수 있도록 진리의 성령을 부어 주십시오. 그래서 참된 삶을 살아가는 당신의 자녀, 그리스도의 제자 되게 도와주십시오. 예수님의 이름으로 기도합니다. 아멘.

포드 매독스 브라운_〈영국에서의 마지막 날〉
1852-54년, 나무에 유채, 82.5×75cm, 버밍엄 시립미술관.

8. 꿈을 이루는 희망

초등학교 3학년 때 전쟁이 터지자, 많은 피난민이 서귀포교회로 몰려와 예배당에서 지냈다. 부모님을 따라 교회에 가서 피난민들과 함께 예배 드리던 기억은 슬프도록 아름답다. 피난 온 분들은 아침저녁으로 예배를 드렸는데 늘 울음바다였다. 교회는 모여서 우는 곳이었다.

한 사람, 한 사람 모두 기막힌 사연이 있었다. 가족이 용케 다 함께 피난 온 가족은 굶어도 함께 굶으니까 견딜 만했다. 하지만 피난 오면서 가족 가운데 누가 다치거나 죽든지 아니면 생이별한 후 생사가 확인되지 않는 분들은 정신을 놓기도 했다. 어떤 남자는 휘청대고 걸으면서 가족 이름을 목 놓아 불렀다. 어떤 아주머니는 머리를 풀어헤치고 찢어진 옷을 입은 채 어느 집 처마 밑에 망연자실 앉아 있거나 이를 잡기도 했다. 그때 우리에게 희망이란 전쟁 통에 죽지 않고, 굶지 않고, 가족과 헤어지지 않고 살아남는 것이었다.

세계 최빈국 백성의 설움을 요즘 우리 청년들이 얼마나 이해할 수 있을까. 초등학교 시절, 일본에 친척이 있는 친구들이 일제 연필이나 크레용을 학교에 가지고 오면 얼마나 부러웠는지 모른다. 미제 구호물자로 먹고 입으며, 좋아 어쩔 줄 몰라 했던 게 우리 세대였다. 전쟁 후 극한 가난에 짓눌려 살던 청소년기의 우리에게 소원이 있다면 잘 살아 봤으면 하는 것이었다. 어려서부터 주입식 민족주의 교육에 세뇌받던 시기여서 그랬는지, 아니면 공동체 의식이 강해서 그랬는지 모르겠으나, 나만 잘 살겠다기보다는 우리 민족이 다 같이 잘 살았으면 하는 생각이 간절했다.

솔직히 우리나라가 이렇게까지 잘 살게 되리라고 우리 세대는 상상도 하지 못했다. 가난이 극에 달하면 사람은 희망도 잃어버리게 되기 때문이다. 내가 예수를 믿고 달라진 것은 인생을 꿈꾸며 살게 된 것이다. "쓰레기통에서 장미가 필 수 있을까?" 할 정도로 절망적이던 우리나라도 "언젠가 성경대로만 살면 좋은 나라가 될 거야" 하는 소망을 품게 된 것이다.

사람은 꿈꾸며 산다. 개인적으로 뭘 이루겠다는 꿈도 있고, 국가적으로도 이런 나라를 건설하겠다는 소망도 있다. 희망은 '영혼의 닻'이라고 한다. 현실이 아무리 폭풍 노도 속에 있더라도 희망을 가진 영혼은 결코 전복되거나 파손되지 않고 꿋꿋하게 버티면서 앞으로 나아간다.

하나님을 믿고 나서, 나는 젊은 날의 막연하고 어렴풋하던 꿈이 뚜렷하게 바뀌었다. '하나님 나라와 그의 의'를 추구하는 비전을 품고 살게 된 것이다. 의지가 약한 나는 늘 흔들리고 넘어지기 일쑤였으나, 그래도 버틸 수 있었던 것은 하나님 나라가 이 땅에 이루어지는 성서 한국의 희망 때문이었다고 감히 말할 수 있다.

꿈을 이룰 수 있다는 희망

대학 시절, 함석헌의《성서적 입장에서 본 조선 역사》(후에《뜻으로 본 한국역사》로 제목이 바뀜)를 읽었다. 민족의 고난을 구약 이사야서의 '고난의 종'에 비추어 의미를 부여하는 역사 해석으로 내게 소망을 품게 한 책이다. 그의 친구였던 김교신의 성서조선 운동의 비전을 조금이나마 공유할 수 있었다. 영국에서 지낼 때, 정신적으로 나태해지면 서가에서《김교신 전집》을 꺼내 읽으면서 자세를 가다듬었다.

나는 선교사들의 도움을 많이 받았다. 대학 시절 미국인 여자 선교사에게 성경과 영어를 배웠다. 졸업을 앞두고는 과로로 급성 간염에 걸려 광주기독병원에 한 달을 입원한 적이 있다. 그때 원장님이 카딩톤(Herbert A. Codington, 고허번)박사였다. 그는 호남지방에서 '슈바이처'로 불릴 정도로 유명한 분이었다. 그 원장님이 입원실로 나를 찾아와 기도해 주실 때 받은 감동을 잊을 수 없다. 그는 한국이 좀 살 만하게 되자, 더 가난한 사람들을 돕겠다고 방글라데시로 가서 생을 마치셨다.

간사로 헌신한 후엔 짧은 기간이지만 선교사들과 같은 집에서 지내면서 기독교인의 삶을 배운 것이 축복이었다. 대학생들을 신앙적으로 돕는 방법을 배우는 수련 기간이었다. 미국 미시시피주 출신의 사라 베리라는 선교사에게 영어 성경, 특히 복음서를 집중해서 배웠다. 에이더 럼이라는 미국계 중국인 선교사에게도 성경을 배웠다. 피터 패티슨 박사는 케임브리지 대학, 기독인연합의 성경공부와 스위스 라브리 공동체에서 회심하고 마산에서 소아 결핵환자들을 치료하는 의사였다. 그는 예수 믿고 산다는 것이 어떤 것인지를 삶을 통해 가르쳐 주었고, 대학생을 신앙적으로 돕는 것의 중요성을 일깨워 준 선교사의 한 분이다.

후에 섬기던 선교단체가 빗나가게 되어 개혁 운동을 하다가 호구지책도 없이 쫓겨난 적이 있다. 아내와 아이들이 있는 가난한 가장이자 전도자인 나는 주님의 일을 할 때는 바울처럼 독신이 좋겠다고 생각할 정도로 힘이 들었다. 동역자 세 명과 '기독대학인회 ESF'를 개척했다. 생활은 바닥이었지만 소망은 뚜렷했다.

우리 세대들은 미국이라면 깜빡 죽는다. '아, 미국 같은 나라에서 살아 봤으면……' 하는 생각을 내 또래 중에 품어 보지 않은 사람이 없을 것이다. 영국사, 미국사, 프랑스사, 독일사, 러시아사 등 구미의 역사책을 읽으면서 선진국에 가서 공부했으면 하는 열망이 식을 줄 몰랐다.

결정적인 도움을 얻은 것은 박권상의 《영국을 생각한다》라는 책이다. 수년간 동아일보 특파원으로 재직하면서 영국 사회의 이모저모를 기자의 꼼꼼한 취재로 기록한 교양서다. 영국은 지구상 가장 성숙한 사회를 이루었고, 산업혁명, 자본주의, 의회민주주의, 대학교육, 문인들, 비틀즈를 비롯한 대중음악 등, 현대 문명에 가장 많은 공헌을 한 국가다. '요람에서 무덤까지'라는 모토로 사회복지국가를 이루어 내가 부러워하던 거의 모든 것이 있는 나라였다. 그러나 나처럼 가난한 대학생 사역자가 그런 나라에 가서 공부한다는 것은 상상할 수도 없는 꿈이었다.

그러나 1979년, 꿈도 꾸지 못했던 일이 내게 이루어졌다. 에이더 럼 선교사가 우리 가족에게 영국 유학의 길을 열어 준 것이다. 만 37세 때였다. 당시 신학교 등록금과 생활비가 미국보다 두 배 가까이 드는 곳이었지만, 유학 생활 3년 동안 ESF 졸업생들의 고마운 헌금으로 생활비가 해결되었다. 대학생기독운동의 요람인 영국에서 공부해 보겠다는 소원이 정말 꿈같이 성취된 것이다.

처음 영국 생활을 하면서 참 대단한 나라라는 생각이 들었다. 미국은 우리나라같이 작은 나라와 비교할 수 없을 만큼 크고 잘 사는 나라였지만, 영국은 국토, 인구 모두 그리 큰 차이가 나지 않는 상대적으로 작은 나라였다. 그런데 어떻게 이런 나라를 이룰 수 있었을까? 내가 읽은 책, 만난 사람들에게서 종합한 결론은 '성경'이었다. 아프리카의 어느 왕이 빅토리아 여왕에게 질문했다.

"도대체 어떻게 영국이 이런 엄청난 제국을 건설할 수 있었습니까?"

여왕이 자기 왕좌 바로 옆 탁자에 놓인 성경을 집어 들면서 답했다는 말이 전해 온다.

"바로 이 책이 영국을 만들었답니다!"

여기까지 읽은 독자는 내가 지나치게 서구중심주의자라고 비판할 수 있을 것이다. 하지만 지금 나는 서구 사회의 몰락, 특히 지난날 성경에 기초한 기독교 문화를 이루었던 국가들이 신앙을 떠난 후 급격히 쇠락의 길로 들어서고 있음을 지켜보고 있다. 미국 피처대학 사회학과 교수인 필 주커먼(Phil Zuckerman)은 스웨덴과 덴마크에서 일 년 반 동안 생활한 경험으로《신 없는 사회》라는 책을 썼다. 그는 기독교 신앙을 갖지 않고도 도덕적으로 깨끗하고, 빈부 차이가 거의 없고, 자유로운 복지사회를 부러워한다. 하지만 이것은 종교개혁 이래 300년간 스칸디나비아 국가들이 철저하게 성경적인 사회를 건설하려고 노력해 온 자취와 문화 전통에 무지하거나, 아니면 기독교의 영향력을 애써 무시하려는 태도에서 나온 것으로 보인다.

역사를 바꿀 수 있다는 희망

성경에서 '세상'이란 단어는 지구, 인류, 세속적 가치체계 등 세 가지 의미로 사용되므로 문맥을 살피며 읽어야 한다. 하나님을 떠난 인류는 끊임없이 하나님을 배반하는 도시나 국가 사회를 건설하려고 한다. 그러나 하나님은 포기하지 않으시고 당신이 선택한 백성을 통해 세상을 바꾸려는 뜻을 이루어 가신다. 그 출발은 기원전 2000년 경, 팔레스틴의 소돔이라는 도시 국가와 하나님의 선택을 받은 아브라함의 후손들 사이에 극명하게 나타난다.

> 여호와께서 이르시되 내가 하려는 것을 아브라함에게 숨기겠느냐 아브라함은 강대한 나라가 되고 천하 만민은 그로 말미암아 복을 받게 될 것이 아니냐 내가 그로 그 자식과 권속에게 명하여 여호와의 도를 지켜 의와 공도를 행하게 하려고 그를 택하였나니 이는 나 여호와가 아브라함에게 대하여 말한 일을 이루려 함이니라 여호와께서 또 이르시되 소돔과 고모라에 대한 부르짖음이 크고 그 죄악이 심히 무거우니 내가 이제 내려가서 그 모든 행한 것이 과연 내게 들린 부르짖음과 같은지 그렇지 않은지 내가 보고 알려 하노라(창세기 18:17-21).

소돔은 사람 살기 좋은 비옥한 곳이라 인구가 증가하고 경제적으로 풍요로운 사회였다. 소돔은 우리가 사는 타락한 세상의 모델이다. 위 말씀에서 주목할 단어는 '부르짖음'이다. 소돔의 영적·도덕적 타락이 창조주요 세계의 주인이신 하나님을 향한 '부르짖음'으로 올라간다. 부르짖음이란 억압이나 침해를 받은 사람, 예컨대 강간당하는 여자가 도움을 구하면서 외치는 소리며(신명기 22:24), 부당한 대우 때문에 억울해하는 자의 호소(시편 34:17)를 나타낼 때 사용하는 용어라고 한다.

소돔은 하나님이 인간에게 주신 선물인 성을 왜곡하고 폭력적으로 악용하는 곳이었다. 성적 문란이 극에 달해 노소를 막론하고 동성애에 빠져 있었다. 외국인이나 다른 도시 사람이 오면 폭력을 사용해서라도 더러운 성적 욕망을 채웠다. 영적·정신적으로는 우상숭배가 극심했던 곳이어서 후에는 우상숭배로 하나님의 심판을 받게 되는 이스라엘의 운명과 비교되기도 한다(신명기 29:23).

이 도시국가는 열 명의 의인이 없어서 하나님의 불 심판을 받아 멸망한다. 어느 고고학자는 에이즈로 부족이 전멸한 어느 아프리카 국가처럼, 성병으로 멸망한 고대 근동국가가 많다고 주장한다. 폭력과 성적 문란이 사회악의 두드러진 특징이라면 현재 한국 도시야말로 멸망의 심판을 피하기 어려운 곳이 되고 있다.

성경은 세상에 있는 모든 것이 "육신의 정욕과 안목의 정욕과 이생의 자랑"(요한일서 2:16)이고, 결국은 사라질 것들이라고 말한다. 급소를 콕 찌르는 표현이다. 하나님 대신 우상을 섬기고, 음란과 폭력, 탐욕 등 도덕적으로 부패한 세상 나라를 대표하는 세력은 이집트, 바벨론, 로마 같은 제국으로 이어지는데, 그런 나라치고 망하지 않은 나라가 없다.

성경의 하나님은 세계와 역사의 주인이시며, 당신의 뜻을 이룰 새로운 사회를 세우려는 '사회적 하나님'이시다. 하나님 백성의 조상으로 아브라함을 택하셨고, 그를 통해 새로운 백성을 만드시고, 예수 그리스도를 통해 하나님의 그 뜻을 이루고 계신 분이다. 하나님의 원대한 계획이 무엇이었는가? 아브라함이 개인적인 믿음으로 살 뿐만 아니라 역사적 차원에서는 그가 자식들과 자손들에게 하나님의 말씀에 순종하게 하고, 옳고 바른 길을 가르치라고 하셨다. 세계적인 차원에서는 새로운 백성을 통해 세계 만민이 복을 받게 하려는 뜻을 세우고 이루어 가신다. 그러므로 하나님이 우리를 선택하신 목적을 잊지 말아야 한다. 하나님 말씀을 후손에게 바르게 가르치고 다른 나라 사람들에게 선교하는 일만큼 중요하고 가치 있는 일이 어디 있겠는가? 한국 기독교 초기에 우리 선배들은 성서한국을 이루려는 꿈을 포기하지 않았다.

예수님의 메시지의 중심은 하나님 나라였다. 그는 처음 일을 시작하시면서 하나님 나라 복음을 선포하셨다.

이르시되 때가 찼고 하나님의 나라가 가까이 왔으니 회개하고 복음을 믿으라 하시더라(마가복음 1:15).

하나님 나라는 복합적인 개념이다. 개인적인 차원과 사회적 차원, 눈에 안 보이는 영적 차원과 눈에 보이는 물질적 차원이 함께 있다. 미래에 완성될 영원한 차원이 있는 동시에 지금 여기서 이루어지는 현재적 차원이 있다. 성경을 공부하면서 나는 바울이 로마 성도들에게 말한 하나님 나라가 내 심령에 새겨지게 되었다.

하나님의 나라는……성령 안에서 누리는 의와 평화와 기쁨입니다(로마서 14:17, 새번역).

의와 평화와 기쁨의 나라가 한반도에도 이루어진다면 얼마나 좋겠는가. 성경은 사람을 바꾸고 역사를 바꿀 수 있다. 예수를 믿으면 세상을 바꿀 수 있다는 희망을 품게 된다.

구한말, 기독교가 들어오던 초기에 우리 선배들은 개인적으로 천당 가기 위해서만 기독교로 개종한 것이 아니었다. 기독교에서 민족의 희망을 찾을 수 있었기 때문이었다. 한국 기독교 최초의 지성인들—이승만, 이상재, 남궁억 등—은 독립협회와 만민공동회 사건으로 투옥되었을 때 선교사들이 차입한 성경과 《천로역정》 등을 읽으며, 기독교야말로 불교, 유교로 망한 조선을 구할 길이라는 한 가지 소망으로 의기투합한 동지들이다. 후에 동학도였던 김구가 기독교로 개종한 것도 독립운동을 위한 것이었다.《백범일지》에 나오는〈나의 소원〉은 기독교 정신으로 나라를 어떻게 세울 것인가 하는 그의 소망이 잘 나타난 글이다. 기독교 이념으로 백성을 가르치며 독립을 준비하는 교육운동가였던 안창호, 이승훈, 조만식 등의 선각자들은 모두 기독교 신앙을 통해 인재를 길러 민족을 살리려고 희망의 불씨를 키우던 사람들이다.

예수 믿고 기독대학생 운동에 나설 때, 나 역시 부족하지만 마음속 깊이 이런 민족적 소망을 갖고 출발했다. 성경과 역사를 공부할수록 하나님 나라에 대한 소망은 더욱 간절하고 확고해졌다. 예전에 나는 교회에서 가르치는 기독교 복음이란 개인 영혼 구원에 한한 것이라고 오해하고 있었다. 성경과 예수를 몰랐기 때문이기도 하고, 교회가 균형 있게 교인을 가르치지 못했기 때문이기도 했다. 죽어서 천당 가는 것과, 사회가 어떻게 되든 내 영혼만 구원 받으면 된다는 편협한 신앙 행태였다. 기독교 신앙은 사적인 영역만 다루고, 공적 영역에는 간여할 필요가 없다는 식이었다.

예수를 믿으면 가정, 사회, 국가와 세계, 자연환경에 이르기까지 좋은 세상을 이루는 꿈과 비전을 갖게 된다. 예수님은 이 좋은 세상을 '하나님의 나라'라고 하셨다. 하나님 나라는 예수님이 왕이 되셔서 사랑과 평화로 다스리는 것을 가리킨다. 장소 개념이라기보다 누가 다스리느냐 하는 통치 개념이다. 하나님 나라는 하나님이 왕이 되셔서 친히 다스리는 나라다. 정의의 나라요, 평화의 나라요, 기쁨의 나라다. 우리가 사는 이곳에 하나님 나라가 임하여 완성되는 것, 이것이 하나님의 궁극적 계획이요, 역사의 목표이며, 예수 믿는 사람들의 꿈과 소망이다.

성경의 하나님은 '나의 하나님'인 동시에 '우리 하나님'이시다. 한 사람을 온 우주보다 가치 있게 여기는 하나님이시지만, 당신의 형상대로 창조하신 사람들이 더불어 사는 공동체를 소중히 여기신다. 예수님은 한 사람 한 사람에게 손을 얹으면서 구원하신 분이시면서, 동시에 제자들에게 온 세상에 하나님의 나라가 임하길 기도하라고 가르치셨다. 세상을 바꾸려는 희망을 가진 사람은 예수를 믿어야 비로소 그 길을 찾을 수 있을 것이다.

나라를 바꿀 수 있다는 희망

사회가 부패하고 불공정하면 생각 있는 사람들은 정의에 주리고 목마르다. 공의의 하나님은 인간 사회에 당신의 의가 실현되길 원하신다. 기원전 8세기, 이스라엘의 예언자 아모스 선지자를 통해 하나님은 이렇게 외치신다.

> 오직 정의를 물 같이, 공의를 마르지 않는 강 같이 흐르게 할지어다(아모스 5:24).

예수님은 제자들에게 복과 삶의 우선순위를 가르치셨다.

> 의에 주리고 목마른 사람은 복이 있다. 그들이 배부를 것이다……
> 의를 위하여 박해를 받는 사람은 복이 있다. 하늘나라가 그들의 것이다(마태복음 5:6, 10).

> 너희는 먼저 그[하나님]의 나라와 그의 의를 구하라(마태복음 6:33).

바른 사회는 국민 한 사람 한 사람이 얼마나 정직한가와 사회에 얼마나 정의가 실현되었는가에 달려 있다. 한국은 경제적으로 선진국 수준이 되었다. 사실 산업 구조가 한국만큼 균형 잡히고, 한국인만큼 재주 있고 근면한 국민을 찾기 힘들다. 하지만 공정과 평등이라는 잣대로 한국 사회와 다른 기독교 문명권의 국가를 비교하면, 우리는 후진국을 벗어나지 못한다.

정의가 강물처럼 흐르는 나라

1979년 박정희 대통령이 시해당하기 몇 주 전부터 영국에서 살기 시작한 나는 부러운 것이 한두 가지가 아니었다. 집집마다 앞뒤로 정원이 있어서 철따라 장미와 갖가지 꽃이 피었다. 뒷마당은 겨울에도 잔디가 푸르렀다. 사람들도 친절하고 인격적으로 대해 줘 긴장할 필요가 없었다. 환경 미화원이 거리를 쓸면서

콧노래를 부르는 모습이 좋았다. 환경 미화원 급여가 공무원과 별 차이가 없었다. 신학교에서 수업이 끝나고 쉬는 시간이면 청소부와 학생이 신학적 주제로 수준 높은 대화를 나눴다. 학장이든, 관리 직원이든, 교수든, 배관공이든, 자동차 수리공이든 평등하게 대접 받는 게 신기했다. 미국이나 한국처럼 의사, 변호사, 교수 등의 수입이 다른 직업과 많은 차이가 나지 않았다. 교육 배경, 빈부 차이, 성별 차이가 적어도 겉으로 두드러지지 않은 것만 해도 얼마나 부러웠는지 모른다. 거리에 나가거나 건물에 들어가서도 서로 양보하고 어쩌다 옷이라도 스치면 미안하다고 인사하는 모습도 신기했다. 건널목에 서 있기만 하면 차가 어김없이 멈추어 서서 사람을 우선으로 대접하는 것도, 신호등이 없어도 라운드어바웃(로터리)에서 질서 있게 양보하고, 기분 좋게 더불어 사는 모습이 감동적이기까지 했다. 30여 년 전, 선진국을 동경하던 가난한 유학생의 눈으로 본 것임을 감안해 주기 바란다.

하루는 학교에서 학생 총회가 열렸다. 안건 중에 학교 서점이 학생들에게 할인을 할 것인가, 할인하지 않고 이익금을 장학금으로 사용할 것인가에 대한 것이 있었다. 군사독재 밑에서 명령과 복종에만 익숙했던 나에겐 지리하고 비효율적인 절차로 보였다. 하지만 많은 학생들이 찬반 진영으로 나뉘어 번갈아 발언을 한 후 표결에 부치는 모습이 꼭 영국 의회 여야 의원들의 토론 분위기와 유사했다. 일종의 문화충격이었다.

그러나 십오 년간 살다 보니, 영국 사회도 갈수록 문제가 많다는 걸 발견했다. 세상에 완전한 사회는 없다는 사실을 깨달았다. 2005년 7월에는 런던 지하철과 버스에서 연쇄 폭탄 테러가 일어났다. 범인들은 영국에서 태어난 파키스탄계 이슬람 청년들이었다. 52명이 죽고, 8백여 명이 다쳤지만, 개인적인 보복은 없었다. 영국이란 나라가 상대적으로 정의와 사랑, 평화가 더 이루어진 사회임은 틀림없었다.

정의로운 사회는 가난하고 약한 자들을 배려하며 그들을 위한 복지가 잘 이루어진 사회일 것이다. 어떻게 해야 약한 사람도 사람 대접을 받고, 어린이들이 맘껏 뛰놀고, 폭력으로부터 안심할 수 있고, 학생들이 사교육의 멍에를 벗고, 사람들이 예의를 갖추고 서로 존중하며, 병자들이 돈이 없어 치료를 못 받는 일이 없고, 노인들이 국가에서 연금을 받으며 생존 때문에 걱정하지 않는 나라가 될 것인가. 어떻게 해야 거짓말과 뇌물 청탁이 없고, 바르게 세금을 내고, 법을 잘 지키고, 공적 생활에 예의를 지키는 백성이 될 수 있을까? 어떻게 해야 성매매와 성폭력이 사라질 수 있을까? 정부와 언론, 기업, 학교, 병원, 모든 사회 기관에서 부패가 사라지고 투명, 정직, 공정, 평등한 사회를 이룰 수 있을까? 군사 혁명? 공산 혁명? 도덕 혁명? 그 어디에도 답이 없다. 오직 사람을 창조하시고 고치실 능력 있는 창조주, 국가 사회 제도를 허용하시고 주관하시는 하나님만이 그런 나라를 이루실 수 있다.

이념적으로 오른편에 서는 사람은 개개인의 자유를, 왼편에 서는 사람은 사회구조적 정의를 주장한다. 그러나 이영희 교수가《새는 '좌·우'의 날개로 난다》에서 주장했듯이, 개인 도덕과 사회 공의는 동시에 추구되어야 할 가치다. 아래 말씀을 읽으면서, 우리 사회에서 하나님 나라를 소망하며 산다는 게 무슨 의미인지 생각해 보자.

> ……그가……이제부터 영원히, 공평과 정의로 그 나라를 굳게 세울 것이다……그는 눈에 보이는 대로만 재판하지 않으며, 귀에 들리는 대로만 판결하지 않는다……가난한 사람들을 공의로 재판하고, 세상에서 억눌린 사람들을 바르게 논죄한다. 그가 하는 말은 몽둥이가 되어 잔인한 자를 치고, 그가 내리는 선고는 사악한 자를 사형에 처한다. 그는 정의로 허리를 동여매고 성실로 그의 몸의 띠를 삼는다(이사야 9:7; 11:3-5, 새번역).

원수를 친구 만드는 평화의 나라

구약에 예언된 예수님의 별명은 '평강의 왕'(Prince of Peace)이며(이사야 9:6), 그리스도가 왕으로 통치하시는 나라는 평화의 나라다. 예수 믿는 자는 갈등과 싸움이 그치지 않는 세상에 '평화를 이루는 사람들'(the peacemakers, 마태복음 5:9)이다.

왜 세상살이가 이토록 복잡하게 얽혀 있고, 갈등이 그치지 않는 걸까? 사회학자, 역사학자들은 각기 그럴 듯한 답을 제시한다. 그런 답은 부분적 진리다. 종합적 진리는 오직 역사의 주인인 창조주에게서 나온다. 성경의 답은 우선 개개인의 마음이 하나님을 떠나 부패해졌기 때문이요, 그 결과 그들이 만든 사회구조 역시 부패했기 때문이라고 설명한다.

현대 한국 사회는 돈을 최고의 가치로 삼는다. 경제 동물이나 경제 기계처럼 살다 보니 세계에서 가장 불안한 사회가 되었다. 이혼율은 세계 1위다. 가출 청소년들의 비행, 학교 폭력으로 자살하는 중고생들, 대학생들의 경쟁, 취업을 앞둔 불안과 공포, 직장인들의 스트레스……. 이런 가운데 평안하고 안녕한 사람들이 오히려 희귀종이 되고 있다.

재독 철학자 한병철이 시대의 뇌관을 건드렸다는《피로 사회》라는 책을 썼다. 그는 현대문명의 소진증후군, 우울증, 주의력 결핍, 과잉행동장애 등은 정신질환의 역사적 위치를 보여 준다고 한다. 성과사회는 자기를 착취하는 구조가 되어 가고 있다고 지적한다. 사람들은 경쟁에서 생존하고 승리하려는 자기 성취를 위해 완전히 망가질 때까지 자기 자신을 자발적으로 착취하고 있다고 진단한다. 피로 사회에서 현대인은 피해자인 동시에 가해자가 되고 있다는 것이다.

평화의 왕 예수님이 통치하시는 하나님 나라는 사랑과 평화의 나라다. 십자가로 원수 된 것을 소멸하고 화해하고 용서하고 서로 돌보는 새 세상이다. 이런 세상을 약속하시기에 우리는 예수를 믿는 것이다. 바울은 예수님이 이루시는 평화를 이렇게 말한다.

> 그리스도는 우리의 평화이십니다……그는……사람 사이를 가르는 담을 자기 몸으로 허무셔서……원수 된 것을 없애시고…평화를 이루시고……십자가로 소멸하시고……하나님과 화해시키셨습니다(에베소서 2:14-16, 새번역).

우리 후손들이 중국과 일본의 위협 앞에서 위태롭고 긴장된 세상을 살게 될 것에 걱정이 많다. 거대한 이웃, 두 국가는 정의의 개념 없이 힘으로 상대방을 제압하려는 기세로 주변국을 무력으로 위협하기 시작했다. 탁석산의《한국의 주체성》을 읽으면서, 한국이 주체성을 지키려면 원자탄이 있어야 한다는 그의 주장을 처음엔 농담처럼 생각했다. 그런데 일본의 독도 위협, 중국의 이어도 영토 주장 등을 지켜보며, 아랍권의 군사 위협에 맞서기 위해 원자탄을 보유함으로써 주권과 평화를 지키는 이스라엘을 생각하게 된다. 어떻게 한반도의 평화를 후손들에게 물려줄 수 있을까? 장준하 선생은《돌베개》에서 독립군에 투신한 것이 "부끄러운 조상이 되지 않기 위해서"라고 했다. 우리 세대가 다음 세대의 일자리와 후손들이 누릴 평화에 더 많은 관심을 갖고 준비를 해야겠다. 그래야 부끄러운 조상이 되지 않을 것이다.

2012년 1월, 30여 명의 한국인, 중국인, 일본인 기독청년들이 도쿄 복음교회에서 '동아시아 기독청년대회'로 2박 3일간 모였다. 위에 인용한 에베소서 말씀을 가지고 그룹으로 공부했다. 나도 그 성경공부에 참여했다. 한 사람이 말하면 다른 언어로 통역하고 설명하는 복잡한 소통 과정이었지만, 전혀 어렵게 느껴지지 않았다. 집회 후, 한 중국인 유학생이 "정말 우리가 예수님 안에서 한 형제자매인 것을 확인했다"는 소감을 카페에 올렸다. 예수님만이 원수가 되기 쉬운 동북아 3국의 국민들을 친구요 형제자매로 만들 수 있다는 희망을 발견했다.

백여 년 전, 프랑스인 빌렘 신부에게 성경과 세계사를 배운 안중근이 '동양 평화론'을 주창하며 3국이 세계 평화에 이바지할 비전을 보았다는 사실은 경이롭기까지 하다. 한·중·일 세 나라가 남의 나라의 작은 섬 뺏기에 골몰하고, 남의 영해에서 고기를 잡다가 단속하는 경찰을 칼로 죽이는 싸움을 그치고, 서로 축복하고 칭찬하며 격려하는 국제 관계로 발전할 수 있을까? 국제정치·경제학적으로는 유럽처럼 기독교 문화를 공유하지 못하고, 서로 역사적 상처가 많고, 민족주의가 최고의 가치가 되는 세 국가 사이에서는 불가능한 일이다. 하지만 예수님이 다스리시는 나라에서는 가능한 길이 열릴 것이다. 그 소망을 볼 수 있는 젊은 믿음의 청년들이 남아 있어야 한다.

기쁨 넘치는 희락의 나라

'나는 놈 위에 노는 놈 있다'는 제목의 책이 있다. 잘 노는 사람이 성공한다는 내용이다. 그런데 막상 그 책의 저자는 노는 것을 강의하러 다니느라 놀지 못하고 엄청 바쁘다는 그의 친구의 농담을 들은 적이 있다. 얼마 전, 빨리 달리는 사람보다 '느리게 사는 법'을 아는 자가 더 복 받은 인생이라고 한 프랑스 철학자 피에르 쌍소의 책도 읽었다.

이스라엘인들은 '저녁이 있는 삶'을 누린다. 하나님은 사람이 잘 놀고, 쉬고, 즐기는 생활을 하도록 배려하신다. 이스라엘 백성은 안식일엔 당연히 쉬었고, 매년 3회 1주일씩 축제를 가졌다. 추석에 해당하는 초막절에는 모든 백성이 야외로 나가 초막을 텐트처럼 짓고, 맛있는 음식을 먹고, 종려나무 가지를 흔들며 신나게 춤추고 놀게 하셨다.

6년 일하면 1년 안식년이 있고, 결혼하면 1년간은 군 복무도 면제되고, 일곱 번째 안식년 다음 해는 '희년'을 선포하게 하셨다. 희년에는 백성의 모든 부채가 탕감되고, 종들은 자유를 얻어 빈부 격차를 말끔히 해소한다. 슬픔과 근심에 사로잡혀 우울해하던 사람들이 묵은 포도주를 맘껏 마시며 즐거워한다. 엄숙하고 진지한 것만으로는 세상 사는 재미가 없다. 잘 먹고 마시며, 쉬고 까불며 놀고 함께 춤추고 노래하며 즐기는 것이 하나님 백성이 누려야 할 삶이다.

예언자 이사야는 하나님이 구원하시는 그날, 하나님 백성이 누릴 자유와 기쁨을 이렇게 노래한다.

> 무릇 시온에서 슬퍼하는 자에게 화관을 주어 그 재를 대신하며 기쁨의 기름으로 그 슬픔을 대신하며 찬송의 옷으로 그 근심을 대신하시고 그들이 의의 나무 곧 여호와께서 심으신 그 영광을 나타낼 자라 일컬음을 받게 하려 하심이라(이사야 61:3).

예수님이 처음 행하신 기적은 가나라는 동네에서 벌어진 결혼 피로연 자리였다. 물을 포도주로 만들어 하객들에게 기쁨을 선사한 것이다. 이것이 하나님 나라의 흥겨움이다. 나도 가나에 들러 포도주 한 잔을 마셔 봤는데, 선입감 때문인지는 몰라도 참 맛있었다. 예수를 믿으면 인생의 즐거움을 다 버리는 거라고 오해하는 사람들이 있다. 기본적으로 주님이 약속하는 하나님 나라는 희락의 나라다. 예수 안 믿는 사람들은 영혼 밖에 있는 조건과 환경을 바꿈으로 행복을 찾으려 한다. 그러나 예수 믿는 사람들은 마음속에서 영원토록 솟구치는 '희락'을 맛보며 산다. 인생을 잔치로, 세상을 축제장으로 만드는 꿈을 갖게 한다.

하나님 나라를 이루는 힘의 원천은 예수 정신이다.

> 하나님의 나라는 ……성령 안에서 누리는 의와 평화와 기쁨입니

다(로마서 14:17, 새번역).

'성령 안에서'라는 구절에 주목하자. 사람의 힘으로 하나님 나라를 이루려는 노력은 고결해 보이지만 불가능한 것을 꿈꾸는 일이다. 인류 역사에 대해 비관주의자는 희망이 없다고 본다. 인간 본성이 악해서 범죄가 흉악해지고, 탐욕으로 자연 환경을 파괴하고 있으니, 지구는 곧 종말을 맞을 거라고 한다. 낙관주의자는 인간의 선함과 능력을 믿기 때문에 과학 기술, 정치, 경제와 교육이 점점 발전해 인류는 이 세상을 낙원으로 만들 수 있다고 생각한다.

위의 두 견해는 다 틀렸다. 기독교 신앙은 '비관주의적 낙관주의'다. 우리의 마지막 희망은 그리스도의 재림으로 이 땅에 완성될 하나님 나라다. 인간의 힘으로는 불가능하다고 비관하면서도, 성령 안에서 가능하다고 믿는다. 성령은 하나님의 영, 예수의 영을 가리킨다. 예수를 믿는 자에게는 예수의 영이 함께하며 하나님 나라를 맛보고 하나님 나라를 이룰 지혜와 능력을 주신다. 예수를 믿는 자는 역사의 종말에 불의, 전쟁, 비통 대신 정의, 평화, 희락의 대안 사회가 이루어진다는 희망을 갖고 우리가 사는 세상을 좀더 하나님 나라에 근사하게 만들기 위해 노력한다. 계란으로 바위를 깨려 한다는 비아냥대는 소리에 의기소침하지 않고 현실을 바꾸려고 작은 일에 충성한다. 세상을 바꿀 수 있다는 소망을 가슴에 품고 꿋꿋하게 일한다.

사도 바울은 로마에서 미결수로 셋집에 머무는 동안, 이스라엘 장로들을 집으로 초청해서 말한다.

> 내가 이렇게 쇠사슬에 매여 있는 것은, 이스라엘의 소망 때문입니다(사도행전 28:20, 새번역).

세상 바꿀 희망을 가슴에 품고 살았지만, 그가 구체적으로 한 일은 방송사에서 카메라를 들고 찾아올 만큼 남이 알아 줄 만한 것이 아니었다. 셋집에서 하나님 나라와 주 예수 그리스도에 관한 복음을 전하고 가르친 것이 전부였다(사도행전 28:31). 하나님 나라의 희망을 가진 크리스천은 막연하게 큰 일만 꿈꾸는 몽상가가 아니다. 환경운동가들이 “지구적으로 생각하고, 지역적으로 행동하라”(Think globally, Act locally)를 모토로 삼듯, 내가 지금 여기서 행하는 작은 일이 하나님 나라를 실현하고 세상을 사람 살기 좋은 곳으로 변화시킬 수 있다는 믿음으로 도전적이고 희망찬 삶을 산다.

예수님은 당시 사회의 중심부에 있던 바리새인이나 학자들 무리와 함께 세상을 바꿀 꿈을 가진 것이 아니다. 별 볼일 없는 이스라엘 주변부 갈릴리 지방 출신의 어부, 세리 등 소수의 제자 공동체를 만들어 하나님 나라 비전을 공유하셨다. 성령의 권능을 받은 열두 사도를 통해 하나님 나라는 로마 세계를 정복하고 전진했다. 리더십과 조직 구성 부문의 저명한 강사인 제임스 헌터(James C. Hunter)의 《세상을 바꾸려면 *To Change the World*》을 보면, 예수님의 전략이야말로 역사를 통해 세상 변혁의 모델이 되었다고 한다. 예수 그리스도를 우주의 통치자, 만왕의 왕으로 믿고 순종하는 소수의 헌신된 제자 공동체가 역사를 바꾸는 것이다. 하나님을 믿는 자는 하나님이 나를 지금, 여기에 할 일이 있어서 부르셨다는 소명을 가지고 살게 된다.

어느 부부가 말다툼하는 것을 들은 적이 있다.

"아니, 집안이 이렇게 지저분하다니……."

남편의 불평에 센스 있는 아내의 대꾸다.

"뭐, 집안 깨끗하게 청소하고 산다고 역사에 남나요?"

웃으려고 하는 말이다. 우리가 꼭 역사에 남을 거창한 일만 하려고 사는 것은 아니다. 하나님이 부르신 곳에서 그의 나라의 의와 평강과 기쁨이란 가치를 구하며 즐겁게 일하는 것이 소명 있는 자의 삶이다. 큰 일이든, 작은 일이든, 무슨 일을 하든 성경이 가르치는 대로 정직하게 다른 사람 섬기며 충성하면 된다. 각자의 은사와 재능으로 하나님 나라 섬기는 것이 하나님 나라 백성의 아름다운 모습이다.

마지막에 완성되는 하나님 나라

지금까지 하나님 나라를 사회적 차원에서 생각해 보았다. 이것은 예수님께서 선포하신 하나님 나라의 한 가지 면을 주로 강조한 것이다. 예수님이 가르치신 하나님 나라의 소망은 시간과 공간에 제한 받는 우리의 사고를 뛰어넘는 종합적이고 초월적 요소, 역설적 요소가 신비롭게 조화를 이루는 나라다. 그러므로 우리가 하나님 나라의 개인적 차원을 간과해서는 안 될 것이다. 우리가 하나님 나라를 이 세상에서 맛보고, 마지막에 들어가려면 예수님의 말씀을 명심해야 한다. 예수님은 당시 유대 최고 지식인 중의 한 사람이던 니고데모와 저녁 시간 개인 인터뷰를 하시며 이렇게 말씀하신다.

> 예수께서 대답하여 이르시되 진실로 진실로 네게 이르노니 사람이 거듭나지 아니하면 하나님의 나라를 볼 수 없느니라……예수께서 대답하시되 진실로 진실로 네게 이르노니 사람이 물과 성령으로 나지 아니하면 하나님의 나라에 들어갈 수 없느니라(요한복음 3:3, 5).

나는 예수님이 말씀하시고 성경이 가르치는 사후, 천국과 지옥의 실재를 믿는다. 하나님이 보내신 구원자 예수를 믿는 자는 영원한 천국에 가며, 끝까지 안 믿는 자는 지옥에서 영벌을 받는다는 말씀을 믿는다. 잘 믿어져서 믿는 게 아니다. 잘 믿어지지 않지만, 거짓말하지 않으시는 예수님의 말씀이기 때문에 문자적으로 믿는다. 예수님이 분명히 가르치신 말씀을 받아들이지 않으면서 여러 가지로 교묘하게 해석하려는 시도는 건방진 태도라고 생각한다. 개인과 역사의 종말과 하나님의 심판을 믿는 자가 오히려 이 세상에서 더 바르게 살고 타인을 위해 희생하며 살 수 있다고 생각한다.

> 몸은 죽여도 영혼은 능히 죽이지 못하는 자들을 두려워하지 말고 오직 몸과 영혼을 능히 지옥에 멸하실 수 있는 이를 두려워하라(마태복음 10:28).

미국의 복음주의적 정치 참여의 선봉에 선 짐 월리스(Jim Wallis)는 《그리스도인이 세상을 바꾸는 7가지 방법》에서 다음 세대를 향해 이렇게 당부한다.

> 용납할 수 없는 것을 더 이상 용납하지 말라.
> 가능하다고 믿는다면 변화시켜라.
> 그리고 언제나 희망을 선택하라

빅토리아 시대의 대표적인 화가 포드 매독스 브라운(Ford

Madox Brown)은 번영하던 영국 사회의 문제를 극적으로 묘사했다. 〈영국에서의 마지막 날〉이란 그림은 가난에 지친 한 부부가 영국을 떠나 다른 나라로 떠나는 장면을 그렸다. 화가가 살던 1840년대 영국은 국가는 부요했지만 국민은 가난했던 모양이다. 화가 자신도 가난 때문에 인도로의 이민을 고려했다고 한다.

그림에서 보면 부부는 두툼한 옷을 입고, 낡은 우산으로 광풍을 막고 있다. 아내는 숄 안에 품은 아기의 손을 꼭 쥐고 있고, 남편은 아내의 손을 쥐고 있다. 그들 뒤로 보이는 사람들은 그 와중에도 술을 먹고 싸우지만, 부부는 단호하게 뒤돌아 앉아 있다. 뱃전 그물에 걸린 시든 양배추와 무가 이들의 양식이고, 거친 파도와 빙산이 그들의 여행이 쉽지 않으리라는 것을 암시한다. 그러나 부부의 눈은 살아 있다. 희망이 있기 때문이다.

이 그림을 보면 그리스도인들이 세상을 등지고 험한 바다를 건너 하나님 나라를 바라보며 가는 결의에 찬 모습이 연상된다.

성경의 마지막은 우리가 품을 최후 소망이 하나님 나라의 완성이라고 말한다. 예수님이 우리에게 보장하는 소망의 세계가 만물이 새로워지는 새 하늘과 새 땅이다. 진실하게 예수 믿는 자는 이 땅에 하나님 나라가 임하기를 간절히 기도해야 한다. 인간의 힘으로 세상을 바꿀 능력은 없지만, 하나님의 도우심으로 좋은 세상을 만들기 위해 끝까지 노력해야 한다. 역사의 주인께 눈물과 땀으로 기도하면서, "내가 속히 오리라!"는 그리스도를 바라보는 사람이어야 한다.

하나님, 예수를 믿는 이유가 나의 개인 영혼의 구원에 그치는 것이 아니라, 세상에 하나님의 나라가 임하는 소망을 가지고 사는 것임을 알고 가슴이 벅찹니다. 세상살이가 힘들고 절망적일수록 예수님이 약속하신 정의와 사랑, 평화와 기쁨의 하나님 나라의 꿈을 꾸며 살고 싶어집니다. 예수님의 십자가를 통해 우리가 하나님과 화해하고, 원수 된 자들을 용서하며 화해시켜 주시며, 세상에 공평과 정의, 평화와 기쁨 주심을 감사합니다. 저도 부족하지만 예수 정신으로 살겠습니다. 이 세상을 지금보다 더 살기 좋은 곳으로 만들 수 있다는 성서한국의 희망을 품고 남은 삶을 멋지게 살고 싶습니다. 예수님 이름으로 기도합니다. 아멘.

페르디난트 발트뮐러_〈기다림〉
1860년, 캔버스에 유채, 46×58cm, 뮌헨 노이에피나코테크.

9. 믿음의 고백

어느 신혼부부의 연애 시절 이야기다. 친구 소개로 만난 지 5년이 지나면서, 나이가 나이인지라 결혼 여부를 결정해야 하는 단계에 이르렀다. 여자는 그간 적지 않은 남자들과 데이트를 해 봤으나 이 남자만큼 좋은 신랑감이 없겠다는 생각이 들었다. 어느 날 남자가 꽃다발을 바치면서 사랑을 고백하고 정식으로 청혼했다. 그런데 여자는 망설였다. 막상 그 남자와 결혼하려니까 자신이 없었다. 매너가 좋은 그 남자는 부담을 주지 않으려고 기다리고 또 기다렸다. 그러나 여자는 헤어지자고도, 결혼하자고도 하지 않고 시간만 끌었다. 여자에게서 "나도 사랑해요! 우리 평생 함께 해요"라는 답을 기다리던 남자의 인내가 바닥났다. 사랑하지만 헤어질 수밖에 없겠다는 생각을 여자에게 전할 수밖에 없었다.

그러자 여자가 크게 당황했다. 여자가 결혼을 결심할 수 없는 몇 가지 이유가 아직 남아 있었던 것이다. 부모의 반대와 예전 남자 친구를 잊지 못하는 마음이 남아 있고, 이 남자를 행복하게 해줄 자신이 없었던 것이다. 그러나 생각하면 할수록 이 남자를 놓쳐서는 안 되겠다는 마음이 들었다. 그래서 어느 경험 많은 데이트 상담가와 의논을 했다. 그들은 몇 가지 문제를 극복하고 마침내 결혼에 골인해서 지금은 깨가 쏟아지는 행복한 부부로 살고 있다.

우리가 예수를 믿는 것은 결혼하는 것과 같다. 여기까지 이 책을 읽은 독자는 그동안 예수님과 연인처럼 사귄 셈이다. 예수님은 이미 나에게 사랑을 고백하며 평생 함께 살자고 청하신다. 공은 나에게 넘어왔다. 내가 응답할 차례다. 그의 사랑을 받아들여서 "네, 나도 주님을 사랑해요!"라고 해야 영원히 결합하게 된다. 망설이고 한없이 대답을 미루다가는 기회를 놓칠 수도 있음을 기억하자.

오스트리아의 화가 페르디난트 발트뮐러(Ferdinand Waldmüller)는 고집 센 표정의 베토벤 초상화를 그린 화가로 유명하다. 그가 그린 〈기다림〉이란 그림이 있다. 마을의 오솔길 옆 나무 그늘 밑에 청년이 한쪽 무릎을 꿇고 앉아 있다. 몇 미터 앞에 걸어오는 아름다운 여인을 바라보면서. 그의 손에는 분홍 꽃이 들려 있다. 청혼을 하려는 모양이다. 예수님이 우리를 기다리고 있는 것만 같다. 과연 청년의 사랑은 응답받았을까?

내 인생에 허락된 가장 큰 축복은 젊은 날 예수님을 믿게 된 것이다. 그때부터 복음 전하는 일, 특별히 청년들에게 예수님을 소개하는 일이 평생 직업이고 사역이 되었다. 크고 작은 모임과 전도를 위해 한국의 주요 대학 캠퍼스를 거의 다 다녀봤다. 예수를 전하는 것도 힘들지만, 예수를 영접하는 것도 쉽지 않다. 배운 사람이건, 그렇지 않은 사람이건 하나님 얘기가 나오면 불편해한다. 예수님을 내 인생의 구주요 주인으로 받아들이는 데 망설이게 하는 요소가 무엇이며, 그것을 어떻게 극복하여 믿음으로 새 인생을 출발할 수 있을까?

예수 신앙을 방해하는 것들

그리스도인의 신앙생활에서 한 가지 문제점은 지나치게 바빠 여유가 없다는 것이다. 전도를 하면 제일 먼저 거절하는 말이 이것이다.

"시간이 없어요."

거절하기 가장 좋은 말이기도 하지만, 사실이기도 하다. 사람들은 예수 믿는 걸 너무 어렵게 생각한다. 예수를 믿는 것은 왕의 잔치에 초청 받아 가서 실컷 먹고 즐기는 것과 같다. 성경에 이런 장면이 그려져 있다.

이르시되 어떤 사람이 큰 잔치를 베풀고 많은 사람을 청하였더니 잔치할 시각에 그 청하였던 자들에게 종을 보내어 이르되 오소서 모든 것이 준비되었나이다 하매 다 일치하게 사양하여 한 사람은 이르되 나는 밭을 샀으매 아무래도 나가 보아야 하겠으니 청컨대 나를 양해하도록 하라 하고 또 한 사람은 이르되 나는 소 다섯 겨리를 샀으매 시험하러 가니 청컨대 나를 양해하도록 하라 하고 또 한 사람은 이르되 나는 장가들었으니 그러므로 가지 못하겠노라 하는지라(누가복음 14:16-20).

왕의 초청을 거절한 사람들의 핑계는 밭을 사고, 소를 사고, 결혼했으니까 등등이다. 요즘 말로 하면 공부, 취업 준비, 직장, 결혼, 재테크, 애들 교육에 바빠서 못 가겠다는 말이다. 보이지 않는 영적 문제보다 다급한 현실 문제를 해결하려고 아등바등하는 게 우리 인생이기는 하다. 죽음이나 사후 세계 같은 것을 생각할 여지가 없다. 그러다 보면 은퇴할 나이가 되고 과연 내가 무얼 위해 살았는가, 회의에 잠기다가 어느새 생을 하직할 때가 온다.

어떤 사람은 죽기 직전에 믿겠다고 한다. 영리한 대답이다. 그러나 어느 누가 자기가 죽을 때를 알 수 있겠는가? 은퇴와 암, 치매에 걸렸을 때를 대비해서, 또 자신이 죽은 후 가족들을 위해 그렇게 많은 보험을 들어 놓는 사람들이 정작 자신의 영혼 문제는 방치하고 있는 것이 답답하다.

예수님은 언제 영접해도 좋지만, 가능하면 일찍 믿는 것이 좋다. 젊은 나이에 믿을수록 후회할 일이 적어진다. 늦은 나이에 예수를 믿고 땅을 치는 사람들도 많다. 젊었을 때부터 신앙생활을 했으면 얼마나 보람 있는 인생을 살았을까, 통탄하는 성도들을 많이 만나 보았다. 선입견과 고정관념이 발목을 잡을 때가 있다. 특히 중·고등학교를 미션스쿨을 다녔거나, 교회를 몇 번 다니다 실망한 사람들, 또는 반기독교 서적의 영향을 받은 사람들의 경우가 그렇다. 지난 2천 년간 기독교를 반대하는 수많은 이론과 세력이 있었다. 교회 지도자들의 비도덕적 행동이나 공격적이고 무례한 전도 방법 때문에 기독교에 대한 거부감이 있는 사람도 있다. 유교적 전통을 지켜온 한국 사람들에게 제사를 거부하는 등, 생활 방식을 바꾼다는 게 두려움을 주기도 한다. 교회라면 덮어놓고 싫다는 사람들을 만나기도 한다. 기독교를 싫어하는 사람들의 선입견이나 고정관념은 이런 것들이다.

- 크리스천들이 위선자 같고 매력 없다.
- 교회가 건물만 크게 짓고 자기들끼리만 복 받으려는 이기적 집단 같다.
- 신을 의지하는 게 너무 의존적이고, 스스로 약자가 되는 것 같다.
- 무조건 믿으라고 하니, 내 지성을 저당 잡히는 것 같다.
- 일요일엔 쉬고 싶다. 교회에 가면 자유가 없어진다.

- 기독교라는 종교에 얽매이기 싫다.

신앙이 없는 사람들이 충분히 가질 수 있는 생각들이다. 한편으로는 옳은 말도 있다. 이 세상의 교회나 크리스천들이 완벽하지는 않다. 몇몇 한국 교회에서 보여 주는 실망스런 모습들은 목사인 나마저도 화나게 한다. 그래도 기독교 신앙을 갖고 그 안에서 고민하는 것이 낫다. 예수님은 우리의 연약함을 돕겠다고 약속하셨다.

기독교 신앙에 관한 질문에 답을 얻지 못해서 결단을 내리지 못하는 사람도 있다. 인생과 세계, 역사에 대해 끊임없이 근본적인 질문을 던지는 소수의 구도자들이다. 안타까운 것은, 기독교 진리에 대한 질문에 시원한 답을 듣지 못해 신앙을 포기하는 분들이다. 기독교에 적대적인 주장에만 얽매여 있는 사람은 시험볼 때 풀리지 않는 문제 하나를 붙들고 끙끙대다 딴 문제는 풀어보지도 못하고 시험을 망치는 사람과 같다.

지금까지 삶의 궁극적 질문들에 나름대로 답을 찾으려고 애썼지만 수학 문제처럼 시원한 답을 얻지 못했을 수도 있다. 이 작은 책에서 모든 질문에 답을 얻으려는 건 무리다. 우리가 상대방에 대해 다 알고 난 후 결혼 여부를 결정하는 건 아니다. 살아가며 서로를 알아 가는 것처럼, 신앙 결단 후 평생 하나님과 성경의 진리를 배워 나가게 될 것이다.

하나님을 믿지 못하는 이유들

내 백성이 지식이 없으므로 망하는도다(호세아 4:6).

여기서 지식이 없다는 말은 창조주 하나님을 아는 지식이 없다는 것, 곧 영적 세계에 무지하다는 뜻이다. 과학적 지식은 '눈에 보이는 것만 믿는다'는 자연주의 또는 유물론에 기초하고 있다. 이런 과학적 지식을 가진 사람들은 눈에 안 보이는 영적 차원에 대해서는 무지한 경우가 많다. 천사나 귀신, 하늘나라나 지옥 등은 다 영적 세계에 속한 것이므로 무조건 없다고 주장하는 사람들이다. 2차원에서 기고 있는 애벌레가 3차원을 날아다니는 나비를 이해할 수 없지 않겠는가. 무신론자들을 가리켜 성경은 '우매한 사람들'이라고 말한다. "어리석은 자는 그의 마음에 이르기를 하나님이 없다 하는도다."(시편 14:1)

인간 지성의 꽃인 양 무신론에 기초한 지식을 뽐내지만 사실 무신론은 증명이 불가능한 이론이다. 생각해 보라. 영화에 나오는 슈퍼맨도, 탁월한 과학자라 해도 우주 구석구석을 뒤진 후에 "내가 찾아보니, 신은 없더라"고 주장할 수 있을까? 공간에 제한 받는 인간이 공간을 초월한 신의 존재 유무를 증명할 수는 없다. 또한 신은 과거에도 없었고, 현재도 없고, 미래에도 없다고 누가 증명할 수 있을까? 고작 80년, 90년 살다가 이슬처럼 사라지는, 시간 안의 존재가 감히 시간을 초월한 영원한 신의 부재를 어떻게 증명한단 말인가? 그러므로 성경은 이렇게 말한다.

> 누가 철학과 헛된 속임수로 너희를 사로잡을까 주의하라. 이것은 사람의 전통과 세상의 초등학문을 따름이요 그리스도를 따름이 아니니라(골로새서 2:8).

과학이나 철학은 이 세상 초등학문에 불과하다. 인간의 지식은 모래사장에서 노는 아이가 조약돌 몇 개 집어 들고 내가 세상을 다 안다고 주장하는 것과 다를 바 없다. 우리 지식이란 창조주의 무한한 세계 안에서 지극히 미미한 하부 체계를 다루는데 그친다. 하나님이 없다면, 삶의 절대 기준이 없으니까 사람은 자기 생각대로, 자기 욕망대로 아무렇게나 살게 된다. 소수의 도덕주의자들은 양심껏 산다고 주장하지만, 하나님의 도덕적 기준 앞에 떳떳이 고개를 들 수 있는 사람은 아무도 없다. 국회 청문회에 나온 사람들을 보라. 그들도 나름 자신이 있었으니까 그 자리에 나와서 앉았을 것이다. 그러나 얼마나 많은 거짓과 부패가 드러나는가. 서류 몇 장으로도 다 잡히는 숨은 범죄들이 형형한 하나님의 눈에 보이지 않을 수 없다. 인간의 거짓, 우매, 무지를 알려면 다른 사람에게 멀리 갈 필요도 없다. 딱 10분 동안만 내 마음속을 들여다보면 된다. 나쁜 생각, 거짓과 부패와 음란과 증오가 CCTV에 비치듯 적나라하게 떠오르지 않는가.

성경은 '이 세상의 신', '유행하는 어둠의 신' 또는 '사탄'이 존재한다고 말한다. 이 세상의 신이 하는 일은 우리가 하나님을 믿지 못하도록 마음의 눈을 가리는 것이다.

> 우리의 복음이 가려 있다고 하면, 그것은 멸망하는 자들에게 가려 있는 것입니다. 그들의 경우를 두고 말하면, 이 세상의 신이 그 믿지 않는 자들의 마음을 어둡게 하여서, 하나님의 형상이신 그리스도의 영광을 선포하는 복음의 빛을 보지 못하게 한 것입니다(고린도후서 4:3, 4 새번역).

인간의 영적 무지는 이 세상을 지배하는 신이 사람의 마음을 어둡게 한 결과다. 신이란 사람을 지배하는 능력을 가진 존재를 가리킨다. "세상에 신이 어디 있어?" 하고 마음을 닫지 말라. 우주엔 공기가 존재하듯, 분명 눈에 보이지 않고 우리가 알지 못하는 영적 존재들이 있다.

그렇다면 이 세상 신이 무엇을 도구로 사용해서 사람을 영적 맹인들로 만들까?

이 세상 신은 '두려움을 주는 영'이다(로마서 8:15). 사람이 하나님을 믿으려고 하면, 혹시 세상의 신이 속이고 있던 인생의 진실이 폭로되지 않을까 두려워하게 만든다. 기독교 신앙은 진실을 찾아가는 과정이다. 그런데 진실에 맞닥뜨리길 두려워하게 만드는 게 이 세상 신의 전형적 수법이다.

그 진실은 무엇일까? 우리가 죽어야 한다는 사실이다. 나도 죽으면 썩어 흙으로 돌아갈 자라는 사실은 우리를 허무에 떨게 한다. 그래서 사람은 죽음을 피하려 든다. 사랑하는 가족이 죽어도 시신을 집으로 들여오지 않고 무덤이나 화장장에서 처리하고 되도록 잊으려고 애쓴다. 우리나라 공동묘지는 마을에서 멀리 떨어진 외진 산등성이에 둔다. 동네 한복판에 묘지가 있는 구미 국가들이나 일본과도 다르다.

그러나 내가 '죽음에 이르는 존재'라는 자기 인식이 없으면 하나님을 만나기 어렵다. 영원히 살 것처럼 사는 건 자기 기만인데, 이게 다 두려움 때문이다. 일 년에 세 번씩만 공동묘지에 다녀오면 철학자가 된다는 말이 있다. 전도서에는 "지혜자의 마음은 초상집에 있으되"라고 쓰여 있다.

이 세상 신은 또한 내가 누구에게도 말할 수 없는 도덕적인 죄악이 폭로될까 봐 두렵게 만든다. 흉악범들도 모자로 얼굴을 가리려고 한다. 사람이 다 사회법을 어긴 죄인은 아니다. 그러나 예외 없이 창조주가 사람의 마음에 심어 주신 도덕법, 양심법을 어긴 죄인들이다. 도덕법은 고조선 때나 현대나 동일하다. 하나님이 주신 양심 때문에 사람은 잘못을 저지르거나, 음란한 상상을 하거나, 남을 증오해도 죄의식을 갖는다. 그러나 이 세상의 신은 사람에게 속삭인다.

"인간의 본능이니까 괜찮아."

위로를 가장해 죄책감을 교묘하게 숨기거나 프로이드의 학설에 기대어 합리화한다.

기독교 신앙을 꺼리는 첫째 이유가 도덕적인 것이라는 조사 결과가 있었다.

"예수 믿으면 이제 재미있는 인생은 끝이야!"

남들 모르게 행하던 나쁜 습관들을 더 이상 즐기지 못하는 건 아닌가 하고 이 세상 신이 내 마음을 아쉽게 만든다. 그 신들은 사람들의 마음을 흐려 놓고 부정적으로 만드는 데 고수다. 사실 예수 믿고 나면 시시하고, 허무하고, 건강만 해치는 세상의 즐거움은 저리가라 할 정도로 괜찮은 '진짜 즐거움'이 넘친다. 그 즐거움은 막 솟아난 생수처럼 달고 시원하고 싫증나지 않고, 유익하다.

이 세상 신은 사람을 우상에 빠뜨려 노예로 만드는 '종살이의 영'이다(로마서 8:15). 사람의 마음을 불안으로 정복해서 돈, 섹스, 권력에 얽매이게 한다. 우상은 모습과 갈래가 다양하다. 물질적인 것도 있고 정신적인 것도 있다. 시대나 문화에 따라 양상이 달라지기도 한다. 현대에 가장 강력한 힘을 가진 우상은 돈이요, '자기'(ego)다. 때로 쾌락, 관계, 성공, 학문, 예술, 어떤 사상과 이념, 심지어 국가도 우상이 될 수 있다. 모든 피조물은 사람이 창조주의 뜻 안에서 바르게 사용하기만 하면 다 좋은 건데, 하나님 대신 숭배하면 우상이 된다. 자본주의 사회에서는 이 세상 신이 '나쁜 생각'이나 광고술로 사람의 마음을 빼앗아 하나님을 떠나게 하고 우상의 노예로 만든다.

이 세상 신을 물리치고 신앙을 가지려면 하나님을 의지하는 기도가 필요하다. 이런 소원을 하나님께 아뢰지 않으려는가?

"신이 존재하는지 모르지만, 내가 두려움과 영적 무지 가운데 고달프게 산 게 분명합니다. 진리의 길, 참 평안을 찾고 싶습니다. 하나님이 계시다면 저를 도와주십시오."

진심으로 기도하면 반드시 하나님의 영이 어둠에 머물렀던 내 영적 눈을 뜨게 해주고, 하나님을 만나는 믿음을 주실 것이다.

어떻게 기독교 신앙을 가질 수 있을까?

농부는 밭에서 돌과 자갈을 파내고, 가시덤불을 치운 후, 쟁기질로 흙을 뒤엎고 고른 뒤 씨를 뿌린다. 내 마음 밭을 좋은 땅으로 만들고 믿음의 씨를 심으려면 어떻게 해야 할까?

첫째, 마음을 열어야 한다.

마음 문을 열고 예수님을 영접해야 한다. 예수님을 영접하는 믿음을 가지려면, 이성의 틀에 갇혀서는 안 된다. 새가 알을 깨고 나오듯 이성의 껍질을 깨고 나와야 한다. 신앙은 논리적인 설명이 가능하지만 이성의 한계를 넘어선다.

선 보러 온 자매가 있었다. 애인이 있는데도 부모의 강요에 못 이겨 다른 남자를 만났다. 자매의 마음이 처음부터 닫혀 있었기 때문에 그 남자와의 만남은 헛일이었다. 선 보는 사람은 그간 사귀던 이성과 헤어진 후, 상대방을 알려는 마음이 있어야 교제가 이어지는 법이다. 신앙을 갖는 길도 마찬가지다.

기독교 신앙은 하나님의 초자연의 세계로 진입하는 것이다. 인간의 통상적인 경험을 초월해서, 살아 계신 하나님을 인격적으로 만나는 영적 체험이다. 우리가 이런 신비한 경험에 들어가기 위해서는 영적 세계를 향해 열린 마음이 필요하다. 하나님은 고맙게도 성경을 주셔서 인간의 이성과 영적 체험을 통해 하나님을 알게 되고 영적 세계로 자연스럽게 들어갈 수 있도록 배려하셨다.

피조물인 인간은 아무리 공부를 잘했고, 책도 좀 읽었고, 잘생겼다 해도 창조주 하나님 앞에서는 자기를 낮추는 겸손이 필요하다. 우리는 자기 치부를 무화과나무 잎으로 가리고 화장도 많이 하고 교양 있게 보이려고 애쓴다. 사람은 이런 연기에 잘 속는다. 그러나 다시 말한다. 의사 앞에 자기 병력, 상처, 고통을 숨기지 않고 보여 주는 환자처럼 적나라한 자기 모습을 하나님께 내보이는 용기가 필요하다. 교만하고 거짓된 마음의 옷을 찢고, 인생에서 한번은 정말로 정직해질 필요가 있다. 성경은 진정한 나를 발견하도록 도와준다.

둘째, 성경을 읽어야 한다.

> 하나님의 말씀은 살아 있고 활력이 있어 좌우에 날선 어떤 검보다도 예리하여 혼과 영과 및 관절과 골수를 찔러 쪼개기까지 하며 또 마음의 생각과 뜻을 판단하나니 지으신 것이 하나도 그 앞에 나타나지 않음이 없고 우리의 결산을 받으실 이의 눈앞에 만물이 벌거벗은 것같이 드러나느니라(히브리서 4:12-13).

> 너희가 거듭난 것은 썩어질 씨로 된 것이 아니요 썩지 아니할 씨로 된 것이니 살아있고 항상 있는 말씀으로 되었느니라(베드로전서 1:23).

기독교 신앙으로 들어가는 것을 '거듭남'(Born Again)이라고 한다. 육체의 부모로부터 태어난 생명이 처음 태어나는 것이다. 아기를 낳아 본 적이 있는가, 아니면 아내가 생명을 낳는 장면을 목격한 적이 있는가? 아기가 태어나는 것은 창조주의 기적이라는 말 외에 다른 말로 설명하기 힘들다. 육체의 아버지 씨인 정자와 어머니 씨인 난자가 결합하여 어머니의 태 안에서 자라 아홉 달이 되면 이 세상에 태어난다. 영혼의 아버지, 영원한 생명의 주 하나님으로부터 영적으로 태어나는 것을 '거듭남', '두 번째 태어남' 또는 '위로부터 태어남'이라고 하는데, 거듭남은 우리 마음 밭에 하나님의 말씀이 씨로 심겨지고 때가 되면 이루어지는 기적이다.

기독교 신앙을 가지려는 사람은 선입견을 버리고, 겸손하고 진실한 마음으로 성경을 읽어가는 과정에서 믿음이 생긴다. 믿음을 갖게 되는 건 진리의 영인 성령이 도와주시기 때문인데, 놀랍게도 우리의 이성과 감정, 의지 모두가 상호작용하면서 믿음을 갖게 되는 것이다. 기독교는 '자연종교'와 구분되어 성경의 계시를 통해 초자연적 진리를 알 수 있다고 믿는 '계시종교'다. 기독교는 성경을 창조주 하나님의 말씀으로 믿으며, 그 말씀이 우리에게 예수 그리스도를 통하여 진리와 구원에 이르는 '기쁜 소식'(복음)을 알려 준다는 믿음에 기초해서 세워져 있다.

물론 우리를 거듭나게 하는 하나님의 말씀은 성경뿐만 아니라, 교회에서 성경에 근거한 설교를 통해서, 학교나 직장에서 그룹으로 성경 공부를 할 때, 또는 기독교 서적이나, 친구나 전도인의 권유로도 다가올 수 있다. 분명한 점은 우리가 신앙을 갖게 되는 건 그냥 신비한 느낌이 아니라, 하나님의 객관적 진리의 말씀이 내 마음속에 심겨짐으로써 이루어지는 것이다. 물론 주도권은 하나님이 갖고 계시며, 그분의 뜻으로 영적 새 생명을 주신다.

오랜만에 50대의 K변호사를 만났다. 그가 대표로 있는 법률회사에서 매주 월요일 200여 명의 직원들이 예배를 드리는데 내가 말씀을 전하러 방문한 것이다. 예배를 마친 후 그가 전 직원 앞에서 이런 말을 했다.

"제가 대학 3학년 때 고시에 합격하고 허무를 경험하던 1979년, 당시 평신도 선교단체 간사였던 이승장 목사님께 요한복음과 로마서를 배웠습니다. 그 말씀 공부를 통해 모태신앙으로 '못해 못해'만 외치던 제가 거듭남을 맛보았습니다. 제가 지금이 정도라도 신앙을 지키는 건 그때 했던 말씀 공부 덕입니다."

성경공부의 힘이다.

셋째, 회개하고 믿어야 한다.

말씀이 성령으로 사람의 마음에 임할 때 새 인생을 살게 된다. 이런 경험을 '회심'(conversion)이라고 한다. 우상으로부터 하나님께 돌아선다는 의미이다. 바울은 이렇게 말했다.

> ……너희가 어떻게 우상을 버리고 하나님께로 돌아와서 살아 계시고 참되신 하나님을 섬기는지……(데살로니가전서 1:9).

회심이란 '버리고 돌아오기'다. 거기엔 '회개'와 '믿음'이 포함되는데, 시간적 순서가 중요하지 않다. 반드시 회개를 거친 후에야 믿음을 갖거나, 믿음을 가져야 회개하게 되는 것도 아니다. 동시적이기도 하지만, 시간이 한참 지난 후 올 수도 있으므로 어느 한 사람의 경험을 일반화해서는 안 된다. 중요한 것은 회심의 과정이 바울처럼 갑자기 왔느냐, 베드로처럼 이슬비에 옷 젖듯 왔느냐가 아니다. 회심에 포함되는 필수적인 요소, 곧 자기 죄를 깨닫는 것과 그리스도의 죽음이 내 죄로 인한 것임을 받아들이는 믿음의 결단이 더 중요하다. 그리고 내가 지금까지 자기를 우상으로 삼고 자기중심적으로 살았으나 이 순간부터는 하나님 중심으로 살겠다고 마음을 정해야 한다.

넷째, 십자가의 주님을 바라보아야 한다.

아기가 태어날 때, 엄마는 죽을 것 같은 해산의 고통을 경험한다. 아기도 세상으로 나오는 고통을 겪는다. 고통을 거쳐야 새 생명이 태어난다. 우리가 거듭날 때 경험하는 고통은 내 죄를 깨닫고 그 죄에 대해 슬퍼하는 아픔이다. 교회가 출발하는 데 역사적 사건이 사도행전 2장에 기록되어 있다. 베드로는 예루살렘에 모인 무리 앞에서 이 메시지를 선포했다.

> ……너희가 십자가에 못 박은 이 예수를 하나님이 주와 그리스도가 되게 하셨느니라(사도행전 2:36).

이 메시지에는 기독교 복음의 핵심이 담겨 있고, 우리가 회심하는 데 필요한 요소가 무엇인지 분명히 알려 준다. 첫째는 내가 예수님을 십자가에 못 박은 죄인임을 깨닫는 것이요, 둘째는 예수님의 죽음과 부활의 복음을 통해서만 죄 사함의 구원을 받을 수 있다는 것이요, 셋째는 예수님이 구주이실 뿐만 아니라, 주와 그리스도가 되셔서 나와 세계를 다스리시는 분이시라는 것이다. 이것이 기독교 복음의 핵심이다.

내가 죄인임을 깨닫는 것은 고통스럽다. 그러나 반드시 겪어야 하는 경험이다. 만약 그리스도인이라 하면서도 내가 죄인이라는 걸 한 번도 깨닫지 못했고, 자기에게 절망해 보지도 않았다면 내가 과연 바른 그리스도인인지 의심해 볼 필요가 있다.

현대 기독교는 지나치게 상업주의의 영향을 받아서 "하나님은 좋은 분이십니다. 예수님은 당신을 사랑하십니다. 예수 믿으면 행복해집니다"라고만 기독교 복음을 소개하는 경향이 있다. 이것을 독일 신학자 본회퍼는 '싸구려 복음'이라고 비난한다. 회개와 십자가의 복음을 전하지 않는다면 바른 기독교라 할 수 없다. 예수님은 분명 복음을 전하면서 "회개하고 복음을 믿으라"고 하셨다. 죄를 인정하지 않는다면 예수님이 십자가에 죽고 부활하실 필요가 없고, 주님도 그리스도[메시아, 왕]가 될 수 없기 때문이다.

나는 내가 죄인이라는 걸 깨닫는 게 전혀 힘들지 않았다. 도덕적인 죄를 많이 범했기 때문이다. 도덕적으로 바르게 살았다고 자부하는 사람은 자기가 시커먼 죄인이고 죽어 마땅한 죄인이라고 시인하기가 쉽지 않다. 그래서 성경을 묵상하면서 하나님을 인정하지 않은 죄인이구나, 하나님과의 관계가 비뚤어져 있는 신앙적 죄가 거짓말하는 도덕적 죄보다 더 무서운 것이구나, 하는 것을 깨닫는 과정이 필요하다. 이것은 성령께서 마음에 깨달음을 주어야만 가능하다(요한복음 16:8-9). 그래서 겸손한 기도가 필요하다. "하나님, 제가 죄인인 것을 깨달을 수 있도록 성령께서 책망해 주세요."

예수 그리스도의 십자가를 통하지 않고 예수를 믿는다는 건 불가능하다. 주님의 십자가가 나의 죄를 위한 것임을 믿음으로 받아들이지 않고 교회를 다니는 사람은 어느 교회 교인은 될 수 있을지 모르나, 예수님과의 인격적 관계가 이루어진 바른 그리스도인은 아니다. 나는 그간 적지 않은 사람들이 예수 믿는 걸 지켜보았다. 그런데 세월이 흐를수록 믿음과 인격이 성장하는 사람이 있는가 하면, 형식적인 신자로 머물러 있는 사람도 있다. 이론적으로, 교리적으로는 예수님의 십자가 죽음이 인류를 구원하기 위한 죽음이란 걸 알지만, 개인적으로 영적 체험이 없는 사람이기 때문이다. 그런가 하면 청년 시절 별로 주목받지 못했던 친구인데 나이가 들어서 가정, 직장, 교회에서 영향력 있는 그리스도인으로 사는 분들을 만난다. 그들의 공통점은, 내가 죄인인 것과 그 죄를 대신해서 죽은 예수 그리스도의 십자가 은혜와 사랑을 깊이 체험한 사람들이다. 찰스 웨슬리(Charles Wesley, 1707-1788, 감리교 창시자 존 웨슬리의 동생)는 십자가의 은혜를 깨달은 후 많은 찬송시를 썼다.

천부여 의지 없어서 손 들고 옵니다
주 나를 외면하시면 나 어디 가리까
내 죄를 씻기 위하여 피 흘려 주시니
곧 회개하는 맘으로 주 앞에 옵니다.
전부터 계신 주께서 영 죽을 죄인을
보혈로 구해 주시니 그 사랑 한없네
내 죄를 씻기 위하여 피 흘려 주시니
곧 회개하는 맘으로 주 앞에 옵니다.

눈물 없이 부를 수 없는 찬송이다. 이런 고백은 자기 죄가 얼마나 끔찍한지, 죄 없는 하나님의 아들이 나를 위해 대신 십자가의 고난을 당하신 은혜가 얼마나 큰 것인지 온 영혼으로 받아들이지 않고서는 할 수 없는 고백일 것이다.

1964년 겨울수양회에서 엄두섭 목사님의 "십자가 고난에 동참하자!"는 메시지를 듣다가 나는 눈물을 쏟고 말았다. 내 죄가 너무도 아팠다. 주님의 십자가 사랑이 얼마나 고마웠는지, 대학 시절 한 번도 눈물을 흘려 본 적 없던 의지의 사나이가 하염없이 눈물을 흘렸다. 그 은혜가 고마워 평생 주님을 배반하지 않고 십자가의 고난에 참여하는 삶이 되어야겠다고 마음먹었다. 교수가 되려고 대학원을 준비하고 있었지만, 간사로 헌신해 달라는 선교단체의 제의를 받고 '굶어 죽을 각오'로 결단했다. 같이 은혜 받은 친구들이 평생 후배들을 위해 주의 복음을 전하는 자로 사는 모습을 지켜보는 건 큰 기쁨이다. 그리고 이미 세상을 떠난 세 친구들을 생각하면서, 십자가가 그들의 일생을 얼마나 감격스럽게 했으며 새롭고 위대하게 했던가를 추억한다.

다섯째, 믿음의 고백이 필요하다.

회심의 경험은 하나님의 저항할 수 없는 사랑의 주권(initiative)으로, 성령의 도우심으로 이루어진다. 그래서 예수님이 믿어지는 것이요, 동시에 내 편에서도 믿음의 결단을 하게 만드신다. 구원은 철저히 수동적인 것인데, 내 편에서 받아들이는 능동적 표현도 필요하다. 사도 바울은 이렇게 말한다.

> 네가 만일 네 입으로 예수를 주로 시인하며 또 하나님께서 그를 죽은 자 가운데서 살리신 것을 네 마음으로 믿으면 구원을 받으리라 사람이 마음으로 믿어 의에 이르고 입으로 시인하여 구원에 이르느니라(로마서 10:9-10).

결혼 예식에서 가장 중요한 순서는 서약 시간이다. 서로 마음으로만 사랑한다는 것이 아니라, 많은 증인들 앞에서 공개적으로 "나는 이 여자/남자를, 아내/남편으로 맞으며……" 하는 고백이 있어야 법적 효력이 생긴다. 우리도 먼저 개인적으로 믿음을 고백하고 교회에서 세례를 받으면서 교인들을 증인으로 신앙고백 시간을 갖고 정식으로 교인이 된다.

그리스도인은 먼저 개인적인 신앙고백이 필요하다. 인생에서 가장 중요한 결단을 하기에 알맞은 시간과 장소를 따로 정하고 예수님을 내 인생의 구주요 주인으로 영접하는 시간을 가져야 한다. 가능하면 무릎을 꿇고, 조용히 성령님의 도움을 간구하면서 아래 기도문을 참고하여 자신의 언어로 솔직하게 하나님께 기도한다.

> 하나님 아버지, 저를 창조하시고 이 세상에 보내 주셔서 감사드립니다. 그동안 저는 생명의 주인 되신 하나님을 떠나 죄 가운데 살다가 죽을 수밖에 없는 자였습니다. 이제 주 예수님 앞으로 나아갑니다. 예수님께서 제 죄를 대신해서 십자가에 피 흘려 죽으심으로 제 모든 죄를 용서해 주신 은혜에 감사드립니다. 이제부터 죄를 뉘우치고 다 버리겠습니다. 예수님을 내 인생의 주인으로 영접하고 믿음으로 살고 싶습니다. 제 삶을 인도해 주시고 책임져 주십시오. 저를 하나님 자녀로 거듭나게 해주심을 믿고 이제 새 생명 얻은 하나님의 자녀답게 살 수 있도록 도와주십시오. 예수 그리스도 이름으로 기도합니다.

진심으로 이 기도를 드릴 수 있었다면 그대는 하나님의 자녀로 거듭난 새 인생을 출발하게 된 것이다. 하늘에서는 회개할 것 없는 수많은 사람들보다 회개하고 구원 받은 한 사람을 위해 하나님이 천군 천사와 함께 잔치를 베푸신다. 그곳에 그대도 영으로 참여하고 있는 것이다.

회개와 믿음으로 이루어지는 회심은 일생에 단회적인 경험이다. 날마다 이 고백을 반복할 필요가 없다. 한번 태어난 아기가 엄마 배 속으로 다시 들어갈 필요가 없는 것과 마찬가지다. 그러나 죄를 회개하는 것은 평생 해야 한다. 이 세상에 사는 동안은 나의 연약함으로 인해 죄를 지을 수밖에 없기 때문이다. 하나님의 자녀가 되었는데도 다시 죄를 짓게 되면 자기에게 절망하게 되고 신앙생활을 할 용기를 잃기 쉽다. 그러나 고마운 것은, 예수님이 이런 우리의 연약한 체질을 잘 알고 계신다는 것이다. 목욕한 사람도 매일 발을 씻어야 하듯, 우리 죄를 회개하는 삶을 반복해야 한다. 힘들지만 매일 샤워를 하면 깨끗하고 가뿐한 생활을 할 수 있듯이, 매일 회개하면 깨끗한 양심과 영으로 살아갈 수 있다.

새 생명을 얻은 아기가 엄마 젖을 힘차게 빨며 자라듯이, 새 신자는 하나님의 말씀을 영혼의 양식으로 삼아 성장하게 된다. 부디 성경을 가까이하기 바란다. 처음 읽는 분은 요한복음부터 읽기를 권하고 싶다. 아기는 부모와 형제자매, 가족들의 도움을 받으며 자란다. 영적인 가족으로 예수님은 우리에게 하나님을 한 아버지로 삼고 섬기는 교회라는 가족을 주셨다. 이 주제는 다음 장에서 살펴볼 것이다.

하나님 아버지, 제가 예수님을 제 구주요 주인으로 영접하게 도와주시고 새 생명 주심을 감사드립니다. 그동안 저는 우상숭배하며 자기중심으로 살았으나, 이제는 회개하고 하나님 중심으로 새 인생을 출발하게 되었으니 놀라운 은혜입니다. 그리스도의 십자가로 죄 용서 받은 자로서 이제부터는 제 안에 살아 계신 성령님의 인도를 받으며 거듭난 하나님 자녀답게 살고 싶습니다. 앞으로 일생 동안 하나님 자녀 된 기쁨을 찬양하고 감사하며 주님께 순종하는 자녀로 살겠습니다. 도와주십시오. 예수 그리스도의 이름으로 기도합니다. 아멘.

오종선_〈5분 전〉
캔버스에 유채, 2012년, 53×45cm, 개인 소장.

10. 새 출발의 기쁨

11년 전, 나는 신장암 선고를 받았다. 59세 때였다. 나는 담담히 받아들였다.

아내와 둘이서 침실에 앉아 기도했다. 병약한 사람이 이 나이까지 주의 일을 하면서 산 것만 해도 감사하며, 하나님이 오라고 하시면 언제고 미련 없이 가겠다고 목사다운 기도를 했다. 아내가 갑자기 울부짖었다.

"나는 어떻게 하고요……. 당신 없이 나는 어떻게 살라고요!" 순간 나는 당황했다. 아내는 목사의 아내로 사느라 교회와 집밖에는 몰랐다. 친구도 없었다. 아내에게는 남편인 내가 유일한 친구이며, 동역자이며, 보호자였다.

사랑하는 아내의 슬픔, 놀람, 아픔을 헤아리지 못한 나는 이기적인 남편이었다.

"하나님께 고쳐 달라고 해야죠……. 살려 달라고 해야죠."

아내가 울었다. 나는 깊이 회개했다. 어린 딸도 잃고, 사랑하는 친정아버지와 언니도 일찍 여읜 아내를 위해, 그리고 청년들에게 복음을 전하는 하나님이 주신 사역이 아직 남아 있다면 더 살게 해 달라고 기도제목을 바꿨다. 성령께서 응답해 주셨다.

신장 하나를 떼어 냈지만 나는 아직 건강하다. 93세인 어머님을 뵈러 갔다. 거동은 불편해도 기억은 또렷해서 '주 안에 있는 나에게'(새찬송가 370장)라는 찬송을 4절까지 외워서 부르셨다. 하늘나라가 어머니께 참 가까이 왔다는 것을 느꼈다. 나는 어머니의 얼굴에 빰을 부볐다. 내가 살아 있어서 어머니는 얼마나 기쁘실까.

예수마을교회 담임목사직에서 정년퇴임한 요즘, 한가한 시간이면 캠퍼스를 산책한다. 꽃은 얼마나 예쁜지, 풀들은 또 얼마나 싱싱한지, 나무 한 그루도 같은 모양이 없는 것이 얼마나 경이로운지, 하나님의 손길에 감탄한다. 살아 있는 것들은 그 자체로 완벽하다.

벤치에 앉아 커피를 마시며 오가는 대학생들을 바라본다. 어깨에 등산배낭만 한 가방을 짊어진 청년들이 피곤한 얼굴로 걸어간다. 그들의 손을 잡고 알려 주고 싶다.

"당신이 얼마나 아름다운지, 살아 있는 날이 얼마나 기쁜지……. 청년이여, 그대는 아는가? 부디 예수님을 믿고 새 생명을 누려 보지 않겠나. 신나는 인생을 살아 보지 않겠나."

하나님 자녀로 태어난다는 것의 의미

첫 아이가 태어나던 때의 감격을 나는 말로 표현할 길이 없다. 하나님 아버지는 우리가 하나님의 아들, 딸로 태어날 때를 명확히 기억하며 기뻐하신다. 세상에 기적 중의 기적은 내가 하나님 자녀로 새롭게 태어난 것이다. 이것은 인생을 질적으로 전혀 새롭게 출발하는 것이다.

크리스천이 되는 것을 '새로운 피조물', '구원 받은 성도', '거듭난 자', '그리스도의 제자', '하나님의 자녀', '하나님 나라 백성', '그리스도의 신부' 등으로 표현한다. 그전 삶과는 전혀 다른 새 생명을 가진 인생으로 출발한다는 말이다. 예수님을 믿고 새로운 삶을 출발한다는 것은 무엇을 뜻하는 걸까?

첫째는 새로운 관계가 시작된다는 것이다.

하나님을 아버지로, 나는 그의 사랑받는 자녀로서 새로운 관계가 시작된다. 우리가 먼저 관심 가져야 할 것은 하나님과의 사랑의 관계다. 예수님은 가장 중요한 계명으로 "너는 마음을 다하고 뜻을 다하고 힘을 다하여 네 하나님 여호와를 사랑하라"(신명기 6:4)고 말씀하셨다. 내가 아버지가 되어 보니까, 자녀가 얼마나 사랑스러운지 모른다. 폭풍 사랑을 쏟아 부어도 아깝지가 않다. 그리고 내 자식이 나의 사랑을 알아 주고, 나를 아버지로 사랑해 주길 원한다. 하나님 아버지도 동일한 마음이다. 아버지는 자녀가 의무적으로 사랑하는 걸 싫어한다. 기독교 신앙의 본질은 종교 생활이 아니라, 살아 계신 하나님과의 인격적인 사랑의 사귐이요, 형제자매들과의 사귐이다. 사도 요한은 사귐의 기쁨을 이렇게 말한다.

> 우리가 보고 들은 바를 너희에게도 전함은 너희로 우리와 사귐이 있게 하려 함이니 우리의 사귐은 아버지와 그의 아들 예수 그리스도와 더불어 누림이라 우리가 이것을 씀은 우리의 기쁨이 충만하게 하려 함이라(요한일서 1:3-4).

"똑똑한 아들은 나라의 아들, 돈 많은 아들은 장모의 아들, 빚진 아들이 내 아들!"

이 말이 유행한 적이 있다. 처음 들었을 땐 그냥 웃었지만, 곰곰이 생각해 보니 정말 맞는 말이었다. 죽을 수밖에 없는 죄인이었으나 예수님을 통해 값을 지불하고 속량 받았기 때문에 우리는 예외 없이 하나님께 빚진 아들들이다.

현실적으로도 그렇다. 공부도 잘하고, 좋은 데 취직도 하고, 승승장구하며 잘 나가는 아들은 바빠서 부모를 잘 찾아오지 않는다. 하지만 실패하고 빚진 아들은 아버지를 찾아온다. 갈 데가 없기 때문이다. 축 처진 어깨를 하고 문을 두드리는 아들을 거절하는 아버지는 없을 것이다. 아버지는 아들을 위로하고 따뜻한 밥을 먹이고 자신이 가진 것을 다 내준다. 이런 식으로 빚진 아들에게 퇴직금도 주고, 보험도 해약해서 준 빈털터리 아비들이 얼마나 많은가. 육신의 아버지도 아낌없이 내주는데, 모든 것의 주인이시고 부요하신 하나님 아버지가 우리에게 주시지 않을 것이 없다.

우리가 잘 나가면 하나님을 무시하기 쉽다. 그러나 좌절하고, 빚지고, 아프고 괴로우면 자기도 모르게 하나님을 찾게 된다. 괜찮다. 하나님도 다 알고 계시다.

하나님 자녀는 하나님을 한 아버지로 모시고 서로 사랑하는 형제자매로 새로운 관계를 맺게 된다. 우리가 자랄 때는 대부분 형제자매가 일곱 이상이어서 언니나 형이 갓난아기를 돌보았다. 아이들은 언니나 형이 하는 걸 배우며 자랐다. 이런 신앙적인 가족을 교회라고 한다. 하나님 자녀는 교회에서 돌봄을 받고 배우면서 자란다.

둘째는 새로운 목적을 찾게 된다.

하나님 자녀가 되면 인생의 목적이 새로워진다. 전에는 자기를 기쁘게 하기 위해 살았지만, 이제는 하나님을 기쁘시게 하는 것으로 변화된다. 기독교 교리를 배울 때 제일 먼저 암송하는 구절이 있다.

> 인생의 제일 되는 목적이 하나님을 영화롭게 하며, 그를 영원토록 즐거워하는 것이다(소요리문답 제1문답).

사도 바울은 이렇게 명한다.

그런즉 너희가 먹든지 마시든지 무엇을 하든지 다 하나님의 영광을 위하여 하라(고린도전서 10:31).

우리가 일상에서 어떻게 하나님께 영광 돌리는 새 인생을 살 수 있을까? 어디서 무슨 일을 하든지 하나님을 사랑하고 이웃을 사랑하는 삶, 하나님의 사랑과 정의를 실천하는 삶이 하나님의 영광을 나타내는 삶이다.

셋째는 새로운 가치관을 갖게 된다.

사람은 자기가 귀하게 여기는 가치를 따라 산다. 하나님을 인정하고 살면, 세속적 가치관 대신 하나님의 가치관이 인생의 척도가 된다. 살다 보면 우리 앞에 얼마나 많은 갈림길들이 나오는지 모른다. 한 번의 선택이 수많은 변수를 낳게 되는 중요한 순간에 크리스천들은 하나님의 말씀, 하나님의 가치판단에 따른다. 처음부터 그렇게 되는 것은 아니다. 하나님을 믿으면서도 돈이나 명예, 다른 가치를 따라갈 때도 있다. 그러나 실패와 훈련을 통해 하나님의 뜻을 따르는 법을 알게 된다. 하나님의 자녀는 돈보다 사람을 사랑한다. 돈을 위해 사람을 이용하지 않는다. 사람을 사랑하기 위해 돈을 벌고 사용하려고 애를 쓴다.

하나님은 사람의 외모보다 그의 중심을 보신다(사무엘상

16:7). 몸보다 영혼을 가치 있게 여기신다. 하나님 자녀는 성형이나 화장, 옷차림에 바치는 정성 이상으로 마음을 아름답게 가꾸려고 애써야 한다. 자녀 교육에 있어서도 겸손과 진실, 사랑, 성숙한 인격 형성에 더 관심을 가져야 한다. 명문 학교, 직장, 타이틀, 개인의 성공보다 타인과 사회를 위해 섬기는 삶을 가치 있게 여기도록 가르쳐야 한다.

예수를 믿고 새 삶을 살게 되면, 하나님의 최고 관심인 그의 나라와 그의 의를 귀하게 여긴다. 하나님은 절대자이시며 영원한 분이시므로 하나님의 자녀 역시 일시적으로 있다가 사라질 것이나 상대적인 가치보다는 영원하고 절대적 가치를 구하게 된다. 꽃처럼 화려하고 풀처럼 무성해 보이는 것에 현혹되지 않는다. 풀은 시들고 꽃은 떨어질 것이기 때문이다.

서양화에는 '바니타스'(Vanitas)라는 양식의 정물화가 있다. 라틴어로 허무함, 무상함을 의미하는 말이다. 16세기 북유럽에서 시작된 것으로, 해골, 썩은 과일, 모래시계, 악기, 꽃과 왕관 등 죽음과 나이 듦, 짧은 인생, 부와 명예의 허무함을 나타내는 정물들을 주로 그린 것이다. 이는 "모든 것이 헛되도다"는 전도서의 말씀을 떠올리게 한다. 크리스천인 오종선 화백의 〈5분 전〉이란 그림에서 탁자 위의 시계는 5시 5분 전을 가리킨다. 동이 트기 전인 데도 싱싱해 보이는 장미는 벌써 꽃잎 하나가 성경책 위로 떨어져 있다. 우리의 생명의 날은 아주 짧다. 나는 가끔 스스로 질문해 본다. 과연 지금 하고 있는 일이 백년 후에도 의미 있는 일일까?

넷째는 삶의 방식이 새로워진다.

그리스도께서 새 계명을 주셨다.

> 새 계명을 너희에게 주노니 서로 사랑하라 내가 너희를 사랑한 것 같이 너희도 서로 사랑하라(요한복음 13:34).

하나님 자녀는 하나님의 말씀대로 생각하고 순종하는 말씀의 사람이며, 하나님의 성품과 하신 일을 본받는다. 그리스도를 닮아 가려고 노력하되, 겸손하게 남을 위해 자기희생의 삶을 산다. 새로운 삶의 양식은 처음부터 마지막까지 사랑의 삶이다. 사도들과 신앙 선배들의 아름다운 덕과 생애를 사모하며 산다. "항상 기뻐하라 쉬지 말고 기도하라 범사에 감사하라"(데살로니가전서 5:16-18)는 말씀이 삶의 좌우명이 된다.

다섯째, 새로운 원수도 생긴다.

새 인생을 출발하는 성도에게는 새 원수가 생긴다. 죄(또는 '육신'이라는 죄의 성품과 세력), 세상(하나님을 대적하는 가치 체계), 사단(하나님으로부터 떠나게 하는 영적 실체)이다. 세상이 험해서 유치원 아이들도 유괴범을 물리치는 방법을 배운다. 모르는 아저씨가 맛있는 것 사주며 끌고 가려 할 때, "싫어요! 만지지 마세요!" 하고 큰 소리를 지르며 거절하고, 주위 사람들에게 "도와주세요!" 하고 외치는 연습을 한다. 신앙생활은 영적 투쟁이다. 고마운 것은, 언제나 죄를 향해 "싫어요!" 하고 크게 소리치고, 예수님께 "도와주세요!" 하고 구하기만 하면 승리가 보장되어 있다는 것이다.

돌이켜 보면, 예수 믿고 나서도 나는 원수들에게 얻어터지고 넘어진 적이 많았다. 성장하고 열매 맺어야 할 만큼 만족스럽게 자라지도 못했다. 내 신앙 여정에서 바닥을 치던 때는 군대 시절과 유학 시절이다. 우리는 자기 힘으로 승리할 수 없다. 믿음으로 살지 못하도록 늘 유혹하는 원수가 있다는 사실을 먼저 알아야 하고, 그다음은 원수와 싸워 이기는 법을 터득하고 있어야 한다. 그러나 확실한 것은, 최후의 승리는 예수를 믿는 우리에게 있다는 것이다.

흔들리지 않는 확신 누리기

하나님 자녀로 멋지게 새 출발했는데, 어려움이 생기면 의심이 들 때가 있다.

"내가 그리스도인이 된 게 잘한 일일까? 다른 사람들은 하나님이 복을 넘치도록 주신다는데 왜 나는 되는 일이 없을까? 내가 정말 하나님의 자녀가 맞나?"

아기가 똥오줌도 못 가리고, 잘 걷지도 못하고 넘어진다고 해서 부모가 자녀를 버리지는 않는다. 의심하고 넘어져도 하나님의 자녀라는 신분에는 변함이 없다. 우리가 넘어지기 쉬운 까닭은 영적으로 어리고 무지하고 힘이 없기 때문이다. 어린 신앙은 감정에 의존하고, 분별력이 없어 다른 사람의 의견을 따라 우왕좌왕한다.

주의할 것은, 구원의 사실은 확실해도 확신이 없을 수 있다는 것이다. 확신은 주관적·심리적인 문제이지, 구원과 연관된 객관적 사실은 아니다. 그러므로 내가 어떤 기분이든, 현재 처한 환경이 어떠하든, 하나님 자녀로서의 확신을 누리는 것은 큰 축복이다.

아이들이 처음부터 두발자전거를 타다가는 코가 깨질 것이다. 넘어지지 않으려면 세발자전거부터 타야 한다. 하나님 자녀로서 구원의 확신을 가지려면 믿음을 세 가지 기둥 위에 확고하게 세워야 한다.

첫째, 객관적이고 변치 않는 하나님 말씀이다. 객관적인 하나님의 약속에 근거하지 않으면, 상황에 따라 믿음이 요동한다. 거듭나면서 죄 안 짓고 사는 크리스천이 되려고 결심했는데, 그만 또 실수하고 죄를 범한다. 그렇다면 거듭난 것이 무효인가? 아니다. 한번 구원은 영원한 구원이요, 한번 하나님의 자녀가 되었으면 영원하다. 그래서 객관적인 성경 말씀의 언약에 의지하여 생각하고 생활하면 넘어져도 다시 일어날 수 있다. 백 번 넘어져도 또 일어나면 된다. 그 일어날 힘도 하나님이 주신다.

> 내가 그들에게 영생을 주노니 영원히 멸망하지 아니할 것이요 또 그들을 내 손에서 빼앗을 자가 없느니라(요한복음 10:28).

둘째, 그리스도의 십자가와 부활 사건이다. 내 행위가 하나님의 자녀답지 못하면 스스로 생각하기에 "난 도저히 종교적 체질이 아니야, 하나님 자녀라고 할 수 없어"라며 실망하게 된다. 우리가 하나님의 자녀가 된 것은 십자가에서 나 위해 죽으시고 사흘 만에 다시 살아나신 그리스도의 역사적 구원 사건에 근거한 것이지, 나의 행위에 의한 것이 아니다. 우리가 죄를 고백하고 용서 받으면 하나님과의 관계를 회복할 수 있다.

> 그러나 하나님께서 빛 가운데 계신 것과 같이, 우리가 빛 가운데 살아가면, 우리는 서로 사귐을 가지게 되고, 하나님의 아들 예수의 피가 우리를 모든 죄에서 깨끗하게 해주십니다. …… 우리가 우리 죄를 자백하면, 하나님은 신실하시고 의로우신 분이셔서, 우리 죄를 용서하시고, 모든 불의에서 우리를 깨끗하게 해주실 것입니다(요한일서 1:7, 9. 새번역).

셋째, 내 마음에 도장을 찍어 주시는 성령의 증거다. 성령님은 믿는 자의 영혼에 거하면서 남이 뭐라고 해도 흔들리지 않을 주관적인 확신도 심어 주신다. 어린이가 공기의 존재를 알지 못하듯, 우리는 예수 믿고 나서도 한동안 성령 하나님이 내 안에서 무슨 일을 하시는지 감지하지 못한다. 영적 감수성이 계발되지 못했기 때문이다. 그러나 신앙생활을 하면 할수록 성령이 늘 떠나지 않고 나와 함께하신다는 확신이 생긴다. 우리가 성경을 읽고 기도할 때 도우실 뿐만 아니라, 회의와 의심에 잠길 때도 "너는 틀림없는 하나님 자녀야!" 하고 확증해 주시기 때문이다.

> 그러나 하나님의 영이 여러분 안에 살아 계시면, 여러분은 육신 안에 있지 않고 성령 안에 있습니다. 누구든지 그리스도의 영이 없으면 그리스도의 사람이 아닙니다. ……여러분은 또다시 두려움에 빠뜨리는 종살이의 영을 받은 것이 아니라, 자녀로 삼으시는 영을 받았습니다. 그래서 우리는 그 영으로 하나님을 "아빠, 아버지"라고 부릅니다. 바로 그때에 그 성령이 우리의 영과 함께, 우리가 하나님의 자녀임을 증언하십니다(로마서 8:9, 15-16, 새번역).

그러므로 우리는 바울과 같이 고백할 용기를 얻는다.

> 내가 확신하노니 사망이나 생명이나 천사들이나 권세자들이나 현재 일이나 장래 일이나 능력이나 높음이나 깊음이나 다른 어떤 피조물이라도 우리를 우리 주 그리스도 예수 안에 있는 하나님의 사랑에서 끊을 수 없으리라(로마서 8:38-39).

영혼의 양식을 잘 먹기

예수님의 어린 시절을 의사 출신인 누가는 이렇게 묘사한다. "예수는 지혜와 키가 자라가며 하나님과 사람에게 더욱 사랑스러워 가시더라"(누가복음 2:52).

사람이 잘 자라려면 예수님처럼 네 가지 면에서 균형 있게 성장해야 한다. 지적인 면, 육체적인 면, 영적인 면, 사회적인 면이다. 하나님 자녀로 성장하는 데도 인격 성장의 네 가지 요소에 고루 관심을 기울여야 할 것이다.

건강한 아이에게는 몇 가지 특징이 있다. 첫째는 유전적으로 건강하게 태어난다. 건강한 아기는 식욕이 좋아 엄마 젖을 잘 먹고 잘 소화시킨다. 둘째는 성장하기 좋은 생활환경에서 자란다. 공기 맑고 소음 없는 환경에서, 부모의 깊은 관심과 돌봄을 받아야 건강한 아이로 자라게 된다. 아무리 자상한 조부모나 시설 좋은 어린이집에서 보육한다 하더라도 엄마, 아빠를 대신할 수는 없을 것이다. 셋째는 많이 움직이며 운동한다. 공부하라고 집에 가두어 두면 아이는 건강하게 자랄 수 없다. 밖에 나가 또래 아이들과 뛰놀아야 한다. 그래야 사회성도 생기고 인간관계도 잘 맺을 줄 알게 된다. 어린 시절 실컷 놀아 본 아이가 커서 성공할 확률이 높다는 보고서도 있다.

영적으로 건강하게 자라는 데도 위의 요소가 필수적이다. 무엇보다 십자가 앞에서 회개하고 예수님을 내 구주요 주인으로 영접하는 영적 출생에 어떤 결핍이 없어야 한다. 성경 다음으로 많이 읽힌 고전이 영국의 청교도 작가 존 번연(J. Bunyan, 1628-1688)의 《천로역정》이다. 주인공 크리스천이 멸망의 도시를 출발해서 '천성'(天城)이라는 하늘 도시로 가는 과정에 겪는 숱한 경험을 비유로 쓴 작품이다. 그 책에서 천성에 들어가는 필수 자격은 그가 십자가를 통과했는가다.

크리스천은 그리스도의 십자가 앞에서 회개하고 나를 위해 흘리신 그리스도의 보혈의 은혜를 덧입는 회심의 경험이 분명해야 한다. 현대 기독교인들 가운데는 영적 출생의 결함으로 장애나 병적 요소를 갖고 태어난 사람이 적지 않은 것 같다. 하지만 분명하게 회심한 사람은 하나님께 받은 유전인자가 흠이 없기 때문에 건강하게 성장할 수 있다. 우리 가족이 자주 다니던 영국 침례교회에서는 나이 든 신앙 선배가 한 사람을 일대일로 반년 이상 성경을 가르치며 도운 후에야 침례를 주는 것을 보았다.

새신자는 영적 젖줄인 성경 말씀을 사랑하고 잘 배워야 건강하게 성장한다. 베드로는 이렇게 권면한다.

> 갓난 아기들같이 순전하고 신령한 젖을 사모하라 이는 그로 말미암아 너희로 구원에 이르도록 자라게 하려 함이라(베드로전서 2:2).

요즘 한국의 청년들은 어려서부터 우유나 고기 등을 먹으며 자라서 그런지 체격이 건장하고 건강해 보인다. 새신자는 하나님 말씀을 날마다 잘 먹고 소화시켜야 영적으로 건강하게 자란다. 성경 읽기를 사랑하지 않고도 영적으로 건강하고 균형 잡히게 성숙해 가는 사람을 찾아보기란 힘들다. 어떻게 해야 성경을 사랑하고 영혼의 양식으로 먹고 즐길 수 있을까? 신자는 평생 성경을 묵상하며 살아야 하기 때문에, '많이' 보다는 '꾸준히' 성경을 읽어야 한다. 그리고 말씀을 하나님이 내게 주신 것으로 받는 삶이 중요하다. 투자한 만큼 복을 받는다. 몇 가지 조언을 한다면 아래와 같다.

- 목회자의 설교를 노트하며 듣는 훈련을 하라.
- 성경을 잘 가르쳐 주는 교회나 선교단체에서 안내를 받으라.
- 〈일용할 양식〉, 〈매일성경〉, 〈생명의 삶〉, 〈시냇가에 심은 나무〉 등, 성경 묵상을 하도록 안내하는 QT(quiet time) 잡지를 구독해서 날마다 묵상하고 한 절씩 암송해 보라.
- 《성경을 어떻게 읽을 것인가》(성서유니온 역간)의 도움을 받으라.
- 책별로 공부하려 할 때, 구약 중에서는 창세기, 출애굽기, 사무엘상하, 신약 중에서는 마가복음, 요한복음, 사도행전, 로마서, 요한계시록을 한 권씩 참고서와 노트를 사용하며 공부하라.

제자의 기도생활

아이가 자라면 학교에 입학해서 공부를 한다. 학교생활이란 정해진 등·하교 시간이 있고, 학교 규칙이 있으며, 매시간 선생님으로부터 필요한 과목을 배운다. 일종의 학습 훈련이다. 이 훈련을 잘 받으면 사회에 나왔을 때 여러모로 유익하다. 군대에 가도 훈련을 받는다. 군대에서의 훈련은 전쟁터에서 자기와 동료와 나라를 지키게 된다.

기독교 신앙은 평생 그리스도로부터 배우는 제자의 삶이다. 제자는 스승을 따르며 배우는데, 이런 배움의 도리를 제자도(discipleship)라고 한다.

요즘은 평생교육을 강조하는데, 기독교 신앙이야말로 교육훈련을 강조한다. 전에 한국의 미군부대 앞에서 윤락여성을 전도하고 신학교에서 강의하던 하비 콘이란 미국 선교사가 한 말이다.

"한국 교회에는 교인은 많은데 신자가 드물고, 제자는 찾아보기 힘들어요."

또 어느 선교사의 말이다.

"한국의 목사들은 신자들을 예수님의 제자로 키우려 하지 않고 자기 제자를 삼으려는 것 같아요."

참으로 뼈아픈 지적이다.

예수님은 이 땅 위에 하나님 나라를 세우는 전략으로 제자

훈련에 집중하셨다. 물론 가난하고 병든 수많은 무리를 고치고 도우셨지만, 제자들과 함께 도우심으로 다음 세대의 지도자 양성에 힘쓰셨다. 그 결과로 예수님이 세상을 떠나신 후 제자들이 전 세계로 나가서 예수님이 행하시던 그 일을 계승한 것이다. 그런 제자 양성과 훈련의 전통이 2천 년간 이어져 지금도 예수님의 제자들에 의해 가난하고 병들고 무지한 이들에게 기독교 복음이 전파되고 있는 것이다.

하나님 자녀가 된다는 것은 그리스도의 제자가 되는 것이다. 대학생의 특권을 누리려면 그만큼 돈과 시간을 바치는 대가가 필요하듯, 그리스도의 제자가 되는 것도 대가를 지불해야 하는 것이다. 예수님은 제자도의 핵심 원리를 가르치셨다.

> 무리와 제자들을 불러 이르시되 누구든지 나를 따라오려거든 자기를 부인하고 자기 십자가를 지고 나를 따를 것이니라 누구든지 자기 목숨을 구원하고자 하면 잃을 것이요 누구든지 나와 복음을 위하여 자기 목숨을 잃으면 구원하리라 사람이 만일 온 천하를 얻고도 자기 목숨을 잃으면 무엇이 유익하리요 사람이 무엇을 주고 자기 목숨과 바꾸겠느냐 누구든지 이 음란하고 죄 많은 세대에서 나와 내 말을 부끄러워하면 인자도 아버지의 영광으로 거룩한 천사들과 함께 올 때에 그 사람을 부끄러워하리라(마가복음 8:34-38).

그리스도의 제자는 자기를 부인하고 자기 십자가를 지고 주님을 따르는 삶을 살아야 한다. 그러나 이게 말처럼 쉽지 않다. '자기 부인'은 자기를 버리라는 뜻인데, 버젓이 살아 있으면서 어떻게 자기를 버릴 수 있을까. 이 말씀의 문맥을 보면, "자기 생각을 하나님의 생각 다음으로 두라"는 의미다. 자기 생각, 자기 이익, 자기 고집, 자기 습관 등 '자기'를 버리고 십자가를 경험하면서 예수를 따르라는 말씀이다. 무리한 요구라고 느낄 것이다. 그러나 기독교 신앙은 안락한 삶을 약속하지 않는다. 하나님의 자녀로 이 죄 많고 이기적인 세상에서 산다는 건 좁은 길을 선택하는 것이다. 복음은 힘들지만 바른 진리의 길을, 손해 보는 것 같이 보이지만 생명의 길을 약속한다.

제자로 살려면, 나를 향한 하나님의 뜻을 잘 알아야 하고, 하나님의 생각을 알고 그대로 순종할 수 있는 힘을 얻어야 가능하다. 그 힘은 어떻게 얻을 수 있는가? 기도가 답이다.

지금까지는 내 힘으로 살았지만 이제는 기도로 주의 힘을 얻는 삶을 시작하는 것이다. 처음에 기도는 어색하고 힘들게 다가온다. 교회에서 대표기도하는 분들처럼 유창하게 하려니까 힘든 것이다. 또 개인적으로 기도해 보지 않고서 사람들 앞에서 기도하려 하기 때문이다. 어떤 자매는 대학 시절 캠퍼스 성경공부 모임에 처음 참석했다가 당황스런 일을 겪었다. 성경공부를 마치고 참석자들이 돌아가면서 한 명씩 기도를 하는데 자기 순서가 되었다고 한다. 그 자매는 얼결에 뭐라고 시작은 했는데 무슨 말로 마쳐야 할지 몰랐다. 그래서 "간단하나마 이상으로 기도를 마치겠습니다!"라고 했다고 한다. 내 아내 이야기다.

아이가 크면서 말을 배우듯, 신자도 기도로 하나님께 아뢰는 법을 익히게 된다. 서두를 필요는 없다. 나는 이 책에서 각 장을 마치면서 기도문을 간단히 적어 보았다. 기도는 단순하게 아버지와 대화를 나누는 것이다. 쉬운 말, 단순한 표현일수록 좋다. 기도는 하나님께 드리는 언어지, 사람들 들으라고 하는 게 우선이 아니다.

기도도 배우고 익히는 것이다. 하루 5분 정도부터 기도하기 시작하여 점차 시간을 더 가지려고 훈련해 보라. 처음엔 5분도 길게 느껴진다. 할 말이 없으면 그냥 "하나님 아버지"하고 부르고 하나님과 침묵으로(말없는 말로) 함께 시간을 가지면 된다. "하나님, 제 맘 아시죠?" 하며.

기도를 가르치는 분들은 대개 기도 순서를 다음과 같이 정해 준다. 하나님 찬양(Adoration), 죄를 고백하고 용서를 구하는 회개(Confession), 하나님의 자녀 된 것과 실제 생활에서 베풀어 주신 은혜에 감사(Thanksgiving), 그리고 나와 가정, 교회와 사회를 위한 간구(Supplication) 순이다. 영어 첫 자를 모아 'ACTS' 순서로 기도하면 좋다고 권면한다. 꼭 이런 순서를 밟아야 기도가 되는 건 아니다. 그저 "하나님 아버지!"하고 부르기만 해도 기도는 기도다.

신앙 체험이 쌓일수록 기도하지 않고서는 아무것도 못하겠구나, 하는 것을 자연스럽게 깨닫게 될 것이다. 말씀 묵상과 기도생활은 서로 상승 작용을 한다. 하나님 말씀이 나의 삶에 등불이 될수록 하나님 뜻을 이루고자 하는 마음이 간절해지고 기도할 제목이 많아진다. 믿음이 깊어지면 다른 사람들을 위해 더욱 기도하게 된다. 하나님과의 만남과 대화 시간을 많이 가질수록 더욱 친밀한 교제가 이루어질 것이다. 연인과 자주 만나고 대화를 많이 나눌수록 사랑이 깊어지는 것처럼, 말씀 묵상과 기도생활은 주님과의 개인적 데이트 시간이 된다. 제자로서 살 수 있는 모든 힘과 지혜가 흘러들어오는 축복의 통로가 된다.

어떻게 기도할 것인가 하는 기도 방법보다, 무엇을 기도할 것인가 하는 기도 내용이 더 중요하다. 기도는 눈을 뜨든 감든, 서서 하든 앉아서 하든, 무릎 꿇고 하든 걸어가면서 하든, 소리 내서 하든 마음속으로 하든 다 좋다. 기도 내용이 하나님의 관심과 일치되어야 한다는 것만 기억하라. 예수님은 제자들에게 "너희는 이렇게 기도하라"고 가르쳐 주셨는데, 이걸 '주기도'(The Lord's Prayer)라고 한다. 주기도를 암송하며 하루 한 구절의 기도 제목을 집중해서 묵상하면 유익할 것이다.

함께하는 신앙 공동체

새신자는 교회 생활을 통해 영적으로 자라고 열매 맺는 삶을 살게 된다. 교회의 본질을 잘 알려 주는 표현이 '그리스도의 몸'이다. 몸은 하나지만 여러 지체로 이루어진 생명체인데, 머리가 그리스도시다. 뇌의 명령을 받아 손과 발 등 지체가 각자 활동한다. 또 지체 하나가 고통 받으면 온 몸이 함께 아파한다. 이처럼 교회는 다양성 속의 통일을 이루면서, 그리스도께서 지상에서 하신 일, 즉 복음 전파, 가르침, 병 고침, 가난한 자를 도우심 등의 일을 한다. 지금은 천상에서 명령을 내리시고 교회는 머리의 명령에 순종하고 있는 것이다. 내가 내 몸을 사랑하고 돌보듯, 그리스도는 지금도 그에게 붙어 있는 몸인 교회를 사랑하고 돌보고 계신다. 그러므로 교회가 겉으로 약해 보여도 실은 강한 것이다.

좋은 가정에서 자라면 인생이 행복하듯, 좋은 교회에서 신앙생활을 해야 건강한 하나님의 자녀가 된다. 처음엔 친구 따라 강남 가듯, 친구의 교회를 몇 주간이라도 다니면서 오리엔테이션을 받는 것이 좋다. 그러나 지역적으로 너무 멀면 신앙생활을 하기 힘드니까 동네 교회로 가는 것이 좋다.

교회를 잘 선택하는 건 매우 중요한 일이다. 요즘은 교회답지 않은 교회도 많으니까 좋은 교회로 인도해 달라고 우선 기도해야 한다. 그 후 가까운 여러 교회를 방문해 보고 등록을 결정하는 것이 좋다. 좋은 교회를 선택하는 기준은 무엇일까?

- 설교 말씀이 성경적이고 '아, 하나님이 나에게 말씀하신다'는 믿음이 다가오는가?
- 예배가 지나치게 인위적이지 않고 편안하며, 하나님을 생각하게 하는 영적 분위기가 있는가?
- 가족이 함께 다니면서 신앙적으로 성장하는 데 도움을 주는 교육훈련 프로그램이 있는가?

기도 후에 결정하면, '이 교회는 주님이 나를 인도하신 교회야!'라고 믿고 다녀 본다. 나를 향한 하나님의 주권과 섭리 안에서 행한 결정이므로 후에 어려움이 생긴다고 해서 쉽게 교회를 옮기지 말아야 한다. 처음 교회를 나가면 그리스도는 안 보고 사람만 보다가 실망하거나 상처 받을 수 있다. 교회에 나오는 사람은 성인군자들이 아니다. 예수님의 십자가 사랑이 필요해서 나오는 사람들이다. 인간은 '선악이 함께 있는 존재'이므로, 처음에 친절하던 사람이 나중에 말을 함부로 하는 사람일 수도 있고, 무뚝뚝해 보이던 사람이 나를 위해 기도해 줄 사람일 수도 있다. 그러므로 외모로 사람을 판단해서는 안 된다.

주의할 점이 있다. 학교나 직장, 사회에서 사람을 재는 잣대로 교회 성도들을 판단하기 쉽다는 점이다. 자기 안경을 벗고 하나님의 안경으로 사람 보는 법을 배워야 한다. 사회에서 높은 지위에 있다고 해서 교회에서도 대접을 받으려고 하면 안 된다. 교회를 가장 힘들게 하는 사람들은 교만한 사람이다. 특히 신앙적인 교만으로 다른 성도들을 판단하고 요구하는 사람들은 교회에서 성도들을 몰아낸다. 인내와 겸손, 섬김의 마음가짐으로 교회생활을 해야 한다.

교육을 많이 받지 못했고, 사회적 지위가 낮고, 수입이 적은 일을 한다고 해서 교회에서까지 주눅들 필요가 전혀 없다. 하나님의 자녀들은 다 하나님 앞에서 평등하다. 교회에는 성숙한 신자도 있지만 대부분 연약하고 부족한 사람들이 모인 곳임을 잊지 말자. 죄인과 병자들, 신체와 성격 장애인이 모인 종합병원 같다. 성도들끼리는 '십자가를 사이에 두고' 서로 불쌍히 여기고 인내하고 용서하며 사귀어야 아름답다.

교회에서의 봉사도 중요하다. 그러나 지나친 교회 활동은 자제할 필요가 있다. 교회 섬김만 강조하고 하나님의 자녀다운 가정생활, 직장생활에 바칠 시간과 에너지가 고갈되게 만드는 일부 교회가 있다. 교회는 주의 몸으로서 중요한 유기체이지만, 교회 자체가 하나님 나라는 아니다. 이 땅에 하나님 나라가 임하는데 전초기지이며 훈련장이다.

지상의 조직교회는 잘못 갈 위험도 있으므로 늘 절대적인 성경 말씀으로 교회를 상대화하고 개혁해야 한다. 이것이 종교개혁 원리이다. 교회를 섬겨도 하나님의 나라가 가정에서, 학교에서, 직장과 지역사회에서, 자연환경에서, 국가와 세계에서 이루어지는 것이 더 큰 목표인 것을 잊지 말아야 한다. 교인이 교회 성장을 위한 '도구'로 이용되고, 한 사람 한 사람을 '작은 그리스도'로 키우는 것이 목표가 아닌 교회는 분명 문제가 있다. 그러므로 '기쁨과 순전한 마음'으로 행해지는 공동체 생활의 원형이 되는 예루살렘 교회가 무슨 활동을 주로 했는가를 기억해야 한다.

> 그들이 사도의 가르침을 받아 서로 교제하고 떡을 떼며 오로지 기도하기를 힘쓰니라 ……날마다 마음을 같이하여 성전에 모이기를 힘쓰고 집에서 떡을 떼며 기쁨과 순전한 마음으로 음식을 먹고 하나님을 찬미하며 또 온 백성에게 칭송을 받으니 주께서 구원 받는 사람을 날마다 더하게 하시니라(사도행전 2:42, 46-47).

세상의 소금과 빛으로

신자는 복음 전도의 기쁨을 누려야 한다. 새신자는 복음의 내용을 더 깊이 이해하기 위해 성경을 공부해야 한다. 그러나 하나님의 자녀가 된 후에도 자기만족만 누리려고 해서는 안 된다. 왜냐하면 그리스도께서 자기를 믿는 제자에게 유언의 의미로 남기신 복음 전도의 명령 때문이다.

> 예수께서 나아와 말씀하여 이르시되 하늘과 땅의 모든 권세를 내게 주셨으니 그러므로 너희는 가서 모든 민족을 제자로 삼아 아

버지와 아들과 성령의 이름으로 세례를 베풀고 내가 너희에게 분부한 모든 것을 가르쳐 지키게 하라 볼지어다 내가 세상 끝날까지 너희와 항상 함께 있으리라 하시니라(마태복음 28:18-20).

복음 전도는 예수님 제자의 의무이자 특권이다. 영적 존재인 천사가 몸을 가진 우리를 부러워하는 것이 바로 교회를 섬기고 복음을 전하면서 하나님의 일에 동참하는 특권이다. 복음을 전한다면서 길거리나 지하철 같은 공적 장소에서 무례하고 공격적으로 전도하는 사람들을 만나게 되는데, 역효과가 나고 있다. 현대 한국 사회에서는 우정 전도나 관계 전도가 효과적인 것 같다. 학교나 직장에서 친절과 사랑으로 친구를 만들고, 때가 되면 자기가 크리스천인 것을 밝히고 자연스럽게 하나님 믿는 삶의 기쁨을 나타내야 한다.

무엇보다 하나님께 전도의 기회를 열어 달라며 예수 안 믿는 친구들과 친척들의 이름을 불러 가면서 기도해야 한다. 성령님께서는 기도한 그 사람에게 예수님을 소개할 기회를 반드시 주실 것이다.

하나님이 주시는 기회라고 생각되면, 내가 왜 예수를 믿는지, 예수 믿기 전의 삶과 믿은 후의 삶은 어떻게 다른지 이야기해 주는 것이 좋다. 그리고 요한복음 3장 16절을 자기가 이해한 대로 설명하자.

전도를 잘하고 싶으면, 교회나 선교단체에서 전도 훈련을 받자. 무엇보다 때를 얻든지 못 얻든지 전도를 해보려고 하자. 성경을 잘 알고, 확신이 넘치고, 인격적으로 완성된 후에야 전도하려 한다면 평생 한 사람도 전도하지 못할 것이다. 전도의 밑거름은 진심 어린 사랑이다.

예수님은 하나님을 믿는 우리가 세상의 소금이고 세상의 빛(마태복음 5:13-14)이라고 가르치신다. 우리는 영적으로는 하나님 나라에, 육체적으로는 이 세상에 속한 이중 시민권자다. 죽어서 천국 가는 것만이 삶의 목표가 아니라, 하나님 나라가 하늘에서 이루어진 것같이 이 땅에도 임하길 기도하며 사는 자다. 그러므로 성도들은 이 세상에서 예수님의 가르침대로 살아야 한다. 그래야 부패한 곳에서 소금이 되고, 어두운 곳에서는 빛의 역할을 해낼 수 있다.

예수 믿는다고 죽임을 당하거나 감옥에 가지 않는다는 점에서 대한민국에서 사는 건 복이다. 하지만 예수 믿는다고 부모님께 쫓겨나고 매 맞는 청년들도 여전히 있다. 예수님을 안 믿는 가정에서 혼자 신앙을 지키려면 날마다 자기 십자가를 지고 예수님을 따라야 한다는 것의 의미를 더 깨달을 수 있다.

제삿날이면 절을 안 한다고 친척 어른들께 혼나고 모욕 당하면서 힘들게 지냈던 형제를 알고 있다. 세월이 흘러 가족과 친척들을 모두 예수 믿도록 인도한 그 형제에게 비결을 물었다. 기도도 많이 했지만 행동으로 더 모범을 보이느라 고생한 덕이라고 했다. 예수님을 믿는 일에는 타협하지 않았지만, 예수를 믿기 전보다 부모, 형제, 자매에게 잘 하고, 집안일도 열심히 돕고, 학교와 직장에서 인정받는 사람이 된 것이 전도의 비법이라고 했다. 내가 구원받은 건 믿음으로 얻은 것이지만, 남을 구원하기 위해 복음 전하는 삶은 행동이 더 중요할 수 있다.

예수 믿는 사람은 학교나 직장에서 십자가를 져야 한다. 요즘 청년들은 쿨해서 다른 사람의 종교나 생활에 개입하지는 않지만, 동아리 모임이나 회식 때 함께 술자리나 더 심한 짓을 하지 않으면 왕따를 시킨다고 한다. 학생 시절 신앙생활을 잘하던 청년이 직장에 들어가서는 적당히 이중생활을 하는 경우가 있다. 본인도 갈등하겠지만, 옆에서 보기에도 안타깝다. 어떻게 직장생활이나 친구들 모임에서 하나님 자녀답게 살 수 있을까?

"첫 단추를 잘 꿰어야 한다"는 속담을 기억하자. 처음부터 하나님 자녀로서 자리매김(positioning)을 분명히 해야 한다.

바벨로니아에 유학생으로 갔던 다니엘과 그의 세 친구들처럼 유혹이 있는 곳을 피해야 하고, 그런 자리에 가더라도 자기 입장을 밝혀야 한다. 술잔을 돌리는 자리에서 "죄송합니다. 전 술 못합니다. 크리스천입니다"라고 용기 있게 밝혀야 한다. 처음에는 어려움이 있더라도 나중에는 이해하고 포기한다.

그런데 조심해야 할 점이 있다. 커피 한 잔 마실 때도 기도

한다든지, 공적인 자리에서 지나치게 성도인 티를 내지 말고 모든 사람에게 말과 행동이 공손해야 한다. 확신이 지나쳐서 식당에서 큰 소리로 기도한다든가 하면 덕이 안 되고 혐오감을 일으키게 된다. 지혜롭게 행동하자.

세상의 빛이 되기 전에 소금이 되어야 한다. 직장이 탈세, 뇌물, 음란 문화에 물들어 있고 그 관행 따르기를 집요하게 요구한다면 내부 고발자가 되어야 한다. 그래야 세상의 부패를 막기 위해 녹는 소금이 된다. 그 결과로 직장을 잃을 수도 있고, 처자식을 굶게 할 수도 있다. 그 두려움 때문에 침묵하는 그리스도인이 많다. 크리스천들이 불의한 현실과 타협하고 있기 때문에 우리 사회가 어두운 것이다. 예수님의 의를 드러내기 위해 불의를 고발하다 고통당한다면, 그런 성도들이 이 세상을 구하는 현대 산업사회의 순교자일 것이다. 소금 역할을 하느라 희생하는 성도들은 하나님이 돌봐 주신다. 교회는 이런 신자들을 물질로 적극 도와야 한다. 그래야 하나님의 가족인 것이다.

학교나 직장에서 공손하고, 성실하고, 정직하고, 인격적으로 본이 될 뿐 아니라 맡은 업무에도 실력이 있어야 한다. 회사에 이익을 주지 못하고, 팀워크를 무시하는 사람은 세상의 빛과 소금의 역할을 할 수 없다. 예수님은 우리를 세상에 보내시며 하나님 나라의 공의와 평화, 기쁨과 아름다움의 문화를 이 땅에 심으라고 명하신다. 우리 주님이 그대를 지금 있는 곳에서 소금과 빛이 되라고 보내셨다. 이것이 그리스도인의 지리의식이요, 사명감이다.

예수께서 또 이르시되 너희에게 평강이 있을지어다 아버지께서 나를 보내신 것 같이 나도 너희를 보내노라(요한복음 20:21).

십자가를 앞에 두고 뒤돌아서지 않겠네!

이제까지의 여정을 마무리하려고 한다. 하나님은 살아 계시다. 하나님은 그 크신 자비와 긍휼로 우리를 자녀 삼아 주셨다. 하나님의 자녀로서 바르게 살려면 현실에 어려움이 따른다. 그러나 십자가를 통해 부활의 능력을 체험할 수 있는 복을 내려주신다. 이제 우리는 살아 계신 하나님이 나의 앞길을 예비하시고, 내가 부딪치는 크고 작은 일이 다 합력하여 선을 이루실 것을 믿는다.

옛 복음성가에 "주님 뜻대로 살기로 했네"(I have decided to follow Jesus)라는 곡이 있다. 3절 가사가 의미심장하다.

"십자가 앞에, 세상은 뒤에……뒤돌아서지 않겠네."(The world behind me, the cross before me, No turning back, No turning back)

신기루 같은 세상의 행복을 얻으려고 속지 마라. 세상의 행복은 환경과 조건이 갖추어져야 누릴 수 있다. 늘 요동하고 변한다. 내가 행복할수록 그렇지 못한 주위 사람들을 상대적 불행에 빠지게 한다. 반면 하나님을 믿는 기쁨은 환경이나 조건과 무관하다. 우리 내면 저 깊은 곳에서 솟아나는 생수이기 때문이다. 하나님의 자비와 사랑을 경험한 하나님 자녀만이 누리는 영혼의 상태다. 영혼의 기쁨은 주위 사람에게도 질투 대신 그들의 고단한 삶에 용기와 활력을 준다. 예수님이 주시는 기쁨의 생수가 광야 같은 이 세상을 사는 동안 그대에게 넘치길 소망하면서, 마지막으로 예수님의 약속과 사도 바울의 권면을 함께 읽어 보자. 그리고 새 생명, 풍성한 생명 주신 우리 하나님을 찬양하자! 할렐루야!

> 내가 온 것은 양으로 생명을 얻게 하고 더 풍성히 얻게 하려는 것이라(요한복음 10:10).

> 형제자매 여러분, 그러므로 나는 하나님의 자비하심을 힘입어 여러분에게 권합니다. 여러분은 여러분의 몸을 하나님께서 기뻐하실 거룩한 산 제물로 드리십시오. 이것이 여러분이 드릴 합당한 예배입니다. 여러분은 이 시대의 풍조를 본받지 말고, 마음을 새롭게 함으로 변화를 받아서, 하나님의 선하시고 기뻐하시고 완전하신 뜻이 무엇인지를 분별하도록 하십시오(로마서 12:1-2, 새번역).

하나님 아버지, 제게 새 생명을 주시고 하나님 자녀로서의 확신을 누리게 해주셔서 감사합니다. 하나님은 사랑과 권능의 아버지시니, 연약한 저를 돌봐 주시고 인도해 주실 줄 믿습니다. 더구나 이 죄 많고 슬픔 많은 세상에서 천국의 기쁨을 맛볼 수 있는 교회를 세워 주심을 감사드립니다. 저같은 자도 하나님을 예배하고, 주의 몸의 지체로서 성도와 교제할 수 있는 특권을 주셔서 감사합니다. 앞으로 주님 만나는 그날까지 자기를 부인하고 십자가를 사랑하며 시험을 이기고 승리하게 도와주실 줄 믿습니다. 늘 말씀과 기도 생활로 주님 주신 새 생명을 풍성하게 누리며 다른 사람에게도 복음을 전하고 세상의 소금과 빛으로 살도록 도와주십시오. 예수님 이름으로 기도 드립니다. 아멘.

왜 나는 예수를 믿는가

Why Jesus?

지은이 이승장
펴낸곳 주식회사 홍성사
펴낸이 정애주
국효숙 김의연 박혜란 손상범
송민규 오민택 임영주 차길환

2013. 1. 30. 초판 발행 2024. 7. 20. 11쇄 발행

등록번호 제1-499호 1977. 8. 1.
주소 (04084) 서울시 마포구 양화진4길 3 전화 02) 333-5161 팩스 02) 333-5165
홈페이지 hongsungsa.com 이메일 hsbooks@hongsungsa.com
페이스북 facebook.com/hongsungsa
양화진책방 02) 333-5161

ISBN 978-89-365-0307-9 (03230)